民主主义与教育

〔美〕约翰·杜威 —— 著

魏莉 —— 译

DEMOCRACY
AND
EDUCATION

John Dewey

长江出版传媒

长江文艺出版社

图书在版编目（CIP）数据

民主主义与教育 ／（美）约翰·杜威著；魏莉译
. -- 武汉：长江文艺出版社，2018.3（2025.12 重印）
（大教育书系）
ISBN 978-7-5702-0029-0

Ⅰ. ①民… Ⅱ. ①约… ②魏… Ⅲ. ①实用主义教育
思想－文集 Ⅳ. ①G40-02

中国版本图书馆 CIP 数据核字（2017）第 294633 号

民主主义与教育
MINZHU ZHUYI YU JIAOYU

责任编辑：秦文苑   责任校对：程华清
装帧设计：棱角视觉   责任印制：邱　莉　　王光兴

出版：长江出版传媒　长江文艺出版社

地址：武汉市雄楚大街 268 号　　　　邮编：430070
发行：长江文艺出版社
电话：027—87679360
http://www.cjlap.com
印刷：武汉中科兴业印务有限公司

开本：720 毫米×1000 毫米　　1/16　　印张：20.625
版次：2018 年 3 月第 1 版　　　　2025 年 12 月第 11 次印刷
字数：300 千字

定价：39.80 元

序

　　本书体现我探索和阐明民主社会所包含的思想，和把这些思想应用于教育事业的许多问题所作的努力。讨论的内容包括从这个观点来考察，提出公共教育的建设性的目的和方法，并对在早先的社会条件下形成、但在名义上的民主社会里仍在起作用以及阻碍民主理论充分实现的有关认识和道德发展的各种理论，进行批判性的估价。

　　从本书可以看到，本书所阐明的哲学，把民主主义的发展和科学上的实验方法、生物科学上的进化论思想以及工业的改造联系起来，旨在指出这些发展所表明的教材和教育方法方面的变革。

　　衷心感谢哥伦比亚大学师范学院的古德塞尔博士的批评意见。感谢师范学院克伯屈教授的批评意见以及有关本书章节顺序的建议，我大量地利用了这些建议。还要感谢克拉普小姐的许多批评意见和建议。古德塞尔博士和克伯屈教授还为我读了校样。我也非常感谢师范学院的历届学生，不一一列举。

约翰·杜威

纽约哥伦比亚大学

1915 年 8 月

目　录

第一章　教育是生活的必需品

生活通过传递而更新

生物和非生物之间最明显的区别，在于生物通过新陈代谢来维持生命。当石头受到打击时会产生反作用力。如果反作用力大于打击的力量，则石头的形态不会发生改变。反之，石头就会被打碎。石头并不会对打击做出有意识的反应，从而来维持原本的形态。更不会使打击变成促使自己继续活动的因素。但生物却不一样，它们容易被优势力量所打垮，但它仍然会设法使作用于它的力量，变成促进自己发展的助力。如果它不能把作用于它的力量变成助力的话，它不只会被砸得粉碎（至少在高等生物是如此），而且也难以被称为生物。

只要生物有足够的承受能力，它就能把周围的环境，变成有利于自己的力量。例如：光线、空气、水分和土壤。只要生物能保持持续的生长力，它就能充分地利用周围的环境，而不是被环境所利用。简言之，周围环境给它的助力大于阻力。

如果从这一层面理解"控制"这个词，可以说生物能为了生存而战胜周围各种力量，只有战胜这些力量，生物才能得以生存。可以说，生活就是通过对环境采取的行动，而得以实现自我更新。

所有高等生物的自我更新过程，不可能无限地一直持续下去，因为生物负担不了无限期的自我更新，到了一定的时候就会死亡。生命的延续并不是靠某一个单一个体的长存来繁衍生息，靠的是不断繁殖才能达到。虽然地质学有记载，个体会消失，物种也会灭绝，但生活的过程是以复杂的方式进行着。当一些物种因为克服不了障碍而灭绝时，会出现克服障碍而崛起的新物种。生活延续发展的过程，正是生命对环境不断重新适应的过程。

上面所讲的只是最低的生活形态——物质的生理存活状态。而我们所理解的"生活"含义很广泛，不仅包括个体的经验，也包含种族的经验。当我们看到一本叫《林肯传》的图书时，肯定不希望这是关于生物学的专著。我们期望看到关于林肯所处的社会背景、家庭出身以及早年生活和职业的描述；性格如何形成的描写；奋斗的经历和主要成就的展示；林肯的爱好和喜怒哀乐的描述。当我们想去描述某个原始部落或古雅典人、美国人的生活时，也会遵循这样的讲述逻辑。"生活"包括习惯、制度、信仰、胜利和失败、休闲和工作。

我们在这里运用的"经验"一词，含义也和"生活"一样广泛。纯粹生理层次的生存延续靠自我更新，这个道理也同样应用于"经验"。就人类而言，有物质生存的自我更新，就有信仰、理想、希望、快乐、痛苦和实践的重新创造。事实上，任何经验的延续，都是社会群体靠不断地更新而得以完成的。而教育在广义上，就是社会生活的延续。不论是现代的都市还是原始部落，社会群体里面的每个成员都是一样的，出生时幼弱，不会说话，没有信念和想法，也没有社会价值准则。每一个个体，作为群体生活中的单个单位，总有一天会消失，但群体生活则会继续下去。

社会群体中的每个成员，都无法避免由生到死的事实，这也决定了教育的必要性。新生的弱幼成员虽然和已经成熟掌握知识的成年者截然不同，但他们才是群体的未来。弱幼成员不但需要保持足够的数量，还需要学会成年人所必须的兴趣、目标、知识、技能和行为。否则社会群体的固有生活就会被打破。

即使是在原始社会，成年人的成就也远远超过无人教导的弱幼者。随着社会文明的发展，弱幼者本来的能力和成年者的标准相差更远。仅仅靠生理上成长，只懂得最低限度的活命方法，是不能够形成社群生活的。要传承和延续群体生活，必须刻意努力和经营。天生并不了解也不关心社群生活的目的和习俗的孩子们，要让他们认识并对之产生强烈的兴趣，唯有教育才能做到。

像生物的生存一样，社会通过传递和传承而存在。这种传递和传承只是年长者把做事、思考的模式传递给年幼者。如果年长的一代不能把理想、希望、期待、标准和意见传承给正要进入群体生活的年幼者，社会生活就难以继续存在。如果社会群体的成员能一直活着，他们可能也会教育新的成员，但那是以个人兴趣或利益为出发点的，不是群体需求导向的。如今，教育成为一项必需的工作。

如果一场瘟疫突然夺去社会全体成员的生命，这个群体必然将永远消失。群体里的每个成员都会面临死亡，但成员们有年龄差异，有人死亡有人出生，这种情况下，群体组织得以通过思想和实践而传承。但这种更新和传承并非自动完成的。如果不投注心力并真正、彻底地传承，再文明的社会，也会倒退回原始野蛮状态，回归原始人的生活水平。事实上，人类的幼童和很多低等动物的幼崽相比，生存本能本就差很多。如果再无人带领协助，可能连维持基本生理存活的能力都学不会，更不用说学习人类在文学、艺术、科学和道德方面的成就了，其困难可想而知。

教育与沟通

社会要继续发展，必须通过不断教导、学习以及传承，才能实现，这是显而易见的，我们似乎过分阐述了这个人人都明白的道理。我们之所以总是在强调这一点，是为了避免过于正规化和学校化的教育观念。学校是传递知识以及传承的一种重要手段，通过学校，我们可以培养未成年人的各种能力。从这个事实来看，确实没错。然而学校知识传承和传递的一种重要方式，与其他的方式比较而言，仍然只是一种非常表面化的手段。只有当我们意识到教育的重要性、持久性和基本性时，我们才会把教育方法摆在恰当的位置上。

社会不仅仅是通过传递、通过沟通得以继续生存，简直可以说，社会就是在传递中、在沟通中才存在的。共同、共同体和沟通这几个词不仅表面上看起来有关系，实际上，人们也是因为有共同的东西，才能生活在一起；而沟通是促使他们共同占有这些东西的方法。为了促成一个共同体或者社会，他们必须具备相同的目的、信仰、期望和知识，这些东西没法像砖头那样，由一个人传给另外一个人，也不能像切蛋糕一样，分一块给别人分享就可以达到，它需要有共同的了解，就像社会学家所说的那样，需要共同体内的人志趣相投才行。

保证人们进行共同了解的沟通，有助于促进人们具有相同的情绪和理智——对期望和要求做出反应的相同方法。

人们住得远或者近并不是构成一个社会的要素，一个人也并不因为和别人相距很远而不在社会方面受其影响。相隔几千里的人，可以因为一本书或者一封信，而建立起比同住在一个屋檐下的人之间更为紧密的联系。就算是为同样目的一起工作的人，也不一定构成一个社会群体。就像一部机器的各个部分一样，都为了一个共同的结果最大限度地相互合作运转，但是它们并没有形成一个共同体。但是，如果他们都认识到共同的目的，大家关心这个目的，并且考虑这个目的，调节他们的特殊活动，那么，他们就形成了一个共同体。但其中必然牵涉到相互的沟通，因为每个人都必须了解别人在干什么，而且必须想办法使别人知道他自己的目标和进展情况，不然意见就很难达成一致，而要使意见达成一致，沟通必不可少。

而我们也不得不承认，即使是在最社会化的群体内部，也有很多关系不是社会化的。在很多社会群体中，有很多人与人的关系仍然处在机器一样的水平，人和人之间相互利用，以便得到各自所希望的结果，却全然不顾他人情绪和理智上的倾向和看法。在这种关系中，他们利用了现实物质上的优势，或者地位、技能、技术能力和运用机械或财政工具的优势。就亲子关系、师生关系、雇主和雇员的关系、统治者和被统治者的关系而言，他们仍旧处在这个水平，并不形成真正的社会群体，不管他们各自的活动联系得多么紧密，但是他们仍是用发命令和接受命令来改变行动和结果，本身并不产生目的的共享和兴趣的沟通。

社会生活不仅和沟通完全相同，所有的沟通（因而也就是一切真正的社会生活）都具有教育作用。成为一个沟通的接受者，就能够获得扩大的和改变的经验。一个人分享别人的所想所感，他自己的态度也同时会或多或少有所改变。传递的人也会相应受到影响。你可以做个试验，当你想把某种经验完全地、正确地传递给另一个人时，特别是当这种经验比较复杂的时候，你会发现自己本身对经验的态度也在变化；如果是比较复杂的经验，变化的感觉会更明显。要传授经验，就要说得有条有理，要想说得有条理，就必须跳出自己的立场，从对方的角度来看这个经验，找出能和对方的生活衔接的地方，以便使对方能够理解经验的价值。在进行沟通过程中，除了寒暄的话和某些重点词语不作修改外，其余的都需要发挥想象力吸收别人经验中的一些东西，以便把自己的经验巧妙地告诉别人。一切沟通都像艺术，所以完全可以说，任何社会安排只要能保持他重要的社会性，并能把他的经验非常好地传递给人们，那么对于参加的人来说，都是非常具有教育功用的。只有当它变成固定的形式，因循守旧时，才失去它的教育力量。

所以，说到最后，不仅经久不衰的社会生活本身需要教导和学习，而且共同生活过程本身也具有教育作用。这种共同生活能增广经验，能刺激想象，能引发人们对言论和思想的正确性和生动性担负责任。一个在身体和精神两方面都独自生活的人，很少有机会或者没有机会去反省他过去的经验，并从中吸取什么教训。成熟的人和不成熟的人，彼此的本领差距太大，这不仅使教育年轻人非常有必要，而且成熟的人把自己的经验进行整理，以便能非常方便、顺畅地进行沟通，也是非常有必要的。

正规教育的地位

在和别人共同生活，只要他是真正地生活而不仅仅是生存的话，那么他在生活中所受到的教育，和有意识地去教育年轻人，这两者有明显的区别。前一种情况下教育是偶然的；这种教育非常自然而且重要，但它并不是人们相互连接的最核心理由。虽然我们可以不夸张地说，任何社会制度，无论是经济、家庭、政治、法律还是宗教等方面，它的核心价值都在于对经验的拓展与增进的帮助程度。但它最初的目的是非常实用和实际的。比如，宗教制度，最初是为了巩固统治力量和避开邪恶的侵袭；家庭制度，是为了满足各种欲望和使家庭的纽带得以延续；而劳动制度的出现，最初也是为了奴役他人等。一种制度附带影响了生活的质量和程度，是后来才逐步被注意到的。而这种影响又成为制度实施的指导因素，又需要更加漫长的时间才能被人注意到。甚至在今天，在我们的工业生活中，除了某些勤奋和节俭的价值观念以外，在大众的工作种类中，人类以各种方式进行沟通和连接的理智和情感方面的需求和反应，与物质需求相比较，所受到的注意要少得多。

但是对待年轻人，如何和他们沟通，显得异常重要。在我们和年轻人接触时，虽然容易忽略我们的行动对他们某些倾向的影响，或许认为这些影响不会比某些看得见的实际效果来得重要，我们这样思考的时候，却发现和下一代人沟通时，不像和成年人沟通那么顺畅。训练的作用太重要了，要改变他们的态度和习惯是非常迫切需要达成的目标，以至于我们不得不考虑那些被我们忽视的影响。既然我们的主要任务是使年轻人积极参与到我们的共同生活中来，那就不得不考虑我们是否能培养他们这样能力？所有的制度，最终我们都会对它们有自己的评价，因为制度的好坏，最终都得看它对人造成了什么影响。我们能认识到这点，多半是在和年轻人相处中学到了教训。

所以，我们可以在上面所说的广义教育过程中，把比较正规的教育区分出来，这种教育就是直接教导或学校教育。在未开发的社会中，正规的教学和训练非常少见。原始社会群体，给年轻一代灌输必要的心性，依靠的是维持他们成年人效忠群体的同一套联结关系。他们并没有特殊的教育方法、材料或制度，去让年轻一代学习，主要让年轻人学习的方式，就是让年轻人参与成年人的活动，学习成年人入社礼仪等。通常，他们会让年轻人当学徒，分担长者做的事，希望依靠这样的方式，让年轻人学会成人的习俗，养成和成年人一样的情感模式和观念。这种学习，可以说是直接的，因为年轻人参与了成年人的工作。也可以说是间接的，因为年轻人主要是通过扮演，重复成人的行为，从而学习和了解他们。在原始社会，要找到一个专供学习的地方，只做学习而不做其他的事情，这是十分荒谬的事。

然而随着文明的进步，年轻人的能力和成年人的要求，中间的差距越来越大。除了比较低级的职业以外，通过直接参与成人的事业进行学习，变得越来越困难。成人所做的很多事情，在空间和意义方面都很难让年轻人理解，于是，扮演和模仿并不能让年轻人学习和了解这些活动的意义和精神。因此，要具备有效地参与成人活动的能力，必须事先通过以此为目标的有效训练才行。于是，就有了有训练目标的学习机构学校。有了明确的学习材料、课程和场所，也诞生了专门进行知识传递的特定人员。

如果没有这种正规的教育，一个复杂社会的一切资源和成就就不可能非常顺畅地传递下去。因为书籍和知识的符号已被掌握，正规教育为年轻人获得经验开辟了道路，如果让年轻人在随便看自己学的情境下学习，很多时候他们是没办法获得这种经验的。

然而，从间接的教育转成正规的教育，也有着非常重大的缺陷。参与实际的事务，不管是直接或间接地在模仿和扮演中参与，至少是活的。在某种程度上，这些优点可以弥补教育机会的不足。而与此相反的，正规的教学容易变得冷漠和死板，也就是很多批评者说的——抽象和迂腐。在文明程度低的社会里，那些累计的知识，至少是可以付诸实践，让知识能转化为品行，这种知识由于它包含在紧迫的日常事务之中而保有一定的重要意义。

然而，在文明程度高的社会里，很多必须学习的东西都被当成符号储存着。而从符号变为常见的具体动作和对象则还有很长一段距离。这种材料是比较单一和肤浅的，用常用的现实标准来衡量的话，这种材料是比较造作的。这种知识的材料仅仅存在于它自己的世界里，并没有被人们所吸收和运用。

　　然而还有一种更危险的事情，那就是正规教学上所教授的东西是否只是学校在乎的题目，而和生活经验的教材脱节，这是长期存在的问题。永久的社会利益很可能被忽视。那些没有被社会生活结构所吸收，大部分还是用符号表现的专门知识，在学校里，反倒反复被强调和重视着。因此，我们有了这样一个通常的教育观念：这种观念忽视了教育的社会必要性，不顾教育应该与人们的生活产生密切的联系，而狭隘地把教育和念念书学学字等同起来。

　　由此可见，如何在非正规的教育和正规的教育、偶然的教育和有意识的教育形式之间保持适当的平衡，是教育必须解决的一个最重要的问题。如果所学习的知识和专门的智力技能不能影响社会意向的形成，那么平常的、充满活力的实际经验就不可能提升，那么学校教育只能制造学习上的"骗子"，所谓"学术"上的专家。

　　一种是人们自觉地学得的知识，因为他们知道这是通过特殊的学习任务学会的，另一种是他们不自觉地学得的知识，因为他们在通过和别人的交往中，学习了他们的知识，养成自己的品性。避免这两种知识之间的割裂以及发展专门的学校教育，是越来越棘手的问题。

摘　要

　　延续生存是生命的本质，也是生活的本性。因为生活的延续只能通过不断地更新才能达到，所以生活也是一个自我更新的过程。生理上的繁殖依赖营养、生殖，但教育才是社会生活得以延续的保证。

在个人经验成为共同财富之前，社会中的沟通就是经验的彼此分享，让经验成为彼此共同的所有。传授和接受的双方，都在沟通过程中受到影响。人和人之间的相互关系，无论是什么样的一种存在形态，都因为可以提升经验的质量而具有意义，在与年幼者相处时最容易显现出来。换句话说，虽然每一种社会安排都具有某种教育性，但是对于年轻人和年长者相处的关系来看，教育作用成为相处关系中最重要的一项。

随着社会结构和资源变得越来越复杂，正规的或有意识的教导和学习的需要也日益增加。随着正规教学和训练的范围扩大，在比较直接的沟通中所获得的经验和在学校学习所获得的经验之间，产生了一些不应该产生的不好的割裂现象。随着几个世纪以来知识和专门技能的迅猛发展，这种危险从来没有像现在这样严重过。

第二章　教育是社会的职能

环境的本质和意义

我们在前面讲过，一个共同体或社会群体通过不断的自我更新维持自我，这种更新的进行，依靠的是群体中年幼成员的教育成长。社会通过各种形式，有的是无心的，有的是有意的，把年幼的，好似异己的人改变成为它自己的同盟者，以及可以托付群体资源和理想的成员。因此我们可以说，教育是一个抚养、培育和教养的过程。但所有这些都意味着教育包含着成长必须的条件。我们也用养育、培养、教化等词，这些词表明教育所要包括的不同水平。从字源学上来说，教育这个词本义是引导或教养的过程。如果我们想要的是这个过程造成的结果，那么"教育"就应当是影响、塑造和管教的意思，就是把人塑造成社会活动的标准模式。我们在本章要研究的是社会群体把不年幼的成员培养成它自己社会模式方法的一般性特征。

教育应该做到的是，使个人的经验素质，最终转化和融入社会群体的各种兴趣、目的和观念当中，这显然不是一个单纯物质方面的问题。物质的东西可以在空间搬动，可以转运。信仰和抱负却不能像物质一样，随便地被取出来或者放回去。那么它们该怎样传递呢？我们知道它们不能被直接传播或灌输，那么我们应该弄明白，怎样才能使年轻一代吸收老年一代人的观点，让他们与老年人有共同的志趣。

一般来说，问题的答案是：依靠环境的作用，引起某些反应。想要灌输的想法不生硬地灌输进去；必须养成的心态也不能强行被贴上去。但是在人们生存和生活的特定环境下，环境会影响他们看待事物的观点，环境会使他们做某些选择和打算，以便他能和别人共同行动；环境也能强化某些信仰而弱化另一些信息，以便使他赢得他人的赞同。所以，生活环境会在他们的身上打上各种烙印，一种行为上的系统倾向和言行上的意志倾向。我们所说的环境，并不单单指个人生活周围的空间，而是指周围事物和个人生活倾向之间固有的那种"连续性"。非生物当然也和周围的环境和事物有连续性，但它不会"在乎"周围的事物给自己带来的影响。

另一方面，临近的事物，并不一定等于周围的环境，特别是人类，有的即使相隔遥远，甚至可以比有些和他接近的东西更加真实地形成他的环境条件。一个人的活动随着事物的变化而变化，这些东西便是他的真环境。因而，天文学家的活动跟着他所凝视或计算的星星而变化。在他周围直接的事物中，他的望远镜是他最亲密的环境。作为一个文物工作者，他的环境包括他所关心的人类生活远古朝代以及他借以和那个时代建立联系的遗迹、铭刻等。

总之，环境对于人类来说，有促成、阻碍、刺激或抑制等各种影响。水是鱼的环境，因为水对鱼的活动、对它的生活是必需的。北极探险家不管能不能进入北极，北极都是他重要的生活环境要素，因为他从事活动的意义，是由北极界定的，是北极使他的活动和其他人的活动不一样。正因为生活不仅仅意味着消极的存在（先假设消极存在是可能的），而是一种行动的方式，环境或生活条件所指的就是能否进入这种方式而对行为起支持作用或挫败作用的条件。

社会环境

当一个人的活动和别人的活动联系起来，他就有了一个社会环境。他所做的和所能做的事情，有赖于别人的期望、要求、赞许和谴责。一个和别人有联系的人，在做出任何行为的时候，就不得不考虑他人的行为。因为，这些活动是实现他的各种倾向的不可缺少的条件。他一动，就会牵连到别人，别人动也会牵连到他。我们以商人打比方，一个商人不可能自己给自己做买卖，而不牵涉他人。此外，一个制造商不管他是在房间里面独自制订计划，还是在购买原材料，或者是出售商品，都是社会导向的行为。思想和感情，只要是牵涉到他人，都是社会行为，他的社会性绝对不比合作行为或仇敌行为少。

我们必须特别说明的是，社会环境怎样培育年幼的成员。行为习惯受环境的影响这不难看出来。小马和小狗的行为习惯也会因为和人类的相处而改变，因为人类关心它们的所作所为。人是通过控制影响动物的自然刺激来控制动物的。换言之，就是通过创造一定的环境来达到影响的目的。例如，食物、嚼子、马勒、噪声、车辆都是用来训练和改变马的自然反应或本能反应的方式。通过稳定的操作引起某种动作，从而形成习惯，这种习惯和原来的刺激同样起作用。如果把一只老鼠放在迷宫里，使它按照一定的顺序转几个弯才得到食物的话，当它熟悉这种顺序，形成习惯后，它的活动就会逐渐改变，以至于最后就算它饥饿时，也会习惯地走这条路而不选择另外一条路。

人的行动也可以以同样的方式改变。就像被灼伤的孩子怕火一样。如果父母安排一些条件，使孩子每次接触到某一玩具就烫他一下，他就学会自动地避开这种玩具，就像他不想去接触火一样。但前面，我们说的都是训练，和教育性的教导有很大的区别。上面的这种改变都是外在行为的改变，和内在心智和情绪以及情感的改变有区别，但这个区别并不明确。可以想象，不敢摸那个玩具的孩子，后来可能不只害怕这种玩具，而可能会对和它相似的一类玩具，都产生强烈的反感。这种反感，甚至在他已经忘却曾经受到的灼伤以后还维持着，以后他甚至会捏造某种理由，来说明他的这种莫名其妙的反感。有的时候，通过改变环境影响对行动的刺激，不仅改变了外部的行为习惯，甚至也改变了与行动有关的心理倾向。但这并非必然发生的情况。例如，一个人被训练躲避威胁性的打击，最后他会自动躲避而并无相应的思想或情感反应。因此，我们必须找到训练和教育的差异点。

有一个事实可以说明这种区别。一匹马并不真正参与它行动的社会功用。有人利用马做有益的事，给马一些好处，例如使它得到食物。但是，这匹马也许没有什么新的兴趣。它只是对食物感兴趣而对它所做的贡献不感兴趣，它并不是参与一项共同活动的伙伴。如果它真正成为一个伙伴，它在从事共同活动时，就会对活动的成功和别人同样感兴趣，它应该能和其他伙伴有共同的想法和情感。

在很多的教养案例中，很多的教养活动，只是用来养成习惯，教育孩子就像训练动物一样，而不像在教育一个人。孩子的本能仍旧依附在最原始的不要痛苦而要快乐的事物上。于是，要得到快乐或避免失败的痛苦，他们的行为必须合别人的意。如果不是这种教育方式，那么孩子们就能真正分享或参与共同的活动。在真正的教育行为下，孩子们原先要快乐不要痛苦的欲望被改变，他们不仅做出合别人意的举动和行为，同时，这种行为在他身上激起的思想和情感，对别人也一样有推动作用。

假如有一个好战的部落，它所力求的成功和它所重视的成就，都是与战斗和胜利有联系的。这种环境下，会激发男孩子好斗的表现，先是表现在游戏中，然后当他足够强壮时，表现在实践中。当他们有打斗行为时，就赢得赞许和升迁；而当他们不肯打斗时，就不被喜爱，被嘲笑，或者得不到好评。毫不奇怪，他原本的好斗趋势和感情，会在打败别人时获得增强，而他的思想和意志也会投注在和打斗战争相关的事情上。因为只有这样他才能完全成为被群体承认的成员，因而他的心理习性就是这样与部落的群体习性合二为一的。

如果我们把这个例子中所包含的原则概括出来，我们可以看出，社会环境既不直接给人灌输某些愿望和观念，也不是只能教会人一些纯粹肌肉的动作习惯，如"本能地"眨眼或躲避打击。按理，首先应该设置一种环境，以鼓励某些看得见和摸得着的行动方式，使个人成为联合活动的共同参加者或伙伴，使他感到活动的成功就是他的成功，活动的失败就是他的失败，这是第一步。一旦他受群体的情绪感染，他就会跟着群体的目标一起奋斗和迈进，以及能清晰地认识到群体为了达成相应目标所采取的相应手段，进而进行学习。也就是说，他的想法和观念会和群体里其他人一样，他也会学到和其他人大致相同的知识，因为这种知识是他习惯从事的事业的组成部分。

要获取知识，语言起了至关重要的作用，以至于我们经常认为只要能让对方听见，就等于对方接纳了我们传递的意思。因而传授知识变得和纯粹物理过程相似，就像一个有形的过程一样。但是，如果我们分析一下语言学习的前提条件，将会发现这符合上述所提出的原则。一个孩子通过像别人使用帽子那样使用帽子，通过把帽子戴在头上，把帽子给别人戴，出门时给别人戴上等，获得了对帽子的理解，这是不用犹豫就可以承认的一种行为学习方式。但是，可能有人会问，如果我们想通过语言或者阅读获得"希腊头盔"的概念，这个共同活动的原则又是怎样起作用的呢？因为在这期间并没有出现任何直接的行为接触到帽子。从书本上知道发现美洲大陆的历史，又有什么共同的经验可言呢？

既然语言是学习许多事情的主要工具，那么让我们来看一下语言究竟是怎样工作的。婴儿的语言学习，是从没有意义，也不表达任何观念的单纯声音、嘈杂声和音调开始的。有些声音引起了直接的反应，有些声音起到了抚慰的效果，而另些声音则会吓人一跳。帽子的读音，如果不和许多人参与的行动联系起来发音，会和发音不清楚的呼噜声一样没有意义。当母亲带着婴儿出门时，她把一样东西戴在婴儿头上，同时说"帽子"。对孩子来说，被带出门变成了一种兴趣；母亲和孩子不仅一同出门，而且两个人都在乎这个活动，并以此为乐。帽子的发音，因为和母亲同时出门的活动联系在一起，于是在婴儿心中产生了和母亲所想的一样的意义；"帽子"这个声音成为婴儿所参与的活动的一个部分。语言是由彼此听得懂的声音构成的，仅仅这一个事实就可以证明，语言的意义是依靠和共同经验的联系而定的。

总之，"帽子"这个声音和"帽子"这件东西正以同样的方式获得它的意义。帽子的声音和帽子这件东西，让孩子和成人获得同样的意义，因为它们被两人在共同参与的经验中使用。帽子这件东西和"帽子"这两个字的发音首先在彼此共同经验的情景下被使用，作为在孩子和成人之间建立行为关系的一种手段，这个事实，可以保证双方都能以"帽子"表达正确的意思。两个人能产生相同的观念和思想，是因为这两人作为伙伴都参与了一个活动，甲怎么做要看乙怎么做，甲怎么做也会影响乙怎么做。例如有两个野蛮人共同打猎，某信号对发出信号的人来说，意思是"向右走"，而对听到信号的人来说意思却是"向左走"，他们显然不能成功地一同打猎。所谓相互了解，意思是说，对于共同工作的人来说，所理解的事物或声音的含义是一样的。

因为和共同工作中的其他事物有联系，于是声音就带有一定的含义。之后这些声音还会和其他类似的声音连用，因为他们所代表的事物联结在一起，声音也可以产生新的联系。因此当孩子们在学习词汇，比如"希腊头盔"时，在一次具有共同的兴趣和目的的行动中开始使用这个词而获得意义（或者被理解）。现在，通过激励、声音或朗读，在想象中排练使用这头盔的活动，这个词被唤起了新的意义。孩子们了解了"希腊头盔"的意义后，在心理上把自己也变成了使用头盔的古希腊人的伙伴。他们通过想象从事一个共同的活动，并不容易掌握这些词的全部意义。大多数人或许对"头盔"理解，仅仅局限于表示希腊人曾经戴过的一种奇怪的帽子，不会再求甚解。因此，我们的结论是使用语言传递和获得观念，是事物通过在共同经验或联合行动中的使用而获得的，同时还会将意义扩大和改良，它绝不违反哪个原则。当词语在使用当中，并不处在一个共同情境的因素下时，它们就会像纯物理刺激一样起作用，而不会具有特别的意义，对观念也不会产生影响。

这类的字或者词，会使行动按照常规的槽线来进行，行为却少了有意识的目的或意义。例如，加号"＋"可能使人们把数字携程加式再做计算，做计算的这个人如果不明白自己所做的事情的意义，那么他的行为活动，就和机器人没有什么两样。

社会环境的教育性

我们以上讨论的结论是，社会环境能通过个体的种种活动，塑造个人行为的智力和情感倾向。这些活动能唤起和强化某些冲动，并具有某种目标和承担某种后果。一个生长在音乐世家的儿童，不可避免地使他在音乐方面所具有的能力得到激励，而且，相对地说，要比在其他家庭环境中成长的孩子更好地受到音乐兴趣的启发。除非这个儿童对音乐有兴趣并有一定的造诣，否则他就不能和家里人打成一片；明明是一家人，他也不能共享家人的生活。每个人都或多或少要参与和自己有关人的生活，这是不可避免的。就是在这种参与中，社会环境会无意识地、不设任何目的地发挥着教育和塑造的影响。

在野蛮未开化的社会，这种直接参与（即我们讲过的间接的或偶然的教育），几乎成为教育年轻一代的唯一影响，只有这样，才能使他们获得群体的习俗和信仰。即使在目前的社会，即使对于最坚持受学校教育的年轻人来说，这种直接参与也能提供给他们基本的教养。按照群体共同的兴趣和职业，有一些事物成为高度被尊重的对象，而另外一些事物却成为被厌恶的对象。我们一个群体或一个阶级做事情的方法往往决定什么才是应该注意的事物，从而规定了群体观察和记忆的方向和范围。凡是奇怪的或外来的东西（即在群体活动以外的东西），往往都是道德上被禁止的，或者在理智上被怀疑的。比如，我们非常了解的东西，在过去的时代竟没有被熟悉，对我们来说似乎是不可思议的事情。我们倾向地认为，那是因为我们的祖先先天比较愚蠢，而认为我们自己具有非常卓越的天赋或者智力。但是，之所以产生这种情况是因为他们的生活方式，并没有引起他们对这些事实的注意，他们的关注点在别的事情上。视觉听觉等直觉要受可感觉的事物刺激才能活动，不会自发地活动，而是被当前社会职业所提出的要求发动起来的。我们主要的意向特质是受这些影响而形成的，并不是学校教育的功劳。有意识的、深思熟虑的教学所能做的事，顶多只是培养了能形成这种意识的各种能力，或者充其量只是把这样学成的能力再放宽些发挥，然后去粗取精，然后在为青年一代提供能使活动更有意义的目标而已。

虽然这种"环境的无意识影响"难以捉摸而又无处不在，影响着性格和心理的每一根纤维，但指出它的效果最为显著的几个方面可能是有价值的。第一个就是语言习惯。基本的言语模式，大量词汇，是在我们在日常生活交往中形成的，这种生活交往不是作为教导用的一套规范工具来实用的，而是作为社会需要非常自然进行的。婴儿能学会使用我们所谓的"母语"。虽然这样养成的言语习惯可能被修正，或者甚至被有意识地教学所取代，但是，在兴奋的时候，有意识地学会的言语模式常常会消失，从而转换成他们真正原本的语言。第二是举止仪态。身教的力量比言传大得多。我们常说，好的仪表是良好教养的结果，或者可以说那就代表着良好的教养；教养是通过惯常的习惯养成的，是惯常的刺激导致的反应，而不是通过传授知识得来的。即使有意识地改正和教导不停地起着作用，但是，举止模式主要还是在周围氛围的无形影响下形成的。举止有礼只是次要的道德。即使主要的道德方面，有意识的教导方式，也必须符合孩子社会环境中的那些人的作风和互动，才有可能起作用。第三就是鉴赏力和审美观。如果眼睛常常接触形式和色彩华美和谐的事物，审美的标准自然会逐渐被培养起来。而一个俗气、没有秩序和装潢过度的环境会破坏人的审美和美感，就像贫乏而荒芜的环境会饿死美的愿望一样，在这种不利条件下，有意识的教导也只不过是传达一些别人讲过的第二手的有关审美的经验和老生常谈罢了。从语言上听来的审美，绝不会转化成自身自发的审美和鉴赏力，也不会对人产生根深蒂固的影响，只不过能用来提醒人们其他人是怎么想的而已。而更深刻的价值判断标准，是一个人所处的社会活动和情境所养成的，这不能列出来作为第四点，因为这是上面几点的融合。意识的判断价值，是根据我们毫无察觉的一套标准而来的，这里影响之深是超出我们意料的。一般来说，我们不假思索而认为理所当然的事情，正是左右我们意识思考和推断的力量所在。这种隐藏在思考之下的行为惯性模式，就是从不断的人际往来关系中养成的。

学校是特殊环境

以上有关那种不管人们喜不喜欢都进行着教育过程的论述，其重要性在于要使我们注意到，大人有心给孩子们什么样的教育，就必须有意识地把孩子们的受教育环境控制成那样。他们在这个环境中参与活动，也在这个环境中思考和感觉。直接教育是不可能的，教育只能借助环境来间接达成。成就教育的这个环境是碰巧有的，还是我们刻意为之，这中间差别很大。任何的教育环境，除非它已被按照预定的教育效果，通过深思熟虑地进行了设置和制定，其他一切都只是碰巧。一个明智家庭和一个不明智家庭的区别，主要在于家庭中盛行的生活和交往习惯是根据对孩子发展有利方面来选择的，还是根据大人的考虑来进行的。但是，学校是明确根据影响其成员的智力和道德倾向而塑造环境的最典型的例子。

总的来说，当社会传统越来越复杂，相当部分的社会经验用文字被记载下来，并通过书面符号进行传播时，学校便产生了。书面符号甚至比口头符号更加人为化，也更墨守成规；书面符号不能在和别人偶然的交往过程中被学会。此外，书面的形式往往记录的都是和日常生活不相干的事情。虽然很多书面符号不一定在现今能立刻被使用，但不断积累起来的成就都被贮藏在了里面。一个社会可能需要自己的时代与领土之外的知识，当这种知识的需求量大到了一定程度，就不得不依靠学校来完成传递的工作。举一个明显的例子：古希腊人和罗马人的生活深深地影响我们的生活，但是它们影响我们的方式并不呈现在我们日常经验的表层。同样，英国人、德国人、意大利人等和我们同时代的社会，即使相隔非常遥远，却和我们社会的动静直接相关。这种相互之间的作用是什么性质，也是必须要花费一些时间才能明白的。恰恰是同样的道理，我们不能依赖日常的行为生活来让孩子们明白，我们的生活是如何受遥远的自然能量和看不见的组织结构所影响的。所以，我们必须建立一种特殊的社会交往模式，即学校来处理这些事情。

与一般的共同生活相比，这个模式有三项很特殊的功能。第一，综合的文明过分复杂，不可能全部被吸收。必须把它分成许多部分，就像学校的分层和分科一样，逐步地、分层次地、一部分一部分地吸收。我们目前社会生活中的各种关系，数量很大，相互交织在一起，即使处于最有利地位的儿童，也不一定能很快地分享其中很多最重要的部分。不能参与其中，儿童便很难理解其中的意义，这意义就不会变成儿童心理倾向的一部分。结果是见树不见林。商业、政治、艺术、科学、宗教，如果一起传授，结果只能是一片混乱，让人无所适从。我们称之为学校的社会机构，它的首要职责应该是为孩子们提供一个简化的环境。选择最基本并能为青少年反应的环境，让孩子们能够产生相应的响应。课程的设置也是渐进的，只有学会了基础的东西，才能有办法进一步学习比较难懂的。

第二，学校环境的职责，还在于为孩子们尽力排除现存环境中的丑陋现象，以免影响儿童的心理习惯。学校要建立一个净化的活动环境，不是以单纯化为目的，而是为了要清除有害的成分。每一个社会都被一些无关紧要的东西、旧时留下的废物以及确实是邪恶的东西所累，阻碍进步。学校有责任从环境中排除这些坏东西，从而尽其所能抵制它们在通常社会环境中所带来的影响。学校应为自己选择其中最优秀的东西，并努力使其全部为自己使用，努力强化它们的力量。随着社会变得越来越开明，学校认识到它的责任不在于把社会的相关知识和经验全部成功地传递下去，进而保存起来，而是应该把有助于未来更美好的社会知识和个人经验的部分传递和保存起来。学校就是社会完成这个目的的最主要机构。

第三，学校环境的职责在于平衡社会环境中的各种成分，保证使每个人有机会避免受他所在社会群体的限制，而有机会和更广阔的环境建立充满生气的联系。"社会"和"共同体"这类名词可能使人误解，让我们误以为

"社会"和"共同体"这类名词是一个单独的东西。其实现代社会是多个社会不甚紧密地联结而成的。例如每个家庭与同它接近的朋友就构成了一个小社会；乡村或街道上的一群游戏伙伴又是另外一个共同体；每一个经商的集体，每一个俱乐部，都是一个共同体。除了这些比较相近的群体，还有像我们国家这样的群体，那是由各种种族、不同的宗教团体和不同的经济区域组成的。而我们所谓的现代都市，或许只是名义上的一个政治统一体。现在与过去相比，现在有更多的共同体，更多的各种不同的风俗习惯、传统、抱负和各种不同的政府或管理模式。

每一个这样的群体，对其中群体成员的意向养成都是有影响的。一个派系、一个俱乐部、一个团伙、一个教唆犯的盗窃集团、一个监狱里的犯人，都为那些加入他们群体或共同活动的人提供了教育环境，就像一个教会、一个工会、一个商业团伙或一个政党一样。它们每一个都是一种联合的或共同生活的模式，就如一个家庭、一个城镇或一个国家一样。也还有许多的共同体，它们的成员之间没有直接的联系，或者说联系得非常少，像美术家协会、文人学会，散布在世界各地的专业学术团体成员一样。因为他们有共同的目的，每个成员的活动都因为直接了解其他成员活动，而发生了相应的改变。

在旧时代，不同群体的形成，多半是基于地理因素的影响。那个时候，虽然有很多社会群体，但是每一个社会群体在它自己的疆域内却有着非常高的相似性。但是，随着商业、运输、交通和移民事业的发展，像美国这样的国家，就变成了由具有各种传统习惯的群体联合组成的国家。在这种情势的要求下，也许比其他因素的要求都更加迫切——教育机构必须为下一代提供比较同质而和谐的社会环境。只有这样，不同群体生存在一个政治单元里面造成的各种离心力才可能被抵消。不同种族、不同宗教和不同风俗习惯的青少年混合在一所学校里，才有可能为大家创造一个全新的和更为广阔的环境。共同的教材使大家习惯于统一的观点和思想，视野比任何孤立群体的成员看到的更为广阔。美国公立学校的同化力量，证明共同和谐的诉求确实是有实效的。

学校还具有一种功能，就是协调着来自不同社会环境下的个人的影响。例如，在家庭会有家里行事的准则；而走在街道上，又有另外一种准则；在工厂或商店，通行的又是另外一套；在教会集会则又不一样。当一个人从一个环境转到另一个环境时，不免会受到各种相互对抗的拉力影响，从而产生一种危险，使一个人在不同场合具有不同的判断标准和情感标准。为了避免这种危险，就必须要求学校发挥安定整合的作用和职能。

摘　要

在连续和进步的社会生活中，青少年所必须具有的态度和倾向的发展，不能通过信念、情感和知识的直接传授发生，它需要通过环境的中介才能发生。环境是由一个生物实行其特殊活动时，与之有关的全部条件所组成的。而社会环境由社会任何成员在活动过程中和他结合在一起的所有伙伴的全部活动所组成。个人参与某种共同活动到什么程度，社会环境就会产生多少真正的教育效果。个人因为参与联合活动，而认同活动的目标、熟悉了方法和材料、学会了技能，也吸收了这种共同活动中浸透着的情感精神。

当青少年逐渐参与他们所属的不同社群的活动时，他们的倾向不知不觉地得到更为深刻和更为密切的教育影响。但是，随着社会变得日益复杂，就有必要提供一个特殊的社会环境，专门培养下一代的这种智能。这个特殊的社会环境主要有三个比较重要的功能：一是简化和安排所要发展倾向的因素，并适当地安排学习的先后顺序；二是将现有的社会习俗净化并理想化；三是创造一个更加广阔和更加平衡的环境，使青少年不受原来环境的限制。

第三章　教育即指导

环境的指导作用

我们现在所谈的教育的一般功能，所能参与的特殊作用方式，大概就是下面三个方面：指导、控制或疏导。这三个词中，"疏导"这个词最能表达在合作中，通过帮助受指导人发展自然能力的思想；"控制"一词，更确切地说，表示被控制人承受外来力量并碰到的一些阻力的意思；"指导"是一个比较中性的词，表示受指导者的行为倾向是依赖某种连贯的过程而被引导的，而不是漫无目的的。"指导"所说的是最基本的功能，这一功能有可能只是起到了从旁边辅助的作用，也有可能真正发展到管制或者支配的程度。但是不管怎么样，我们必须力求避免某些添加到"控制"里的含义。有些人认为，个人的行为倾向生来就是纯粹个人主义的或以自我为中心的，所以是反社会的。而这种认识有可能是有意识地，也有可能是无意识地这么认为。所以控制的意思是，迫使个人服从公共或者共同的意见，自己的好恶退居次要的位置。就概念来说，控制是与人的本性和这个过程很不相容，是反对这个过程而不是帮助这个过程的，按这种看法来理解，控制就具有压制或强迫的意味。政府的体制和国家的学说就是建立在这个观念上的，所以，这种观念严重地影响了教育思想和实践。但是这种观点是完全没有根据的。因为个人肯定有时想按照自己的想法来行事，而和他人的意见相左。但是，一般而言他们在参加别人的活动和参加共同的和合作的活动时，也有可能这个活动是他非常感兴趣的。否则，社会这种组织，是不可能形成的，也不会有人赞同用精彩来维持表面的和睦，这必然是因为对个人也有利，才会选择这么做。事实上，"控制"真正的意思不过是指，通过强行的方式和态度来引导行为的力量，其中既包括在别人引导下的调整，也包括自己个人努力所做的调整。

一般来讲，每一个刺激都指导着活动方向。它不仅仅引起活动，或挑起活动，而且指导着活动走向一个目标。反过来说，一个反应不只是一个反作用。就像这个词所表达的意思一样，并非是对所受刺激的一种反抗，而是一种回答。当它面对刺激时，并对此做出了反应。刺激和反应互相适应，例如，光对眼睛有刺激，但正是因为光线，眼睛才看到了很多事物，看是眼睛的功能。如果眼睛是睁开的，又有光线，那么眼睛就看见东西，看的行为就产生了。刺激只是完成器官正当功能的一个条件，而不是一个外界的阻碍。在某种程度上说，一切指导或控制都是活动的向导，目的是达到自己的目标，是协助某个习惯完全发挥它本来就要发挥的作用。

但是，这种结论有两点需要补充说明。第一，除少数本能以外，儿童所受的各种刺激，在开始时都不一定能引起特定的反应，而且有可能会引发大量多余的力气。这些力气也许是浪费的，和活动无关；也有可能和达成正确行为的方向是冲突的。这种多余的精力，有时会因妨碍别人而造成损害。我们可以比较一下自行车初学者和骑车能手的行为，以这个为例子来进行说明。初学者学习的时候，使力涣散，把握不到方向轴心，和骑车老手们是不一样的。而指导就是集中和固定一个动作，使它真正成为一个反应，这就需要排除不必要的和纷乱的动作。第二，如果一个人不配合，那么就不能产生活动，即便如此，有些反应却不一定能符合行为的顺序和连贯性。例如一个拳师可能成功地躲避一次打击，但这样的闪躲动作却使他被更猛烈的下一拳打个正着。适当的控制就是把相继的许多动作排列成连续不断的顺序，使每一个动作不仅受到直接的刺激，而且对下一个动作有帮助。

总之，指导既是及时的，又是连续的。是从当时引起的动作倾向之中，选择那些精力汇集在所需目标上的倾向。从前后连续来说，指导要求每一个动作和在它前后的动作中取得平衡，使活动井然有序。所以，使动作集中和有顺序是指导的两个方面，一个是空间上的，另一个是时间上的。前者保证击中要害，后者保持进一步行动的平衡。显然，我们可以在观念上把他们区别开来，但在实践中他们却是不可分割、合二为一的。行动必须要有一定的时间和方向，而且还要准备后续的下一步行动。正因为要准备后续的动作，于是及时的反应也变得复杂了。

从上述的一般说明中我们可以得出两点结论。一方面，纯粹的外部指导是不可能的。环境顶多只能提供刺激以唤起反应。这些反应从个人已有的倾向开始。甚至当一个人因受威胁去做一件事情时，也只是因为人有恐惧的本能，所以威胁才起了作用。如果没有恐惧的本能，或者，虽然有这种本能但这种本能在他的控制之下的话，那么，威胁对他的影响，就像失明的人对光不敏感一样。所以，虽然成人的习俗和规则为孩子们的行为提供了许多刺激，引起并指导了儿童的活动，但是，儿童行走的方向，终究还是由他们自己的行为目的所决定的。严格来说，我们不能强加给儿童什么东西，或迫使他们做什么事情。忽视这个事实，就可能导致扭曲或者败坏的人性。事先考虑到被指导的人现有的本能和习惯所造成的影响，就能既省事又明智地给予相关的指导。准确地说，一切的指导不过是再指导，是把已经进行的行为引导到另外一个方向上去。除非一个人了解已经在起作用的精力，否则他指导的尝试几乎肯定会失败。

另一方面，按别人的习俗和规则来进行控制，往往是缺乏远见的，这种控制会在短期起到效果，但却会使后续的行为失去平衡。例如，通过威胁，使一个人觉得如果他要坚持做一件事，就会产生不良后果，从而使他不去做他本来想做的事。因为害怕而不做的心态，却可能使他有做出比之前还糟糕的行为。他的狡诈本能可能被激发，使他对今后的事情采取回避和欺骗的手法。指导者若不谨慎，很容易忽略受指导者后续发展的方向。

社会指导的模式

成人总是直接指导别人的行为，自然会意识到他正在指导别人的行为。一般来说，当他们发现自己受到抵制，或者别人在做他们不希望他们做的事情的时候，他们就会有指导别人的意图。但是，比较永久和有影响的控制模式还是随时都在进行而没有这种刻意用意的控制模式。

当别人并没有按照我们希望他们做的事情那样服从安排或者进行行动时，我们就会意识到需要控制他们，也会意识别人正在受某些控制的影响。在这种情况下，我们的控制变得很直接，也是在这一点上，我们可能犯刚才所讲到的错误。我们甚至可能用强力来进行控制，就像那句名言所说的：能拉马到水边，却不能强迫它喝水；能把一个人关进牢房，却不能强迫他进行忏悔。所有这些对别人强加直接行动的情况，我们需要区别身体上的结果和道德上的结果。对处于某种情况的人而言，也许强制进食或强制禁闭，是为了他们着想并不得不做的事。为了一个儿童不被大火灼伤，可能我们必须把他从火旁边拖开。这些对他身体所做的事情，不一定使他的脾性改善或者起到真正的教育效果。用严厉而命令式的语言，使儿童离开火焰，效果和把他拉开是一样的，但是，这两种情况都不会产生道德意义上的服从。我们可以把一个人关起来，以防止他闯进别人家里去，但是把他关起来并不会改变他盗窃的倾向。当我们混淆身体上的结果和教育上的结果时，我们一定会错失借力使力的机会，而不能借此引起受控制者的参与意向，使他心悦诚服朝着该走的方向走。

一般地说，有意识地控制行为的机会，应该仅限于本能或冲动的行为，而完成这些行为的人无法预见这些行为的结果。如果一个人不能预见他行为的后果，又不能理解有经验的人告诉他的这种行为的后果，就不可能明智地指导他自己的行为。在这种情况下，对他来说每一个行为都是一样的。凡是刺激他的东西都能刺激他，除了刺激以外，没有其他作用。而在有些情况下，不妨让他去试，让他自己去发现后果，以后遇到同样的事情也就学聪明了。但是，有些行动做起来太妨碍别人、令人反感了，应该想办法制止。这时候就会诉诸于直接非难的方式，例如，采用羞辱、嘲笑、冷淡、指责和惩罚。要不然就是诱发他们相反的行为倾向，把他转到令人生厌的行为之外；利用他爱听的称赞，想以乖巧行为讨人喜欢的心理，从而诱发另外一个方向的行为。

这些控制方法（因为是有意识地运用的）都太显而易见，如果不是为了要和另外一种比较重要而永久的控制方式进行对比，几乎不值一提。这另一种方法属于常和青少年相处的人们使用的方法，就是借以达成目的的工具。人在社会环境中生活、行动、存在；这种社会环境就是指导他活动的长期有效的力量。

这个事实使我们有必要较为详细地考察一下什么叫作社会环境。我们习惯于把我们生存的自然环境和社会环境分离开来。因为这种划分，一方面会把我们前面说的比较直接或者亲自做的控制行为所造成的精神层面影响夸大；另一方面，现在的心理学和哲学，又把纯粹自然环境对智能的影响夸大了。事实上，除了利用自然环境作为中介以外，不存在一个人对另一个的直接影响这种东西。一个微笑，一个蹙额，一次指责，一次警告或鼓励，都牵涉某种物质的改变。否则，一个人的态度不可能改变另一个人的态度。就此而言，这种影响模式可以算是人际之间的，物质环境的影响只限于促成人际之间的接触。和这种直接互相影响的方式相反的，是彼此从事相同活动的联系，而活动中要使用一些东西作为手段，并借以取得结果。例如母女两人共同生活，即使母亲从来没有叫女儿帮助她，或从未因女儿不给予帮助而加以指责，女儿在活动中还是会服从母亲的指导，因为她在家庭生活中与父母朝夕相处，休戚相关。模仿、竞争、共同工作的必要，都可以强化控制。

假如母亲递给孩子一件东西，那么孩子必须伸手接过来。这一递必有一接。孩子拿到这个东西以后怎样处理它，做什么用，肯定受孩子所见到母亲做法的影响。当孩子看见母亲在寻找什么东西时，孩子自然也会寻找这个东西，当他找到时，就会交给母亲，就像之前母亲也曾经把孩子所需要的东西递给孩子一样。这种例子在日常交往中成千上万，我们就有了指导儿童活动最永久和最持久的方法。

我们这样说，不过是重复以前曾经说过的有关把参与联合活动作为形成倾向的主要方法。前面我们也曾特别说明，使用对象在共同行为中占的比重。而学习理论曾过分地受到错误心理学的支配。人们常常认为，一个人仅仅通过感官途径就能把事物的特性铭刻在脑子里。而实际上，我们了解和接受一个事物的特征，是在接受了许多感觉印象后之后，通过联合或某种智力综合的能力，才使它们联结成为一种观念，成为对我们有意义的东西的。一件东西、一块石头、一个橘子、一棵树木、一把椅子，传达不同的颜色、形状、大小、硬度、嗅觉、味觉等印象，这些印象集合起来构成每一件东西特有的意义。但是，事实上，一件东西之所以有意义，能使人认识它，是因为这件东西所具有的能被人使用的特性。椅子是有一种用处的东西，而桌子是有另外用处的东西，而橘子这种东西，可以用某种价格来买卖，生长在温暖气候的地方，是可以吃的，而且又香又甜又可口。

对生理上的刺激做出反应，与心智的行为不同；后者包括对物质的含义所做的反应，而生理上的刺激却没有这种反应。一声爆响也许会使我吓得跳起来，但与我的心理却没有关系。如果我听到一个声音，立刻就会跑去提水扑火，那就是心智做出的反应；那个声音的含义就是着火了，而着火的含义就是应该立刻把火扑灭。如果我走路的时候踢到石头时把它往旁边踹，这就是纯粹生理上的反应。而如果我是为了怕它把别的人绊倒，而把它搬到一旁，这就是心智的反应；这是我对石块所具有的意义做出的反应。轰然雷响使我一惊，通常是因为没听出是雷声而受到惊吓，但即使知道是打雷，我的反应可能也会如此。如果我听见时说"那是打雷"，这就是对雷响的意义做出的反应，这个反应应该属于心智的范畴。如果事物对我们来说是有意义的，我们做的事情就是有意义的、有意识的、有目的的；如果我们认为它们没有意义，那么我们的动作就是盲目的、无意识的、没有理智的。

这两种对外界的调试行为，都是受到指导或控制的。但是，如果是纯粹盲目的反应，那它的指导作用也是盲目的。指导过程可能得到了训练，但是却没有受到教育。对重复出现的刺激做出一次又一次的反应，可以形成某种固定的行为习惯。我们都有许多习惯，但并不十分理解这些习惯的含义，因为它们是在不知不觉中形成的。因此，它们支配我们，不是我们支配它们。它们推动我们，控制我们。除非我们认识这些习惯的作用，并且能判断它们产生结果的价值，否则我们就没有控制它们。我们可以压迫一个孩子的颈部肌肉，使他每遇到一个人就鞠躬，到了后来，鞠躬就慢慢变成了一种自发的动作。但他的鞠躬并不是一种出于尊重或服从的动作。除非他考虑到某种目的而做这个鞠躬的动作，要表示某种意思而做。所以，只要他不知道自己在做什么，也不是为这个动作的含义而做的时候，那就不能说他的举止是"教养"或教育出来的。所以，要明白一件事情，并非单靠简单的感知就能实现。而是要能根据事物在全部行动计划的位置对事物做出反应，要预见到事物的行动对我们有什么趋向和可能的后果，以及我们的行动对事物有什么趋向和可能的后果。

所以，所谓对事物的理解和别人相同，意见和别人相同，从而真正成为社会群体中的一员，就是在事物与行为的含义认定上和别人一样。否则，就没有所谓的共识，也不可能有社群生活。在共同参与的活动当中，每个人的行为都和别人互为参照。也就是说，每个人都要把他的活动和别人放在相同的情境之中。拉一条碰巧别人也在拉的绳子，这并不是一个大家共同参与的社群活动，除非拉绳子时知道别人也在拉，而且拉绳子的目的是帮助或阻挠他们才去拉，那才是共同参与的社会活动。就像一根针在它的制造过程中也许经过了很多人的手，但是，每个人各做各的工作，并不知道别人在做什么，也并没有参照别人所做的事；每个人可能只是为了自己的结果——为了自己的工资。在这种情况下，当分解的几个行动并没有共同的结果，尽管几个行动交列在一起，尽管它们各自的行动也为了促成一个单独的结果，我们也并不认为这里有真正的交往或联系。但是，如果每个人把他自己行动的结果看作和别人所做的事情有关，并考虑别人的行为对自己的后果，那么他们就有了共同的打算，他们的行为就有了共同的意愿。参与者之间，就有了相互理解，这种共识可以控制每个人的行为。

假设有人安排了这样的状况：一个人无意识地接住一个球，然后扔给另一个人，另外这个人接住球后，又无意识地扔回去；双方都不知道球是从哪里来的，也不知道球要抛到哪里去。那么，这种行为就是没有含义的。从生理上来说，这是被物质条件控制的动作，而不是社会条件下的产物。如果两个人都知道对方在那里接球、抛球，而且会注意对方的行为，因此也在意自己的行为与对方行为的联系，那么双方的行为便是有心智层面的含义的，是有社会判断和社会性方向的。我们再举一个实际的例子。一个婴儿饿了，大人在他面前准备好了他的食物，可他还在哭。如果他不把自己的情况和大人正在做的事情相互联系起来，不明白哪些食物是可以使自己吃饱的，他就会因为自己越来越饿的感受而做出哭闹得更加厉害的反应。这个时候，他的身体是被他自己生理的状态所控制的。但是，如果他能做一番相互的参照，他的整个态度就会改变。就像前面所说的，他会注意并注视着大人所做的事情，而不会只对自己的饥饿做出反应，而是会根据大人为了消除他的饥饿而做的行为去反应。有了这样的心态，他在饿的时候，就不会只是无意识地屈服于饥饿，而是会有意识地去注意、认识或确认自己的状况。他对待饥饿的态度，就有了心智活动的成分。像这样观察别人行为的含义和自己所处状况的意义，他便是受到了社会指导了。

回想一下，我们的主要命题有两个方面，一个方面是我们刚刚讨论过的，即物质的东西并不影响心智（或形成观念和信念），除非是为了取得一定的结果而做的行为所牵涉的物质套件。另外一个层面是，人们只有通过借用物质条件的方式，才能影响彼此的行为意向。我们来看看那些能很容易使人感知到的所谓富于表情的动作：脸红、微笑、蹙额、紧握拳头，以及其他各种各样的自然动作。这些动作本身并不富于表情，它们只是一个人态度的有机组成部分。一个人脸红并不表明他对人怕羞或窘迫，而是因为毛细血管中血液循环因反应刺激有了变化。但是别人却会利用与他们有联系的人的脸红，或肌肉上微微可以察觉的绷紧，作为那个人所处情况的一个信号，然后根据这些信号来采取下一步的动作。蹙额表明这个人即将骂人，所以必须准备应对；蹙额也表示这个人比较犹豫或者不确定，所以必须设法说明或者做点什么，来消除他的疑虑以恢复他的信心。

远处有一个人，在胡乱地挥动手臂。我们只需保持一种超然的漠不关心的态度，挥动胳膊的那个人就只停留在我们不经意看见的某个远处实物改变的层次上。如果我们对此不感兴趣，那么挥动手臂对我们来说就像风车的旋转一样，没有意义。但是，如果他引起了我们的兴趣，我们就开始参与行动，我们会拿他的行动来参照我们自己正在做或应该做的事情，以此来判断他动作的含义，然后决定我们下一步的动作。这个挥舞手臂的人，在招手求助吗？还是在警告我们应该防卫一次爆炸，让我们保护自己？如果是前一种情况，他的动作的含义就是要我们向他跑去；如果是后一种情况，则表明我们应该赶紧逃走。不管是哪一种情况，他在物质环境中所引起的变化，是我们应该怎样行动的一个信号。我们的行动是受社会性控制的，因为我们把自己的下一步行为都放在了具体的社会情景之中在考虑。

我们在前面讲过（见第二章），语言正是自己与他人行为参照共同情景的一个例子。所以，语言作为社会指导的工具，其重要性无与伦比。如果我们不先用比较粗糙和可以捉摸的方法，而运用物质工具来获得结果，那么作为语言的背景，语言就不能成为有效工具。一个儿童看到他周围的人以某种方式使用椅子、帽子、铲子、锯子、犁、马、钱等。如果他真能参与他们所做的事，他就会被引导以同样的方式使用这些东西，或者以适当方式使用别的东西。如果有人把一把椅子移近桌子，这就是要他坐这把椅子的一个信号；如果一个人伸出他的右手，他也必须伸出他的右手；依次类推以至于无穷。使用人类技艺成果和天然原料的方式成为习惯后，无疑就极大地构成最深刻和最普遍的社会控制模式。当儿童入学时，他们已经有了自己的"见解"，他们能够理解事情，并按照事物的相关倾向而做出判断，用语言诉诸这些能力。但是这些"见解"只是过去他们通过像别人那样使用东西而形成的一种反应习惯。这种控制是不可避免的，因为它渗透在人的行为倾向之中。

以上讨论的最终结果是：控制的基本方法不是有关个人的，而是心智上的。直接以个人感染力造成影响，虽然是关键时刻可用的重要方法，但这种控制只是"道德"上的意义，不算精神上的。这种控制方法有理解的习惯，这种习惯是通过和别人一致地去使用事物养成的，或是通过合作和协助，或是通过竞争。如果把心智看作一种具体的东西，它恰恰就是一种能力，根据使用事物的方法去理解这些事物；社会化的心智也是一种能力，就是根据在联合的或共同的社会情境中使用事物的方法去理解这些事物。在这个意义上，心智就是社会的控制方法。

模仿和社会心理学

我们前面曾经指出一个学习心理学流派的缺陷。这种心理学认为，只要把赤裸裸的个人心智和物质的东西接触，它们的相互作用就能产生知识、观念和信念。只是到了最近人们才认识到人类的社会共同生活对形成智力和道德的倾向具有支配地位的影响。甚至到现在，还有一部分人，仍然以这个理论为辅助，以直接接触事物的学习方法为主，认为人的知识只算是物质世界知识的附录。而我们的讨论表明，把人和物分开来是非常荒谬的。人和事物的相互作用可能养成外部适应的习惯。但是，只有当这个人利用事物产生结果时，这种相互作用才能引出有意义的和具有有意识的活动。一个人改变别人心理的唯一方法，就是利用天然的或人为的物质条件，引出别人某种反馈性的活动。这就是我们两个主要的结论。我们最好把这两个结论和另一种理论进行对比，以便进一步发挥和强调这些结论，即是把人和人的所谓直接关系的心理学，附属到假定个人和事物之间直接关系的心理学。因此，我们要讨论模仿在形成心理倾向中的性质和作用。

按照这个理论，个人受社会的控制，是因为出于本能要模仿或者复制别人的举动，他把别人的动作作为模仿的范本。儿童的模仿本能很强，他们努力按照别人所树立的模式，在他们自己的行为系统中照样重做。按照我们的理论，这里所说的模仿是一个容易引起误解的名称，实际上是和别人共同使用一些东西，导致产生了共同的兴趣关注。

现在流行的模仿概念的根本错误在于把车子放在马前面，本末倒置，倒果为因。毫无疑问，许多个体在组成社会群体时，他们有共同的思想，互相了解。他们在相似的环境里，他们的言行多半出于同样的有控制作用的观念、想法和意图。从外部看，可以说，他们实际上是在彼此"模仿"，意思就是说他们以某种相同的方法，做某种相同的事情，这种说法也许很对。但是，"模仿"不足以说明他们这样行动的意图；"模仿"这两个字不过是用来说明，而并不能表达真实的事实。这种说明，就像那一句名言一样：鸦片使人入睡，因为它有催眠作用。

我们的许多动作具有客观相似性，我们因自己的行为和别人一致而感到心理上的满足，我们把这些称为模仿。这个社会事实随后又被认为是产生相似状态的心理学力量。其实，所谓模仿，相当大的一部分，只不过是在结构上相似的人以同样方式对相似的刺激做出反应。人因受侮辱而发怒，要还击侮辱者，这并不是因为要模仿才这样做的。对这种说法，可能有人会引用一件无可怀疑的事实来反驳，就是不同的群体，有不同的风俗习惯，他们对侮辱的反应，采取的方式是不同的。有的群体里，也许会用拳头来还击，而在另外的群体里，也许会用决斗的方式来解决，或许在第三个群体里，会选择用末世的态度来回应。因此，有人说，之所以会存在这种情况，是因为模仿的参照物不同。但是，在我看来，这种直接的反馈是不需要依赖模仿的。很多群体的风俗习惯不同，而上述这个例子，也说明引起这种刺激的实际情况，可能也是有很大差别的。有意识的指导起了一部分作用；但在这之前的赞许或反对的情绪倾向则起了更大的作用。更明白的事实是：除非一个人以他所在群体内所流行的方式行动，否则他就等于脱离了这个群体。他的一举一动只有和别人保持一致，才能和别人相处融洽、地位平等。一个人只有这样做，才会被允许加入群体活动，而若以另一种方式行动，则会被挡在群体活动之外，而因这种事实而来的压力是连续不断的。所谓模仿的效果，主要是刻意指导的结果，也是共处的人不知不觉表示允许认可产生的取舍影响造成的结果。

假使有一个人滚一个球给一个儿童，这个儿童接住球，又把球滚回去，滚球游戏便这样进行了。在这里，刺激不只是看到了球，或看到了滚球的人。刺激是这个情境——正在玩的游戏。这里的反应不仅仅是把球滚回去，而是把球滚了回去，以便别人可以接住球，并且再把球滚回来——这样才能使游戏可以继续下去。这里的"模式"并不是另一个人的行动。整个情景要求双方考虑到对方已经做的事和要做的事来调整他自己的行为活动。可能有模仿的作用，但是它的作用是次要的。孩子们为了自己的利益而对这个游戏感兴趣；他要想把游戏继续下去，也许会注意别人怎样接球，怎样抓球，以便来改进自己的动作。他是在模仿进行游戏的手段，而不是在模仿动作的结果或要做的事情。他之所以要模仿这个做法，是为了他自己就想成为表现称职的游戏伙伴。想想看，孩子们从小为了要顺利达成自己的目的，从小就需要在行动上配合别人的行为，才能明白按照别人的榜样做会受到多少嘉奖，多么需要理解别人行为的意思以便他能够照着做。从这方面来讲，要求在行动方面有共同的想法，这个压力是很大的，求助于模仿是完全多余的。

事实上，模仿结局是一件表面的和暂时的事情，对个人的性情很少有影响，这其实与为达到结果而模仿行为的方式是有明显区别的。智障的人特别善于这种模仿，而他们的这种模仿只是在影响表面的行为，并不影响行为的含义。当我们发现孩子们在这样学模学样的时候，不会去鼓励他们（如果这种模仿是社会控制的重要方法，我们就会鼓励），更可能会指责他们，说他们是像类人猿、猴子、鹦鹉或盲目的模仿者。另一方面，模仿某个可以达成目的的方法，的确是一种心智的行为了。因为模仿者必须仔细观察和审慎的选择，因为只有这样选择的方法才能把正在尝试的事情做得更好。模仿的本能，如果为了一个目的而加以运用，也许能和任何其他本能一样，成为促进有效发展的一个因素。

这样看来，上面的讨论对我们的结论具有强化作用，这个结论就是：真正的社会控制就是要养成一定的心理倾向，就是知道怎么去理解事物、事件和行为，从而使我们能有效地参与共同活动。只有遭遇抵抗而产生的摩擦会使人认为：只有强行做出与自然倾向相反的动作，才会出现社会控制的方法。只有不考虑人们互相关心的情境（或彼此反应动作都有兴趣的情境），才能把模仿看作促进社会控制的主要力量。

教育的应用

为什么一个野蛮的群体永远处于未开化的状态，而一个文明的群体却能始终保持着文明？我们脑海中出现的第一个回答肯定是因为我们认为野蛮人就是野蛮人；他们的智力低下，也许道德观念也有缺陷。但是，谨慎的研究却使我们对他们的天赋能力是否明显低于文明人的天赋能力产生了怀疑。这种研究肯定天赋的差异不足以说明文化的差异。在一定意义上，野蛮人的心理是他们制度落后造成的，而不是落后制度的原因。他们的社会活动限制他们所要看到的和感兴趣的事物，于是，他们的智力发展受有限的社会活动刺激所制约了。即使是在他们关注范围以内的事物，原始的社会风俗也多半把观察和想象停留在不会拓展智能的层面了。因为对自然力无法控制，于是自然事物也非常少被他们纳入到公共活动当中。就是说，在他们的联合行为里面，只有少量的事物，只有少量的自然资源被利用，而且这些资源使用得也不当。所谓文明的进步，就是把大量自然的力量和自然资源转化为行动的工具，转化为达到目的的手段。我们出生的时候，与其说是我们有优秀的能力，不如说是我们有引发和指导我们能力的优越刺激。原始社会的人所应付的大部分是天然刺激，我们的刺激却是"加权"的。

从前人类通过努力改造了自然环境。自然环境原来存在的时候，它们对人类的行为是漠视的。每一种驯化的植物和动物，每一件工具，每一个用具，每一种器械，每一种工业品，每一件审美装饰，每一个艺术品，都是被人类的特有活动，把他们从敌对漠视或者漠不关心的环境，转化成了友好和有利的环境。因为今天儿童的活动都被这些经过选择和有能量的刺激所控制着，而之前种族需要漫长而苦楚的年代才能得到的东西，现在的儿童在短短的一生就能获得。人类与自然界的斗争，承载了前人取得的一切成就。

我们现在的很多刺激，能够导致有经济功能和效率的反应。例如我们的道路系统和运输工具，我们顺利控制的热、光和电，我们现成的各种机器和仪器，这些东西本身，或者它们的集合体，并不构成文明或者为我们带来便利。但是，我们把它们使用起来就是文明，没有这些东西，使用也是不可能的。如果没有这些东西，我们的时间就要用来和非常恶劣的自然环境作斗争，用来考虑生计，抗御严寒，正因为有了这些东西，现在这些时间都被节省了下来。前人积累的知识可以传递下去，体现了知识的有形用具产生的结果能符合自然界的事实，证明知识是正确的。因此，上面所说的许多工具，给我们提供了一种保护，也许是我们主要的保护，不会让我们把时间都浪费在那些由自然界的迷信引起的怪诞的神话和贫乏的想象上。过去很多最优秀的智慧力量就花费在这种事情上。而现在我们有许多工具可以利用，如果我们再加一个因素，就是我们不但使用这些工具，而且为了真正共同或联合的生活使用这些工具，那么这些工具就变成了文明的积极资源了。古希腊的物质资源远不如我们，但却能成就优秀高贵的思想美艺生涯，是因为希腊人能够为社会目而运用它们所有的工具来达到这个目的的缘故。

但是，无论什么情况，不管它是未开化的野蛮的社会环境，还是文明的社会环境；无论它是在对自然界有限控制的情况下，还是属于尚未使环境从属于共同经验而多少听命于环境机制摆布的情况下，只要工具在人类行为中被使用了，就为教育提供了环境和条件，就能指导智力和道德倾向的形成。

前面我们已经说过，有意识的教育就是一种特别选择的环境。这种选择所依据的材料和方法都特别能朝着令人满意的方向来促进生长。因为语言代表着为了社会生活的利益经过最大限度改造的物质环境——在变成社会工具时物质的东西已丧失了它们原来的特性——所以，和其他工具相比较，语言应起更大的作用。通过语言，我们可以学习过去人类的经验，从而拓宽并丰富了目前的经验。使我们能运用符号和想象去模拟种种情境。语言能用无数方法把记录社会结果和预示社会前景的意义浓缩起来。自由参与生活中有价值的东西，是一件非常重要的事情，文盲几乎成为"未受教育"的同义词。

然而，学校强调这一特殊工具有其危险性，这种危险不是理论上的，而是表现在实践中。尽管灌输式的教学和被动吸收式的学习普遍受到人们的谴责，但是为什么它们在现实社会中仍旧那么根深蒂固，一直难以改变？因为教育并不是一件"告诉"和被告知的事情，而是一个主动的和建设性的过程，这个原理几乎在所有的理论上都被承认，但在实践中却总是反复遭到违反。会有这样的情况，是因为这些道理只是用来讲的听的？被人宣讲、鼓吹和撰文阐述这个道理的大有人在。但是，如果要在实践中贯彻理论知识，那么在学校的环境里面，就应当有相当的工具和材料，但能达到这样程度的学校是非常少的。实行这个原理，则要求学校改变教育和管理的方法，使学生能够直接地和连续不断地利用东西作业。我们并不是说要削弱理论知识这种教育资源的运用，而是要使理论和共同活动建立起正常的联系，使语言程度上的理论知识能被运用得更加灵活，更有效果。"你们应该做好这种事情，但其他的事情你们也不可荒废。"对学校来说，应该做的"这些事情"就是为合作或共同参与的活动配备各种实践的工具。

这是因为，如果学校脱离校门外环境中有效的教育条件，学校必然会用拘泥于书本和伪理智的精神替代社会精神。儿童肯定会进学校学习，但是，如果学习成为不与社会联系的有意识的事情，那么学校的安排就未必是最适合的学习方式。社会观念的形成是从共同关注和参与有价值的活动而来的，如果学校的安排把这些隔绝在外，而只是让孩子们努力学习孤立的知识，那么这和学习最初的目的是背道而驰的。不让一个人和外面的人接触，或许可能使他有肌肉活动和感官刺激反应，但却不可能使他理解各种事物在社会生活中的含义。我们可能教他把代数、拉丁文、植物学之类学到非常精通和专业，但却不能教他们怎么把能力引导到有用的目标上去。只有在共同参加社会活动的时候，个人才能使用材料和工具，才能参照别人运用这种工具和实物的方式来学习，他的倾向才会获得社会的指导。

摘　要

小孩子天生的自然冲动，并不符合他们所在的群体的生活习惯。所以，必须对他们进行指导或疏导。这种控制和身体上的强迫不同，它要做的就是把冲动行为朝着一定的目标上引导和集中，并使一连串的动作有前后一贯的顺序。别人的行动常常受到引起他们行动刺激的影响。但是，有时人们发出的刺激，如命令、禁止、赞许和谴责，能够影响行动的直接目的。在这种情况下，我们想控制他人行为的意识最强，我们很可能会过分夸大这种控制的重要性，而牺牲比较永久的和有效的指导方法。基本的控制存在于儿童参与情境的性质。在社会情境中，儿童必须把他的行动方法，参照别人正在做的事情，才能够与别人相符。这样小孩子的行为就被引导到了共同的结果上去了，他也能像其他的参与者一样，理解行动的含义了。即使大家的行为不同，但却是为了同一个目的在努力。这种对行动的手段和目的的共同理解，是社会控制的本质所在。这种社会控制是间接的，是属于情感和理智上的，不是间接的或个人的。而且这种控制是内在的行为意向，不是外力的或强制的。教育的任务就在于通过兴趣和理解的认同达到这种内存的控制。虽然书籍和对话是非常有用的工具，但学校往往太偏重使用这两者了。学校为了充分发挥它们的效率，要有更多联合活动的机会，使受教育者参与这些活动，使他们获得对自己力量和所使用的材料和工具应有的社会意识。

第四章　教育即生长

成长的条件

社会在指导青少年的活动中决定他们的未来，决定青少年的未来，也就决定了社会的未来。一代的孩子，会成为今后一代社会的成员，所以，后面这个时代社会的性质，基本上将取决于前一时代所给予儿童活动的指导。这个朝着后来结果的行动累积的运动，就是成长的涵义。

成长的首要条件是不成熟状态。这句话是说，人只能在未发展的时候才能发展，这似乎是自明之理。但是，不成熟状态这词的前缀"不"却有某种积极的意义，不仅仅是一无所有或缺乏的意思。值得注意的是"能量"（capacity）和"潜力"（potentiality），这两个名词都有双重意义，一个意义是消极的，另一个是积极的。能量（capacity）可以仅指包容性、容量。"潜力"（potentiality）可以只指才能、力量，但也可以指潜能、势力。我们说的不成熟状态就是有成长的可能性。这句话的意思，并不是指现在没有能力，到了后来才会有；而是表示现在就有一种确实存在的势力——即发展的能力。

我们往往把不成熟状态只是当作缺乏，把成长当作填补不成熟的人和成熟的人之间空缺的东西，这种倾向仅仅是因为我们在用比较的观点看待儿童期，而不是用内在成长性的观点看待。我们之所以仅仅把儿童期当作匮乏，是因为我们在用成年期所固有的一种状态标准衡量儿童期。这样的比较，让人们把注意力集中在儿童现在所没有的、成人所缺乏的一些东西上面。这种比较的观点，要是为了某种目的也是合理的，但是，如果我们仅仅把这种观点看作不可变更的道理的话，那就会产生另外一个问题：我们是不是太傲慢和武断了？如果儿童能清晰地和忠实地表达自己的意见，那么他们所说的话将会是另外一个样子。我们有非常可靠的成人凭据使我们相信，为了达成某些道德和知识上的目的，我们必须变得像儿童一样才行。

当我们提出一个静止的目标作为理想和目的时，这种关于儿童不成熟状态的假设是非常负面的。他们把不断地成长理解为已完成的生长，也就是我们所说的停止生长（ungrowth），即不再继续成长。这个假设毫无价值，而从这一点上我们可以假设，每一个成人，如果有人说他已经没有了进一步成长的可能性，那么他就会非常怨恨；如果他发现自己没有进一步成长的可能性，他会悲痛不已，并不因为以往的成就而沾沾自喜。为什么对儿童和成人采用不平等的衡量标准呢？

我们如果不用比较的观点，而用绝对的观点来看的话，不成熟的状态就是指一种积极的势力或能力——向前生长的力量。我们不必像有些教育学里说的那样，从儿童那里抽出或引出各种积极的活动等。哪里有生活，哪里就有热切和激动的活动。成长并不是从外面强加到活动的东西，而是活动自己在做的东西。

要理解不成熟状态的两个主要特性的依赖与可塑性——必须以这个状态的积极建设性走向为起点。把依赖说成某种积极的东西，听来未免可笑，把依赖说成一种力量，更加荒谬。但是，如果完全没有依赖，那么发展永远都不会发生。一个完全软弱无能的人，永远要别人提携。依赖伴随着能力的成长，而不是越来越陷入寄生状态，这个事实表明依赖已是某种建设性的东西，而仅仅寄人篱下是不会促进生长的。因为寄人篱下不过是在柔弱无力的外面，筑起一道保护墙。就有形的世界而言，儿童是一筹莫展的。在他出生的时候和以后很长一段时间内，因为不能行走和缺乏维持自己生命的能力，如果他必须自己谋生，那他们连一小时都难以生存。在这方面，儿童几乎是彻底无能的。幼兽都要比他强得多，他的身体柔弱无力，完全不能运用他所有的体力去应付所处的环境。

但是，这种彻底的无依无靠性质，暗示着具有某种补偿的力量在其中。幼兽早期就有相对的能力，能够很好地适应物质环境。这个事实表明，动物的生活和它们周围兽类的生活并不密切地结合在一起。也可以这样说，因为它们缺乏社会能力，所以不得不具有相当的体力。另一方面，人类婴儿身体上软弱无能，之所以还能生活下去，正是因为他们有社会能力。我们有时谈起儿童，想到儿童，似乎他们只是恰巧置身于社会性的环境里，似乎社会力量只存在于抚养他们的成人那边，儿童只是被动的接受者。如果说儿童自己本来具有非常力量，来引起别人的合作注意，便有人想，这不过是转弯抹角地说成人非常注意儿童需要罢了。但是，很多事实表明，儿童也具有非常强的社交能力。孩子们对他们周围人的态度和行为，有非常灵活和敏感的观察和感受能力，而很少有成年人能把这种能力保持下来。儿童对自然界事物的不注意（由于无力控制他们）相应地强化了他们对成人行为的兴趣和注意，这两方面是相伴随的。儿童生来的机制和冲动都有助于敏捷的社会反应。有人说，儿童在进入青年期以前是完全利己主义和以自我为中心的，这句话即使是正确的，也和我们上面所说的话并不矛盾。这不过是表明儿童的社会反应能力是用来增加他们自己的利益的，并不是表明儿童没有这种社会反应的能力。事实上，这句话并不正确。所谓儿童纯粹自我中心的心性，一般印证的事实都是在凸显儿童要达到自己目的的态度是多么的直接和强烈。如果他们的这些行为在成年人来看是狭隘和自私的，这不过是因为成人通过幼年时类似的独占行为，已经达到了这些目的，因而他们对这些不再感兴趣而已。所谓儿童天生的自私自利，大多数只是与成人的利己行为相冲突的利己而已。

过分专注于自己相关事务的成人对孩子们的事务不感兴趣，难怪会觉得孩子们专心一意在他们自己的事情上是不对的。

从社会的观点看，依赖性指一种力量而不是无力，它包含相互依赖的意思。个人独立性的提高将降低人们的社会能力，这是必然的。一个人越不需要依赖别人，就会越自负，同时可能导致他脱离群众，冷漠无情，在和他人的相处互动中也会麻木不仁，从而产生一种幻觉，以为自己真的能够单打独斗。这种没有被命名的疯狂症状，曾经给世人带来许多本来可以避免的苦难。

为了成长，不成熟的人具有特殊的能力，即是他的可塑性。这种可塑性完全不同于油灰或蜡的可塑性，它不是受到外来压力就改变形式的一种能力。这种可塑性和柔韧的弹性相近，类似于人染上了周围环境的色彩，却有能力保有自己的好恶意向。但是，可塑性比弹性更加深刻，它主要是指从各种经验中学习的能力；从经验中学习可以用来应付以后困难情景时的力量。这就是说，可塑性是以从前经验的结果为基础，通过学习，从而改变自己行为的力量，就是发展各种倾向的力量。要是没有这种力量，习惯就不可能养成。

众所周知，高等动物的幼崽，特别是人类的幼儿，必须学会利用它们的本能反应。人类生来就比其他动物具有更多的本能倾向。但是，低等动物的本能在出生后不久就自行完善了，以便它们能适应其他活动。至于人类婴儿的本能，按他们原来的状态，大部分没有什么用处。低等动物有一种与生俱来的特别适应能力，能立刻产生效果，但是，这种能力就像一张火车票，只能用在一条特定的路线上。而一个婴儿则会运用他的眼、耳、手和腿，必须试验将各种反应做不同的组合，从而学会灵活多样的控制能力。例如，一只小鸡孵出后几小时，就能准确地啄食。这就是说，眼睛看东西的活动和身体、头部的啄食活动已经有了准确的协调，经过几次试验就完善了。但一个婴儿出生后六个月，才能接近并准确地把伸手抓物的动作和他的视觉活动协调起来。也就是说，婴儿需要大概六个月才能知道，自己能不能抓住自己视线内的某种东西，以及该怎么去抓。然而，事实证明，更早更协调作业的小鸡却反受原来本能相对完善的限制，不能进一步发展。婴儿则具有大量尝试性的本能反应以及跟着这些反应得到的许多经验的有利条件，即使他因为这些反应互相阻碍以致暂时处于不利地位，但这不过是暂时的事情。我们学习一种动作，不是按现成动作去做的，而是学会动作变化的因素，根据不同情况作出种种因素的联合。人类学习一种动作，能够发展许多方法，应用到其他情境，从而开辟继续前进的可能性。更重要的是，人类会养成学习的习惯，知道他们需要学习。

依赖和可变的控制能力这两件事对人类的生活非常重要，早有人将这个原理总结在婴儿期延长的重要意义的学说中①。不管是从群体中的成年人的观点来看，但从幼小者的观点来看，婴儿期的延长，都具有非常重要的意义。依赖别人和从事学习的小孩就是一个刺激，会引来养育和爱护的反应。小孩子需要成人经常继续不断地照顾，这也许就是促使人类从短暂共居变成永久结合关系的主要原因。当然，主要是受这个因素的影响，人类才养成了对幼小有爱心和同情关护的习惯。这种为别人的需求和利益着想的正向心态，是共同生活的根本要素。这种道德方面的发展，在理智方面能够引起他们注意新的事物，激发他们对未来的远见和为未来做出计划。所以，这是一种相互的影响。因为社会生活日益复杂，婴儿期必须拉长，才能学会必须学会的能力；这种依赖性的延长就是可塑性的延长，而可塑性是学会多样新颖控制模式的能力。这种延长能进一步促进社会的进步和发展。

习惯是成长的表现

我们在上面已说过，可塑性是一种能力，它能保持和提取过去的经验并改变后来活动中的各种因素。这就是说，可塑性是获得习惯或发展一定倾向的能力。接着下面我们要谈的，是习惯的主要特征。首先，习惯是一种执行的技能，是行为中的效率。习惯就是利用自然环境以达到自己目的的能力。

---

① 延长婴儿期的意义，在费斯克所著的《一个进化论者的游记》一文被认为首先提出了系统的说明。

习惯通过控制动作器官而主动地控制环境。我们也许很多时候都在强调对身体的控制，却忽略了对环境的控制和影响。我们常说的散步、谈话、弹钢琴、雕刻的专业技能；外科医生、建筑桥梁的工人等等的技能，就只想到了这些行为者的轻松、娴熟和精准。技能当然也包括这些特征，但是衡量这些特质的能力高低，就要以行为者能否有效而经济地控制环境为标准了。我们能够走路，仅仅表示能驾驭某些自然属性而已，其他的习惯也是如此。

人们常常把教育解释为培养人们适应环境的种种好习惯。这个定义的确反映了成长的一个重要方面。这里所说的适应是主动的行为，是"控制"用来达到目的的手段。如果我们把习惯仅仅看作行为者承受的变化，而忽视这种变化在相应环境中而发生的许多变化的能力，我们就会误以为"适应"就是遵从环境的规范，就像蜡烛被压出的痕迹一样。按照这种看法来说，环境就是固定不变的东西，因为是固定的，所以多半用来确定具体的目标和用来衡量参与者是否被改变的参照。所谓的适应不过是使我们自己的行为，符合外部环境的这种固定性而已。① 如果把习惯看作"习以为常"，这样就会比较被动。我们习惯于周围环境——我们的衣物、鞋子和手套；习惯于相当稳定的气候；习惯于我们的日常朋友等等，这些都含有被动的性质。这种"习以为常"的明显特征是，遵循环境的条件，行为者承受的改变与调整环境的能力没有关系。我们不能把这种适应（不妨称之为迁就，以别于主动的适应）的特点转到主动利用周围环境的习惯里，除此以外，"习以为常"有两个主要特征值得我们注意。第一个特征是，我们首先通过使用事物，其次才会习惯于这些事物。

试想一下，假如我们要习惯一个陌生的城市。初到这个城市时，我们会碰到许多刺激，引起很多和不易适应的反应。逐渐，我们选择一些跟我们切身相关的刺激，而把其他刺激降低等级，于是我们就不会再对这些刺激做出反应，或者更加确切地说，是我们已经对这些刺激做出了持久的反应，或称

---

① 当然，这个概念和前章所研究的刺激和反应外部关系的概念及本章所研究的不成熟状态和可塑性等消极概念在逻辑上也是彼此相关的。

为适应平衡。这种持久的适应，给我们提供了一种能力，就是当我们遇到相似的状况时，会让我们作出特定的适应。这就是"习以为常"的第二个特征。我们从来不想改变整个环境，对于很多事情，我们会视为理所当然，安之若素，接受现状。在这种背景下，我们会将注意力集中在环境中的某些方面，并努力进行必要的改变。所以，"习以为常"就是还不能改变当时环境的我们所作出的适应，这种环境对我们的主动习惯是有积极影响的。

总而言之，所谓适应，既是我们自身活动对环境的适应，又是环境对我们自己活动的适应。例如，一个野蛮部落在沙漠平原上适应了生活。他们的适应里面则包含最大限度的接受、忍受和容忍现状，最大限度的被动默认，和最小限度的主动控制和利用环境。换一批文明人在沙漠平原上生活，他们也需要适应。这适应却包括引进灌溉；寻找能在这种环境中繁荣昌盛的植物和动物；通过审慎的选择，改良和驯化正在那里生长的动植物。结果，这个荒芜的地方，变成一片生机盎然的土地。野蛮部落只是顺应环境，习以为常；文明人却有着改造环境的习惯。

但是，习惯的重要性并不仅仅在于习惯的执行和动作方面，习惯还包括培养理智和情感倾向，以及增加动作的轻松、经济和效率。无论什么样的习惯，都标志着一种倾向，它能主动选择习惯运行的环境。习惯并不像大卫·科波菲尔里的密考伯先生那样，等刺激来了才会帮忙起来。习惯会主动地寻找机会，全力施展。如果习惯的施展受到了不当阻碍，意向就会变成焦虑与强烈渴望之状。习惯也具有智能的倾向，哪里有习惯，哪里就要熟悉所用的材料和设备。要了解习惯运行的情境，有一定的方法可循。当思维、观察和反思的模式都变成各种技能和愿望，一同进入某人的习惯里时，这种习惯会使人成为工程师、建筑师、医师或商人。智能因素在不需要技能的劳动中，所占的比重是非常少的，这正是因为所包含的习惯不是高级的。但是，这种劳动包含判断和推理的习惯，和操纵一种工具、绘制一幅画或进行一个实验的习惯是一样的。

但是，上述的表达都还只是轻描淡写。在眼和手的习惯里面，包含了智力的习惯，这就使眼和手的习惯意义增加。首先，习惯的智力因素使习惯和各种不同的灵活运用的关系固定下来，从而确定了习惯与持续成长的关系。我们常说某人有固定的习惯，或许这句话的意思是说某种能力已经十分确定，当此人有需要的时候，一定会利用这些习惯。但是，也有人用这句话表明老规矩，或是陈规陋习，陈规老套，且缺乏公开性和创造性。习惯的固定性在很大程度上是指一些东西牢牢地控制了我们，而不是我们能自由地控制这些东西。这个事实说明我们对习惯的理解通常有下面两种看法：一种是把习惯等同于机械的和外部的动作模式，而忽视了智力的和道德的态度；另外一种是常常给习惯以坏的含义，把习惯和"坏习惯"等同起来。如果有人说选择职业的性向是一种习惯的话，可能许多人听了会感到意外，而他们通常会把吸烟、喝酒或使用脏话的行为看作典型的习惯。对这种人来说，习惯是控制着他的某种东西，某种即使使用明智的判断来进行谴责都不容易排除的东西。

习惯越是与智力不相干，这种习惯就越会变成呆板的动作，或变成奴役我们的行为模式。而呆板的动作习惯就是不加思考的习惯；通常"坏"的习惯是没有理智的，是违背有意识的考虑和决定所作出的结论。我们前面说过，人有习惯是因为我们的天性具有可塑性：我们具有应对各种变化的反应，直到找到一种适当有效的行动方法为止。常规性的习惯和控制人的习惯，都是遏制可塑性的习惯。这种习惯也显示出我们已经丧失了适应变化的能力。毫无疑问，随着年龄的增长，有机体的可塑性，动作的生理学基础会逐渐衰退。童年时代本能好动和热衷变化的动作，以及对新刺激和新发展的爱好，很容易"固定下来"，人们会变得讨厌改变，而选择躺在过去的成绩上。而只有一种情况，就是在养成习惯的过程中，充分运用智力，才能抵制住这种倾向。当然，有机体的衰老现象也影响思维中所包含的生理结构。但是，这个事实只是证明多多动脑显得多么的重要。如果我们只是采用机械式的常规方法和反复练习来获得习惯的外在效率，只有肌肉运动的技能而没有思想的话，那就太鼠目寸光了，那就是蓄意束缚生长。

发展概念中的教育意义

本章讲到这里，都一直没有谈到教育。我们一直在讨论成长的条件和含义。但是，如果我们的结论是正确的，这些都一定会影响教育的结果。当我们说教育就是发展时，一切皆是都要从"发展"被如何定义开始。我们的最后结论是，生活就是发展；不断发展，不断成长，就是生活。用教育的术语来说，就是：教育过程就是教育的目的，没有以外的目的；教育过程是一个不断改组、不断改造和不断转化的过程。

如果从比较新的角度来看，按儿童和成年人各自生活特征的观点来解释的话，发展的意思就是指将能力引导到特别的渠道上，如养成各种习惯，而这些习惯含有执行的技能、明确的兴趣以及特定的观察和思维的对象。但是，这种比较的观点却不是定论。儿童具有特别的能力，忽视这个事实，就会阻碍生长所依靠的器官发育或使它们畸形发展。而成人正是利用他们的能力改造周围的环境，从而引起许多新的刺激，而这些新的刺激再引导他们形成各种能力，使他们不断发展。忽视这个事实，发展就受阻挠，成为被动地适应。也就是说，常态的儿童和常态的成人都在不断成长。他们之间的区别不是成长和不成长的区别，而是各有适合于不同情况的不同成长方式。如果是要发展专门应付特殊的科学和经济问题的能力，我们可以说，儿童应该向成人方面发展。而如果是要发展关于同情的好奇心，不偏不倚的敏感性和坦率的胸怀方面的话，我们可以说，成人应该像儿童一样成长。两种说法都没错。

我们在本章已经评论过三种观点，即是：一，把未成熟状态仅仅看作缺乏发展；二，把发展看作对固定环境的静止适应；三，关于习惯的僵硬性。这三种看法都和成长或发展的错误观点有关——都认为成长或发展是朝着一个固定目标的运动。成长本身就是目的，而这种错误的观点则认为成长是另有目的。这三种错误的看法在教育上对应的错误就是：第一，不考虑儿童的本能或先天能力；第二，不发展儿童应付新情境的主动行为；第三，过分强调训练和其他方法，牺牲个人的理解力，以养成机械的技能。这三件事都是把成人的环境当作儿童的标准，认为儿童就应该达到这个标准。

人们不是无视自然的本能，就是把它们看作讨厌的东西——把那看作是应该受压制、或是无论如何应该顺从外部标准。由于把顺从看作目的，所以导致孩子们的个性被忽视，这被看作是孩子们调皮捣蛋或不守纪律的根源。同时，又把规范等同于不可以有差异，于是导致孩子们对新鲜事物缺乏兴趣，对进步表示厌恶，害怕不确定和未知的事情。既然成长的目的在成长过程之外，就不得不依靠外部力量使生长朝这个目标走。当一种教育方法被误认为是机械方法的时候，我们可以肯定，这种方法就是依靠外部的压力来达到外部的目的。

事实上，除了更多的生长，没有别的东西是和生长有关的，所以能使教育退居次要的也只有再受更多的教育。有句俗话说，即使一个人离开了学校，教育也不应停止。这句话的意思是，学校教育的目的是通过组织保证成长的各种力量，以保证教育得以继续进行。最终的目的是使人们乐于从生活本身学习，并学会把生活条件创造成一种境界，能使人人在生活过程中学习，这就是学校教育的最佳成果。

既然我们反对拿成年人的标准来定义不成熟的状态，那就不得不丢开"未成熟状态意指欠缺一些要点"的想法。抛弃了这种见解，我们也就不得不改变之前的思考习惯，不能再认为教学就是补充这种欠缺状态，把知识倒进正等着灌充的一个心智道德的空洞里。因为生活就是生长，所以一个人在一个阶段的生活和在另一个阶段的生活，是同样真实，同样积极的，这两个阶段的生活，内部同样丰富，地位同样重要。所以，教育事业就是为成长或充分生活提供环境条件，没有年龄的区别。而我们对不成熟状态先是觉得不耐烦，认为愈快过去愈好。于是，用这种方法教育出来的成人，在回顾儿童期和青年期时，会感到无穷的遗憾，只会看到失去的机会和白费力气的景象。我们必须明白，生活有它自身内在的品质，而教育的目的就是发展这种品质，否则上述这种讽刺性的情境还将会继续存在。

我们如果认识到生活就是成长，就可避免再犯儿童理想化的毛病，这种事情实际上无非是懒惰成性。生活不可以和一切表面的行动和兴趣混为一谈。我们虽然不能断定，但是有些东西看来仅属表面的玩笑，是否就是某种初生而未经训练的能力征兆，但是我们必须牢牢记住，表面现象不应该被认为是目的本身。它们不过是可能的成长征兆。要把它们转变成发展的手段和让能力进一步发展的工具，不要为了自己而纵容或培养它们。过分注意表面现象（即使用指责和鼓励的方式）可能导致这种现象固定，从而阻碍了发展。对家长和教师来说，重要的事情是注意儿童哪些冲动在向前发展，而不是注意他们已往的冲动。尊重不成熟状态的正确原则，没有比艾默生下面的一段话讲得更好的了。他说："尊重儿童。不要过分摆起家长的架子。不要妨碍他们独处。但是对于这个建议，我却听到有人在叫嚷：你真要放弃公私纪律的管束吗？你要让儿童去过他自己激情和奇想的狂妄生涯，把这种无政府状态称为尊重儿童天性吗？我回答说，尊重儿童，尊重他到底，但是也要尊重你自己。……关于儿童训练，有两点要注意：保存儿童的天性，除了儿童的天性以外，别的都要通过锻炼去掉；保存儿童的天性，但是阻止他扰乱、干蠢事和胡闹；保存儿童的天性，就是顺应他本性的走向而给他装备知识。"艾默生接着指出，这种对儿童期和青年期的尊重，并不是为教师开辟一条容易而悠闲的道路，"却是对教师的时间、思想和生活提出了更为巨大的要求。这个方法需要时间，需要经常运用，需要远见卓识，需要事实教育，还需要上帝的一切教训与帮助；只要想到要运用这个方法，就意味着高尚的品格和渊博的学识了。"

摘　　要

　　成长能力的大小，取决于对他们的需求的多少和本人的可塑性。这两种情况，在儿童期和青年期达到顶点，可塑性或从经验学习的能力，就是形成习惯的意思。习惯使我们能控制环境，并且为了人类利益能利用环境。习惯有两种形式，一是习以为常的形式，就是有机体的活动和环境取得全面、持久的平衡；另一种形式是主动调整自己的活动，借以应付新情况的能力。前一种习惯提供成长的背景；后一种习惯则构成继续不断的成长。主动的习惯包含思维、发明和使自己的能力应用于新目的的动力。这种主动的习惯和以阻碍成长为标志的墨守成规相反。因为成长是生活的特征，所以教育就是不断生长；而在教育以外，没有别的目的。学校教育的价值如何，标准如何，要看它创造继续成长的愿望到了什么程度，看它为实现这种愿望提供方法到了什么程度。

第五章 预备、展开和形式训练

教育是做好准备

我们上面讲过，教育的过程是一个持续不断的成长过程，在成长的每个阶段，都以增加成长的能力为目的。这个概念和影响教育实践的其他许多观念是完全不同的。把不同之处一一指出来，能帮助我们更好地理解它的意思。第一个不同是关于教育是一种预备过程而言的。按这个观念，做准备当然是为了成年人生活的责任和权利而做的。小孩子在社会中不被认为是有充分正式地位的成员被看待，他们通常被看作是候补人员，列在等待批准的名单上。比这个观念更有过之而无不及的，是认为成年人的生活本身并没有意义，只是为"另一种生命"做准备的试用期。这种把教育看作预备的观念，只是我们曾经批评过的关于成长消极性质和缺乏涵义的概念的另一种形式。所以我们将不再重复评论，而是直接讨论把教育建立在这个基础上所产生的不良后果。

首先，这种观点缺失动力，原动力并未被利用。大家都知道，小孩子们活在当下，这不但是一个不能回避的事实，而且是一件好事。将来只是作为将来，对小孩子没有紧迫性，也没有任何实际的意义。要孩子们为他们所不知道的事情做预备，他们也不会知道要去预备什么，也不知道为什么要预备，这就相当于要抛弃既有的优势，而在模糊之中寻找动力。其次，在这种情况下，无异于助长犹豫不决和拖延的习性。既然预备的将来非常遥远，而且在将来变为现实以前还需要很长时间的话，为什么急于为将来做准备呢？何况现在有的是大好机会，随时吸引人去冒险，也使拖延的引诱大大增加。当然，注意力和精力仍然会用在准备上，自然会累积成教育的结果，但是，如果全部的精力都被放在营造好的教育环境上，那么教育效果就更大。另外一个不良的后果是，用符合习俗的一般的期望和要求来要求孩子，而不以个人确切能力在教导下的表现为准。不按照个人的优点和缺点为基础来进行严格和明确的判断，只按一般孩子在遥远的未来大概是个什么样子而提出模糊的意见。例如，到学年结束该升级的时候该如何，准备升入大学，或即将开始担任与试用期不同的严肃工作任务时。如果我们只是把注意力从关键时刻转移到比较无效益的地方，损失大得难以估计。这种办法自以为成功的地方——就是自以为为将来作了准备，实际上却是它最失败的地方。

最后一个不良后果是预备的原则，它使人不得不极大地求助于利用外来快乐和痛苦的动机。既然与眼前活动无关的未来没有刺激力和引导力，就必须抓别的一些东西，才能达成效果。于是人们通常会采用威逼利诱的方法，以奖赏为诺言，以痛苦作威胁。为了现在的缘故和为了生活上的需要而做有益于健康的工作，大部分是无意识的。刺激存在于一个人实际所面临的情境中。如果我们不理会这个状况，就必须告诉学生：如果他们不按规定的方法去做，就要受到惩罚；如果他们按规定的方法做，虽然现在会有所牺牲，但在将来会得到回报。教育体系为了为未来做准备而忽视现在的做法，必须依赖惩罚制度到多么大的程度，是人人都知道的。于是，由于学生讨厌这种方法的严厉苛刻和软弱无能，他们又摇摆到另一个极端，就是在为未来需要而学的苦药上包上糖衣，以便哄骗学生，使他们去做一些本不想做的事。

问题当然不是教育是否应该为未来做准备。如果受教育是成长，就一定会把现在的潜能发挥出来，使个人更有条件达到以后的要求。成长并不是只在有空的时候才能够完成的东西，成长是持续不断进行的。如果校内和校外提供的环境可以恰当发挥孩子们现在的才能，那么从现在发展出来的未来是肯定能得到照顾的。把教育看作为将来做准备，错误不在于强调为未来的需要所作的准备，而在于把准备将来作为现在努力的主要动力。为不断发展的生活作准备的需要是巨大的，因此，应该把全副精力一心用于使现在的经验尽量丰富，尽量有意义的事情上，这才是最重要的。只有这样，不知不觉地进入未来的同时，未来也得到了安顿。

教育即展开

有一种教育理论自称是以发展为基础的。但是，这种教育理论，它一只手拿出来的东西，却用另一只手又收了回去。它所说的发展不是一种持续成长，而是把可以朝着特定目标群体而展开的潜能展现出来。目标则是一种完成与圆满。没有达到目标以前的任何生命阶段，都仅仅是有助于达成目标而展开的行为。从逻辑上说，这个学说只是准备论的变体。实际上，这两种理论的区别在于：准备论的追随者重视青年正在准备阶段的实践和专业知识的训练，而发展论则注重展现理想和精神特性。

主张发展论的人认为成长和进步不过是一步步向着终极不变的目标接近，这种观念是静止人生观转到能动人生观的最后一个弱点。它模拟能动的生活方式，赞扬发展，赞扬过程，赞扬进步。但是，发展和进步都只被视为是过渡性质的，认为它们本身并没有意义；当把发展和进步看作离开现在正在进行的事情向某种东西运动时，它才有意义。因为成长只是一个向着完善人的运动，所以最终的理想是固定不变的。一个抽象不明的将来控制下，所有的论点都对现在的能力和机会含着贬义。

既然发展的标准，完美无缺的目标离我们很远，非我们所能及，所以严格来说，这些标准是无法达到的。因此，为了这个遥远而虚无的目标来指导现在，必须把它化为能够代表这个目标的东西。要不然，孩子的每个形诸于外的行动，都必须看作是从内在发生的一种展现，而且是一种神圣不可侵犯的展现。如果我们不树立某种正确的标准来代表这个理想目的，用来判断某种态度和行为是否接近或远离这个标准的话，那么我们的唯一的选择便是撤回环境的一切影响，以免它们妨碍正当的发展。这种办法实际上是行不通的，所以必须设置一个能起作用的代替品，这种代替品必然是成人希望儿童能学会的某种观念。所以，教师就通过"暗示性的提问"或者某种别的教育方法，从学生那里"引出"教师所希望的回答。如果得到所希望的回答，就证明儿童正在正确地展开。然而，既然一般学生在这方面并不处于主动的话，那么结果便只有胡乱摸索投老师所好，并且会养成依赖别人提供线索的习惯。正因为这些方法扮起了正确理论的模样，并自称有正确理论作为后盾，这种方法可能比直截了当地告诉儿童造成的危害更大。毕竟采用告诉的方法，愿意听进去多少，完全看孩子自己。

为了给绝对的目标提供一个能起作用的代表物，在哲学思想领域内，曾经有过两次颇具代表性的尝试。这两次尝试都从人生"内在的"完整性某种绝对的概念着手的，要让完美无缺或完全的理想不仅是一个理想，而是眼前就在起作用的。只不过，现在它是以含蓄的、潜在的，或只是处于被包着的状态呈现。所谓发展，就是逐步地使包着的东西显现出来。这两个哲学体系的创始人福禄培尔和黑格尔，对于如何逐步实现这个完美原则的途径有着不同的看法。黑格尔认为，一系列的历史制度，体现着种种不同的要素，完善的原则就是通过历史制度实现的。而福禄培尔则认为，实现这个完善原则的力量，是给儿童呈现重要特性的相应符号，这些符号基本上是属于数学的。当这些符号呈现在儿童面前时，潜伏在他内心的整体或完美就会被唤醒。有一个简单的例子可以用来表明这个方法。见过幼儿园的人都知道，通常幼儿都是被围成一个圆圈而坐。圆圈是把儿童分组的一个便利方法，但是这样说还不够，其中另有玄机。之所以用圆，是"因为圆圈是人类共同生活的普遍象征符号"。

福禄培尔肯定儿童天赋能力的重要性，他对儿童关心爱护，以及诱导他人研究儿童，在近现代教育理论中堪称是推广成长概念最有效的一股力量。但是，由于他把发展理解为把现成的潜在的天性展现出来，以致严重地阻碍了他的发展概念表述，以及促进发展的办法。他没有看到，不断地生长就是成长，不断地发展就是发展，而他却把重点放在过程最终的成品上。所以他树立了一个目标，这个目标使生长受阻。他建立一个标准，除非转换为一种抽象的和象征性的公式，否则不能实际用来直接指导各种能力。

圆满展现状态的这个遥远目标，用专门的哲学语言来说，是先验论的。就是说，这种目标与直接经验和知觉没有关系。就经验而言，这种目标是空洞的，它代表一种模糊的情感渴望，而不是那种可以用理智领会和说明的东西。这种模糊的缺点可以用一些假定的先验公式来弥补。福禄培尔通过把经验中的具体事实作为先验发展理想的符号而把两者联系起来。如果把已知的事物当符号，而根据的是一些武断的先验公式（每一个先验概念都是武断的），那么这种办法很容易引起一种浪漫主义的幻想，它会捕捉引起幻想的任何相似的东西，并把它们看作是定律。定下象征符号说的基调以后，在象征主义的计划决定以后，必须发明某种明确的指示，使儿童理解所用感觉符号的内在意义。成人是象征主义的制订者，他们自然也是这种方法的创造者和管理者。导致的结果就是，福禄培尔对抽象符号的爱好占了上风，而他富于同情心的真知灼见只能让步。这就是教育史中曾出现的以专断和从外部强加的命令式计划代替了发展的做法。

按黑格尔的理论，要找一个用来代表难以理解的与绝对相对应的具体东西，就要采取制度形式，而不是采取象征形式。黑格尔的哲学和福禄培尔的哲学一样，从某方面看是一种贡献，对于形成有效的生活过程的概念作出了必不可少的贡献。黑格尔很懂得抽象个人主义哲学的缺陷；他也明白，不能把过去的制度全部清除，也不能把它们全部都视为专制，那是诡计和欺诈孕育出来的东西。黑格尔的历史和社会哲学的学说里面汇聚了德国著名作家如莱辛、赫德尔、康德、席勒、歌德等人的学说，使人们看到了伟大人类集体制度产物的教育力量。已经学过这些思想的人，从此不可能把制度或文化设想成人为的东西。而这个教训，从观念上而不是在事实上彻底摧毁了把"精神"看作纯粹个人现成占有物的心理学，它表明了"客观的精神"——语言、政府、艺术、宗教——在形成个人精神方面的重要意义。但是，由于黑格尔念念不忘绝对目标这个概念，他就不得不把种种制度按照它们具体状况排成逐步向上接近的阶梯。这个阶梯的每一级，在时间和地点上都是绝对必需的，因为每一级都是绝对精神自我实现过程的一个阶段。这种一层一层的阶段，它的存在证明它是完全合理的，因为它是整体的一个组成部分，这个整体就是理性。和制度相比，个人没有精神的权利；个人的发展和受教养就是顺从地接受既有制度精神的通话。教育的本质是顺从，而不是改造。历史表明，各种制度是变化的，但是，制度的变化，国家的兴亡，都是"世界精神"的事情。至于个人，除非伟大的"英雄人物"，他们是"世界精神"所选的喉舌，一般个人都是没份的。19世纪末期，唯心论和生物进化论结合起来了，以为"进化"是能自己发展以达到目的的一种力量。个人有意识的观念和抉择，在同进化的力量对抗时候，是不起作用的。或者，更确切地说，个人只是进化成就自己的工具。社会进步是一种"有机体的发展"，不是实验选择。理性是强大的，但是只有绝对理性才能发挥力量。

伟大的历史制度是培育心智的积极因素，这种认识（或重新发现，因为希腊人早就已经知道）对当时的教育哲学，是一个巨大的贡献。这是真正超越卢梭的证明。卢梭主张教育必须是自然发展的，而不是从外部强加于个人或移植给个人的，在卢梭看来社会条件不是自然的，这个看法有悖于他的主张。但是黑格尔的理论也有缺点。黑格尔认为，发展的目的是完全的，而且是包罗万象的，这种理论虽然抽象地夸大个人，却淹没了具体的个性。一部分黑格尔的追随者想用社会是一个有机整体或有机体的概念，来调和全体和个性的矛盾。社会组织要以人人能发挥所长为先决条件，这是不容置疑的。但是，如果按身体器官相互之间的关系以及身体器官与整个身体的关系，来解释社会有机体的机能，就意味着每个人的地位和功能都是有限的，需要用其他器官的地位和功能来补助。就好像身体组织的一部分被区分开来，它可能是手而且只能是手，另一部分可能是眼睛，等等，各部分合起来成为一个有机体。按照这样的理解，社会则可以把每个人区分开来，一个人负责社会的机械运行，另一个人负责政治家的工作，再另一个人负责学者的工作等等。有了这种"有机体"的概念，社会组织的阶级差别就有哲学的依据。但这种概念仍然讲的是外来的命令，而不是个人的成长。

教育是功能训练

有一种理论在成长的概念盛行以前，就已经存在，而且风行一时，这就是"形式训练"的理论。这种理论有一个正确的理想目标，即教育的一个结果应该是创造使人成功的特殊能力。一个受过训练的人，在与他紧密联系的重大事情上，应该做得比没有受过训练的人更好。所谓"更好"是指更娴熟，更有效率，更经济，更敏捷等等。教育能带来这样的结果，我们在前面讲习惯就是教育发展的产物时就已经讨论过了。但是，这个理论似乎抄了近路，它把某些能力（下面就要提出）看作教学直接的和有意识的目的，而不认为那只是成长的结果。一个人有一定的能力是需要训练的，正像人们可以列举打高尔夫球的人必须掌握几种打法一样。所以教育应该直接以训练这些能力为目的。按这个意思来看，那些能力以尚未受训练的形态存在了，否则，它们可能是其他活动和方法间接制造出来的东西。既然这些能力已经存在，只是未经训练，那么教育所要做的事就是不断地和分阶段地反复练习，使这些能力得到精练和完善。"形式训练"这个词用到这个概念上，"训练"既指经过训练的能力结果，也指通过反复练习的训练方法。

这里所说的种种能力，包括知觉、记住、回忆、联想、注意、意愿、感觉、想象、思维等能力，只要用材料来练习，就能形成各种官能。这个经典的理论是由洛克提出来的。他认为，一方面，外部世界为我们提供了素材，我们才从被动承受的感觉而学到了知识；另一方面，我们的心智有一定的现成能力，如注意、观察、记忆、比较、抽象、组合等，如果心智能把事物按照它们在自然界的联合和分化加以区别和连接，那么就会形成知识。但是，对教育来说，重要的事情是练习这些心理官能，使它们成为稳固的习惯。主张这个理论的人，常常用来说明的例子是玩撞球或练体操的人，因为反复按照一套方式使用某些肌肉，终于练成自动反应般的技术。甚至思维的官能也能通过反复练习来养成熟练的习惯。洛克认为，数学提供的这种练习机会是再好不过了。

洛克的主张很适合当时的二元论。这句说法似乎对于心和物、个人和世界都能兼顾到。其中之一，提供心智进行工作的知识材料和对象。另一个，提供特定的心理能力，这些心理能力数量不多，可以用特别的练习进行训练。这套理论似乎对于知识材料非常的重视，却也强调坚持教育的目的不在于单纯吸收知识和储藏知识，而在于形成个人注意、记忆、观察、抽象和概括的能力。这套理论一方面非常重视实际，强调一切知识材料都是从外界接收来的；同时又有理想主义色彩，强调最终的重点要放在养成心智能力上。这套理论是客观的，非个人的，因为它认为个人不能依靠一己之力占有或产生任何真正的观念；但它又是个人主义的，因为它认为教育目的是完善个人固有的各种官能，这种价值分配准确地表示了洛克以后几个世代的见解。后来这种理论变成了教育学论和心理学之中的老生常谈，不必要引述洛克的理论为出处。事实上，这种见解似乎给教师提出了明确而不是模糊的任务，使教师制定教学计划的工作变得比较容易。需要做的，就只是让每种能力得到足够的练习。这种练习就是使学生反复运用他的注意、观察、记忆等能力。把这些行为按难易程度分成等级，使每组重复的动作一次比前一次难，这样一套完整的教学方法就产生了。

要批评这个概念所提出的基本原则及其在教育上的应用，方法有好几种，每一种都一样有说服力。最直接的抨击方法也许是指出观察、回忆、决心、思维等假定原始官能根本就是虚构的。根本就没有这种现成的能力等待着练习，并得到训练。我们确实有很多原来的天赋倾向和种种本能动作模式，这些天赋倾向和动作模式都以中枢神经系统神经元的原始联结为基础。例如，我们的眼睛会不由自主地跟着光走，注视光源；我们颈部的肌肉会转向有光线和声音的方向；我们的双手会伸手取物、会转、会捻和敲打；我们的发音器官会发声；我们的嘴巴会把厌恶之物吐掉、会呕吐、会抿嘴，等等，这样的例子非常多。但是，这些倾向并不是少数且彼此没有明确的界限，反而是样式奇多，彼此交织在各种不同的难以捉摸的微妙关系里。而这些倾向并非只需加以练习就可以完善潜在的智能，而是以某种方式去应付环境中的变化，以便引起其他变化。例如喉咙里有了一些东西，人自然会咳嗽；这样可以把令人不快的异物排除出去，从而修正原来的刺激。又比如，当手碰到非常烫的东西时，便会本能地往回急缩。把手缩回来改变了运作中的刺激，使这些刺激和有机体的需要变得一致。通过有机体活动的这种特殊变化，前文（见第三章第一节）所说的对环境的控制才得以实现。我们所有的第一次看、听、触摸、嗅和尝的行为，都属于这一类。我们所说的"心智""智能""认知"的任何定义，都不能套在这类行为上。这类行为无论反复练习多少次，都不能有观察、判断或有意识行动（意志）所具有的智能特性。

所以，我们对原始冲动性活动的训练，并不像人们通过练习强化肌肉那样，可以通过"练习"而得以精练和完善。而是从某时刻产生的分散的反应之中选出特别适合"利用"刺激的反应。也就是说，当我们的眼睛在受到光线的刺激时，我们的全身特别是手，本能地做出各种反应。在这些反应里面，除了那些特别适应有效地接近、抓住和处理对象的反应外，其余不适宜的反应都逐渐被淘汰，否则就没有训练可言。我们前面讲过，最初的许多反应除了极少反应除外，很多其实对人类婴儿并没有多大的用处。所以训练就是有选择的反应。同样重要的是，和选择具有同样重要作用的是所发生反应的各种因素的特殊协调作用。比如，我们的眼睛在感受到光的刺激时，会引起各种反应，我们不只选择促成抓握动作的手部的反应，还会选择能恰好引起这些反应而不引起其他反应的特殊视觉刺激，并且建立手眼之间的关联。但是，协调作用并不止于此。当我们的手抓住某一物体时，可能引发对温度冷热的典型反应，这种因素也要考虑进来；之后，温度反应可能直接与光刺激发生联系，而手的反应被抑制——所以，人们看见明亮的火焰时，即使不曾接触，也会知道要避开。再比如，当小孩在玩一件东西时，会敲打或者揉捏它，这样产生的听觉刺激会把耳朵的反应带进反应系统。如果别人发出某种声音（一个习惯的名字）并且和行为一起，那么耳朵和发音器官的反应和知觉刺激联系起来，也会变成综合反应中的相关因素。

反应和刺激之间的适应愈加专门化（因为考虑到活动的顺序，反应适应刺激，刺激也适应反应），训练的结果就会越僵化，越不容易被普遍应用，换言之，心智或教育的成分就越少。这个事实的通常说法就是，反应越专门化，在练习和完善这个反应中所获得的技能越不容易转移到其他行为方式中。按照正统的形式训练理论，一个学生在学习拼法时，除学到了拼写那个特殊词的能力以外，也增强了观察、注意和回忆的能力，而这些能力在别的场合也能派上用场。事实上，如果学生越局限于注意词的形式，而不顾这个词和其他事物的联系（例如词的意义，习惯使用时的上下文关系，词语的派生和分类等等），那么这个学生除了记住这个单独的字和词以外，越学不到能应用于其他事情的能力。也许连辨别几何图形的能力也没有加强，更不用说观察其他事物的一般能力了。这个学生只是选择字形所给的刺激以及口读默写运动的反应，其中涉及的协调，范围非常小。当学生仅仅练习字母和词的形式时，有意识地排除了其他观察和回忆（或再生）中所用的联系。这些联系被排除以后，再需要时也不能恢复了。他所获得的观察和回忆词语形式的能力，在理解记忆其他事物上是无力可使的。换言之，这种能力不能搬到别的地方去用。反之，前后的关联越广，协调的刺激和反应就会越多样，那么就越能用来有效完成其他行为；严格地说，这不是因为本领真的能"搬过去用"，而是因为某个行为运用的因素包罗很广，等于行为的范围增广，等于协调作用灵活，而不是狭窄僵化的。

归根结底，形式训练理论的根本毛病在于二元论的划分。这就是说，这个理论不应该把人的活动和能力与所用的材料分离开来。所谓看、听或记忆的全面能力是不存在的；我们只有看、听或记忆某种东西的能力。离开练习所用的材料，一般的心理和身体的能力训练全是废话。活动身体可以引起血液、呼吸和营养的相关反应，以至于发展活力和体能。但是要使活力和体能运用到某个特殊目的上，则必须和完成这个目的的物质工具联系起来使用。一个有活力的人能比身体虚弱的人把网球或高尔夫球打得更好，把帆船驾驶得更好，但是，只有以特定的方式使用网球和网球拍，高尔夫球和高尔夫球棒、帆和舵柄，才能成为打网球、打高尔夫球或驾驶帆船的高手，具备高手的能力。至于凭擅长一种运动就能擅长别的运动，肯定是因为擅长前一种运动证明此人的肌肉协调功能非常好，或者因为这几种运动所需要的协调功能是一样的。此外，拼字能力训练，也有不同的方法。一是从狭小的框架接受字形的视觉刺激，另外一种接受方式是把视觉刺激和上下文、字源关联等理解意义进行必要的行为连接。这两种训练方法的区别，可以和在健身房练习举重锻炼某些肌肉或运动游戏的差别相比较。前一种训练是不变的，机械的，它是呆板的，专门化的。后一种训练是时刻变化的，没有两个动作是完全相同的，要应付新的突发事件，协调作用必须灵活具有弹性。所以，后一种训练是比较"一般的"；换句话说，它包含较广的范围，包含更多的因素。心智的专门教育和普通教育，也正是同样的道理。

单调重复的联系，可以使一个行为熟能生巧，但这个技巧只限于这一个行为。一个人也许是某个领域的权威，但是，除非他在专门领域的训练和其他领域所用的材料有关系，否则他的判断一定是错的时候远远多于对的时候。

所以，像观察、回忆、判断、审美这些能力，都是天生主动行为倾向于一些东西做事的"组合结果"。一个人并不是通过按一个按钮就能启动仔细彻底观察某事物的能力的。如果他有某种事情要做，而这件事只能通过集中地和广泛地使用眼和手的协调行动才能顺利完成的话，那么他自然会去观察。观察的能力是感觉器官和材料相互作用的结果。所以，观察会因为对象事物不同而改变。

所以，除非我们先决定希望学生熟练观察和回忆的是什么材料，为了什么目的，否则只顾发展学生的观察和记忆等能力，都是徒劳无功的事情。这方面的准则应当是社会性的，这里只是用另一种形式重复我们前面已经说过的话。我们希望学生能注意、回忆和判断事物，是有益于使他发挥成员功能的事物，否则索性教学生去仔细观察墙壁上的裂缝，让他去记忆一长串陌生而又没有意义的字词——我们向形式训练的理论低头后，所做的其实和这些差不了多少。如果一个植物学家、一个化学家或一个工程师的观察习惯，比这样养成的习惯好，那是因为他们所处理的材料是生活中比较有意义的东西。

总结这部分的讨论时会发现，专门教育和普通教育之间的区别不在于功能和能力是不是可转移。按字面意义上来讲，任何转移都是不可思议的，不可能的。但是，有些活动的范围包含非常广泛，要协调的因素很多。这类行为发展中必须不断做改变和调整。当条件有变化时，某些因素必须退居到从属地位，而原来比较次要的因素反而会变得重要。行动的焦点不断重新分配，就好像用图像来解释说明一个拖动重物的游戏，一连串动作方向不变，但是重点却在调整。为了配合题材的改变，行动的重点就立即重新布局。只要活动的范围涉及广（就是说，这种活动包含多种附属活动的协调作用），而且必须在渐进的发展中不断出乎意料地改变方向，普通教育的效果也就会必然产生。因为这就是"普通"的含义，范围宽广而且变通灵活。实际上，教育符合这些条件。因此教育考虑社会关系到什么程度，它所具有的普通性质就到什么程度。一个人可能在哲学、语言学、数学、工程学或财政学方面非常擅长，而在他专业以外的行动和判断中却显得愚蠢妄为。但是，如果他对这些专门题材进行的研究和具有广阔社会意义的人类活动相联系，那么，他需要运用而且弹性整合的反应范围就扩大了。所用的材料和社会背景的割裂，是当前教育实际中进行普通训练的主要障碍。文学、艺术、宗教等如果和社会背景脱离，就和专门主张普通教育的人所强烈反对的专门教育同样狭隘。

摘　要

　　人受了教育以后会有能力再接受更进一步的教育，这个概念和曾经深刻影响教育实践的几种其他观念截然相反。第一个相反的概念，是把教育看作某种将来的职责或权利的预备。这个目标把教师和受教育者的注意力从可以有效指向的唯一目标引开，即不能把握当前的需求与机会。我们论述了这一事实所造成的特殊恶果，就是最后连最初设定的目标也达不到。第二个相反的概念，是认为教育是为了把人的内在展示出来。这个概念似乎和前面提到的成长概念比较相似。但是，像福禄培尔和黑格尔理论所提出的那样，这个概念忽视了个人的意向和现在环境的相互影响，与做准备的观念犯的毛病一样。这种观念认为人的内在本身就蕴含某种整体，生长的重要性只是暂时的，生长本身并不是目的，只是使含蓄的东西显露出来的手段而已。因为未展现的东西不能发挥明确的用途，所以必须寻出一种可以替代它的事物。按照福禄培尔的理论，某些物体和行为（主要是数学方面的）具有神秘象征意义，可以代表正在展开过程中的绝对整体。按照黑格尔所说，现存的种种制度就是这种绝对整体的有效实际代表。强调符号和制度，会忽略从领悟经验意义的直接成长。还有一个有影响但有缺点的理论，就是认为心灵生来具有某些心理官能或能力，比如观察、记忆、愿望、判断、概括、注意等等，而教育就是通过反复练习训练这些能力。这个理论把教材看成比较外在的东西，不重要的东西，教材的价值只用在可以养成一般能力的练习上。如此把假定的能力彼此分离，又与对象事物分离，这是不正确的。这个理论在实践中的结果表明，过分强调了训练狭隘的和特殊的技能，而牺牲主动性、创造性和适应性能力的培养，这些能力必须来自各种特定行为的广泛而联系的互动作用。

第六章 保守的教育与进步的教育

教育是塑造的过程

我们现在要谈的这种教育理论，它否认心智功能的存在，强调教材对发展智力和道德品质的独特作用。按照这个理论，教育既不是一个内在向外在展现的过程，也不是存在于心灵本身的心智功能训练，而是一种塑造过程，是借助外在的教材完成一定的联系作用而达成的。教育通过严格意义上的教学进行，是一种从外而内的心智建构。教育是心智的塑造，这一点没有疑问，这是我们曾经提出过的概念。但是，这里的塑造却有以外在的作用力为依据的专门技术的含义。

历史上，赫尔巴特是这种理论的最佳代表。他绝对否认天生心智能力的存在。他认为，多种实际存在的事物作用于心智，心智不过是对这些事物作出的反应，从而产生各种特殊的能力。这些在性质上互不相同的反应，称为表象（Vorstellungen）。每一个表象一旦产生，就会持续存在；我们的心智对新事物的反应就会产生新的、更有力的表象，旧的表象也许被驱至意识阈界之下，但是，它的活动，通过它自身固有的动力，在意识底下继续进行。所谓心智能力，如注意、记忆、思维、知觉，甚至情操，都是潜伏在下面的表象彼此作用或与新的表象互动而形成的安排、连接和符合。例如，理解功能就是旧表象欢迎新表象并与新表象结合而成的表象复杂结构；记忆就是新表象激起旧表象，使旧表象升到意识阈界之上，又如快感是各种表象独立活动强化的结果；痛苦则是各种表象活动被扯开的结果，等等。所以，心灵的具体特性完全是按照不同表象的不同性质组成的排列。

心智的"内容"就是心智。心智根本就是"内容"的问题。这个理论在教育方面的含义可以分为三个方面来讲。

我们之所以有这样或那样的心智，完全是由于使用对象引起这样或那样的反应，这些反应组成了这样或那样的安排。因为最先的表象构成"统觉器官"，用以控制并同化新的表象，所以，最先表象的性质十分重要。而新表象的作用是强化以前形成的组合。教育者的任务首先是选择恰当的材料以强化原来的反应；其次，根据先前处理所积累的观念，再安排后来的表象顺序。这与展现概念不一样，控制力量不是来自未来的最终目的，而是从后面，从过去而来。一切的教学方法都应该规定几个正式的步骤。提出新教材当然是必要的，但是，既然认知是新教材与已淹没在意识之下内容的相互作用才形成的，那么教学的第一步就是"预备"。所谓预备，就是唤起旧表象的特殊活动，使它升到意识的表面，用来同化新的表象。在提出新教材之后，接着就是新旧表象相互作用的过程；再进一步就是运用新形成的内容，完成某种工作。无论教什么，都必须通过这样的过程才能完成；因此，有一套统一的方法适用于教导所有年龄层的所有学生学习所有的科目。

赫尔巴特的重大贡献在于，使教学工作脱离陈规陋习和全凭偶然的领域。他把教学带进了有意识的方法范围，使它成为具有特定目的和过程的有意识的事情，而不是一种偶然的灵感和屈从传统的混合物。并且，不像终极理想和思辨的精神符号一样，他对教学和训练有了明确的规定，我们不必勉强安于有关终极理想的一些模糊而带有几分神秘的泛论，以及臆测式的象征符号。他抛弃了所谓心智功能现成的观念，并十分重视注意具体教材，注意内容。毫无疑问，赫尔巴特在注意教材问题方面比任何其他教育哲学家都有更大的影响。他用教法和教材相联系的观点来阐明教学方法上的各种问题：例如，教学方法必须注意引进新教材内容的方法和顺序，保证新教材和旧教材有恰当的相互作用。

这个观点的根本理论缺陷是，忘记了活生生的人自有主动的确定的功能，这些功能是在应对环境时所发生的改造和结合中而发展起来的。这个理论是让老师的才能有用武之地，从这一点上，就可以看出它的优点和缺点。根据这个理论，心智的内容是老师已经教会的东西，已经学到的东西的重要性在于，它有利于进一步的教学。这个概念能反映教师的人生观。关于教师教授学生的职责在哲学上讲得很有说服力，但是关于学生的学习权利，却一字没提。它强调了知识环境对心智的影响，却忽视了环境实际也包含个人对共同经验的参与。这种观点强调旧的、过去的，对于真正新颖的，不可预见的会有什么作用却轻轻带过了。简言之，赫尔巴特的观点说到了教育的方方面面，却唯独没有考虑教育的本质，没有注意学生具有充满活力、寻求有效运用机会的那股能量。一切教育都在塑造智力和道德品质，但是这种塑造工作在于选择和协调学生与生俱来的能力，使这些行为利用社会环境中的学习材料。此外，这种塑造工作不只是先天行为的塑造，而是要通过行为进行塑造。这是一个再构建和重新整理的过程。

教育是重演与回顾

向终极目标发展和从外部进行塑造，这两种思想的特殊结合产生了教育上的复演理论，这里既包括生物学的复演说，也包括文化性的复演理论。根据这个理论，个体在发展，但是他的恰当发展，应该是按有条理的阶段，重现动物生命和人类历史的过往演化。动物生活的复演是在生理机能上发生的；人类历史的复演则是依靠教育来进行的。在生物学上，人们主张个体成长是从简单的胚胎到成熟，是重复动物生活进化的历史，从最简单的形式进化到最复杂的形式（用专门的术语来说，就是个体发育与种系发育并行），这个观念，除了假定它为过去的复演提供科学基础以外，与我们这里讨论的没有太大关系。按文化复演的理论所说，第一，认为儿童在一定年龄的智力和道德状况下，与野蛮时代的人一样；他们的本能是漂泊不定的，掠夺性的，因为他们的祖先有一个时期过着这样的生活。所以，主张这个理论的人因此推断，在这个时期，儿童教育的合适教材，就是人类在相似阶段所创作的——特别是神话、民间故事和歌谣这一类文学材料。然后，儿童会发展到等于人历史上另一时期的阶段，类似于游牧时代生活方式相应的阶段，以此类推，一直到他准备参与现代生活的时候，他就到达现代文化时代。

除德国一个小学派（多数是赫尔巴特的追随者）以外，信守这个理论的人极少。但是，这个理论的基本思想，认为教育在本质上是追溯性质的，认为教育主要是回顾过去，特别是追溯过去的文学作品。我们按过去的精神遗产模型塑造心灵到什么程度，心灵就被适当地塑造到什么程度。这个思想对高等教育具有特别大的影响，所以值得对它的极端主张进行仔细地思考。

首先，这个理论的生物学基础是错误的。人类婴儿胚胎的发育，确实是保存了低级生活形式的一些特性。但是，并不是说婴儿必须要严格经历过去的许多阶段。如果说真有什么严格的重复的"法则"，那么根本就不会有进化的发展。因为每一个新的时代都不过是重复前人的生活方式。简单地说，发展就在于改变从前的生长计划，然后另辟捷径。这个事实表明教育的目的就是促进这种缩短路线的成长。就教育的观点而论，儿童不成熟状态的最大优点，就是使我们能解放儿童，无需走过去的老路。所以，教育的任务在于使儿童从复演过去和重蹈旧辙中解放出来，而不是引导他们去重演以往的阶段。儿童的社会环境是由文明人的思维和感情的种种行为习惯构成的。如果忽视目前这种环境对儿童的指导性影响，就是放弃教育的功能。有一位生物学家曾经说过："各种动物的发展历史，给我们提供了一系列机灵、坚决、多样但又多少不很成功的努力，以避免复演过去，而且用更直接的方法替代祖先的方法。"当然，如果教育不能在有意识经验里谨慎地促进类似的努力，使这种努力越来越成功，那不是太愚蠢了？

这个复演的理论含有两个正确因素，要把它们和歪曲这两个因素的错误见解区分开来。其一是在生物学方面的事实，任何婴儿出生时，只有他一出生便有的那些冲动行为，这些活动是盲目的，其中有许多活动互相冲突，偶然发生，零星分散，和它们当前的环境不相适应。其二是，过往历史的成果只要有益于将来都应该利用它们。这种利用也是我们智慧的一部分。因为它们代表从前经验的成果，它们对将来经验的价值是巨大的。过去创造的文献，只要人们现在还掌握并加以利用，就是个人当前环境的一部分；但是，把它们作为我们当前资源是一回事，按追溯性质当它们是标准和模式，却是另外一回事了。

第一个概念之所以经常被曲解，通常是误用了遗传概念。有人以为遗传就是过去的生活不知怎地预先决定了个人的主要特性，这些特性非常牢固，很难有大幅度改变。这样理解就把遗传的影响和环境的影响对立了起来，轻视了环境的作用。就教育的目的而言，遗传简直就等于个人的天生禀赋。教育必须接受个人本来的样子。某个人天生会具备有这样那样的天赋活动能力，这是一个基本事实。天赋能力如何产生，如何从祖上传下来，和它们现在存这个事实相比，这个事实对生物学家来说也许很重要，但是对教育者来说，教育者只注意现在已有的能力，能力的来源对他并不特别重要。假如我们必须帮一个人处理有关他继承遗产的问题，如果说因为这是遗产就能决定它未来的用途，这个假设的谬误是很明显的。指导者的任务是充分利用已有的东西——使已有的东西在最有利的条件下起作用。他当然不能利用不存在的东西；教育者也不可能利用不存在的东西。就这一层意义而言，遗传条件会限制教育的功能。承认这个事实，可以避免白费力气与无畏的生气，两者都源于不能因材施教的教育风气。但是，这个理论并不决定该怎样发挥学生的才能。除低能儿以外，包括比较迟钝的人的天赋能力的差异和潜力都远远超出我们已知该如何运用的程度。因此，我们对儿童天赋能力和缺陷的谨慎研究，固然是进行教育之前的必要准备，但是随后的重要步骤却是为受教育者提供适当的环境，让现在的活动充分发挥。

遗传与环境的关系，可以举语言学习方面为例，来阐释清楚。如果一个人没有声音清晰的发音器官，如果他没有听觉器官或其他感觉感受器，没有这两种器官的连接，要想教他与人对话，简直是白费时间。这个人生来就有这种缺陷，教育必须承认这个事实。但是，即使这个人有这种天赋的器官，也不能保证他就会讲话或讲他所要说的话。他在什么环境里活动，全看什么环境在促成他的行为，才是决定因素。如果他生活在没有社交关系的哑巴社会，人们都不愿彼此交谈，仅仅用最低限度的手势，如果没有这些手势，他们就不能生活的话，那么他在讲说语言上的发展就和没有发音器官的人一样。如果他在讲中国话的人的环境里发音，那么他能发育中文相同声音的行为会被选择保留下来，这些行为也会被协调。这个例子可以适用于一个人接受教育的全面可能性，以便来说明过去和现在环境的确定关系。

复演论认为，适当的教材来自过去时代的文化产品，或者是一般的文献，或者是和受教育者发展阶段相应的文化时代所产生的特殊文献。这种理论，是把成长过程和成长结果分割的又一个例子。我们前面已经批判过这种分离现象。教材应有的功能是使生长过程不断进行，并在将来使它更容易进行下去。但是一个人只能生活在现在。现在不只是跟在过去后面的东西，更不是过去所产生的东西，现在就是离开过去向前进的生活。研究过去的产物并不会帮助我们了解现在，因为现在并不归功于这些成果，而应归功于制造这些成果的生活。关于过去的知识和过去的遗产，只有和现在发生关系并进入现在，才会有巨大的意义。把过去的记录和遗物作为主要教材，就错在割断了现在和过去的重要联系，使过去成为现在的对手，现在成为过去或多或少无用的模仿。在这种情况下，文化成了一种装饰品和安慰物，变成避难所和庇护所。人们为逃避现在的粗鲁行为而生活在想象的精神之中，为使这些粗鲁的东西成熟，他们却没有利用过去所提供东西的长处。

总之，是现在发生的一些问题引导我们从过去寻找对策，并使我们所找到的东西有了意义。过去会成为过去，正是因为它不包含现在所特有的东西。前进中的现在包含过去，条件是它利用过去指导自己的行为。过去是想象的伟大源泉，它能增添生活的维度，但是条件是必须把过去看成现在的过去，而不是另一个和现在没有联系的世界。只有现在的生活行为和不断生长的作用永远是在的，复演和回顾的理论忽视了这些，当然只能从过去着眼，因为它提出来的未来目标既遥远又空洞。它既然已经背弃了现在，就不可能载着过去的废物再回归到现在。对当前真实的需求和机会，只要有适当的敏感度，就会有活泼的动机去注意现在的背景，当然也就绝无必要去寻找退回过去的路，因为过去和现在永远都是相连的。

教育即改造

成长的理想和前面所讲的两种教育理论不同，这两种理论，一种主张教育是从内部将潜在能力展开，另一种主张不管是靠生理的本能，还是靠过去的文化传承，教育都是从外部进行塑造的工作。成长的理想形成了这样的概念：教育是经验继续不断的重组和再造。教育随时都有立即的目标，只要行为是有教育功用的，就是达到了立即的目标即直接转变经验的性质。婴儿期、青年期、成人生活，它们的教育作用处于相同的水平，因为，任何一个阶段从经验学到的，都能构成这个经验的价值，也就是说，任何阶段生活的主要任务，就是使生活过得有助于丰富生活自身可以感觉到的意义。

因此我们可以这样定义教育：教育就是经验的再造或重组。这种再造或重组，既能增加经验的意义，又能提高指导后来经验进程的能力。

经验的意义增加也使我们更能领会自己的行为之间的关系与连续性。行为一开始只是不假思索的冲动，这就是说，这时的行为是盲目的。这种行为不知道它自己在干什么，也就是不知道它和其他行为有什么相互作用。一个具有教育或教学意义的行为，能使人认识到过去未曾感觉到的某些联系。就像我们前面举过的那个例子，一个儿童伸手去碰火焰，烫痛了，从此以后，他知道某个接触活动和某个视觉活动联系起来（反过来，某个视觉活动和某个接触活动联系起来）就意味着烫和痛，或者，知道光就是热的来源。科学家在他的实验室里通过多种活动学到更多有关火焰的知识，虽然方法不同，但在原理上却是毫无区别的。他也是通过做一些事情，认识到过去曾被忽略的热和其他事情的联系，而这种联系却是他未做这种行为之前从未注意到的。因此，他的活动在和这些事情的关系上就获得了更多的意义；当他必须做这些事情时，他会比先前更清楚自己在做什么，会做出什么；他能设想一些结果，不只是放任让结果自行发生。叙述方法不同，故事却和小孩子的经验是一样的。同样是从一次经验学到火的新含义；关于燃烧、氧化作用以及对光和温度的理解，都可以变成有关火焰知识内容的本质部分。

有教育作用经验的另一方面，是增加后来的指导或控制能力。我们说一个人知道他在做什么，或者说他能设想某些结果，就是指他能预料将会发生的事情，因此他会预先做准备以便获得有益的结果，避免不良后果。所以，一个真正有教育功用的经验是能传达指导并提升能力的，一方面与机械式的活动不同，另一方面与任性的活动也截然不同。反复无常的任性行为，是当事者不在乎会发生什么后果；他只是任性地去做，而不把它的行动和行动的结果联系起来（这种结果就是这个行动和其他事情有联系的证明）。对于这种无目的、杂乱无章的行为，人们往往为之皱眉蹙额，看作故意捣蛋、漫不经心或无法无天。有一种错误倾向认为，青少年常常有这类任性的倾向，应是独立的原因引起的。而事实上，这种行为是爆发性的，是因为不能适应环境而引发的。无论何时，人们在外来的命令下行动，或者按别人的指示行动，如果没有他们自己的目的，看不到这个行动同其他行动的关系，他就会有反复无常的任性表现。一个人可以通过做一件他所不了解的事情而有所学习；即使是最运用智能的行为，我们做的时候仍有很多无意中做的成分，因为即使我们在做有意识想做的事，也会有极大部分关联没有被发觉或预料到。只有在事情做了以后，我们才能看出从前没有被发觉或预料到的东西，看出从前没有见到的结果，从而有所认识。但是，学校很多工作就是制订规则，要求学生照做，甚至在做了以后，还不引导他们去发现答案和方法之间的关联。就学生来说，这纯属诀窍和某种奇迹。这种行为本质上就是反复无常的，也会导致反复无常任性的行为习惯。机械般的行为，例行的动作，可能会提高做某一特定事情的技能。就这一点而言，机械般的行为也许算是有教育效果的。但是这种活动不能使人对活动的意义和联系有新的认识，只会局限意义的视野，不会把它拓宽。由于环境会变，我们行动的方式也必须改变，以便成功地保持和各事物间的平衡联系，孤立的、例行的行动方式在紧要关头会造成惨重的损失。过度夸大的"技巧"，反而会变成无能的表现。

教育是不断改造的论点，和在本章及前一章所批判的其他片面观点的本质区别，在于这种理论认为目的（即结果）即是过程。这句话在字面上是自相矛盾的，但矛盾也只存在于字面上。这句话的意思是，经验是需要时间进行的一种动态过程，时间上较早的部分由较晚的部分来完成；较晚的部分可以凸显其中包含的关联，这是早先一直未被察觉的联系。因此后面的结果揭示前面结果的意义，而整个经验所养成的意向会偏好具有这种意义的事物。所有这种继续不断的经验或活动是有教育作用的，而一切教育都是从这种经验开始。

还有一点要指出，经验的再造可能是个人的，也可能是社会的（这一点以后还要详论）。在前面的各章节中，为简明起见，我们的讨论多少会把未成年人的教育叙述成好像只是灌输所属社会群体的精神，只是教儿童学会成年人群体的能力倾向和才智。在故步自封的社会，在把维护已有的风俗习惯作为价值标准的社会，这种观点基本上是适应的。但是这个观点不适用于进步社会。进步社会力图再造青年人的习惯，使他们不再复制现行的习惯，而是养成更好的习惯，从而使未来的成人社会比现在进步。长期以来，人们都认为要有意识地利用教育，使青年人在没有社会弊病的道路上开始，以消除明显的社会之恶。同时，他们还设想使教育成为人类实现更好希望的工具。教育是改进社会的积极作用力，我们显然还没有认清它的潜在效能有多强，也还远没有实现让教育不仅能够阐明儿童和青年的发展，也能阐明未来社会的发展，这些儿童和青年将是这个未来社会的成员。

摘　要

教育可以从追溯既往和展望未来两方面解释。也就是说，我们可以把教育看作使未来适应过去的过程，也可以把教育看作利用过去，使过去的种种成为发展将来的一种力量。前者在已往的事物中寻找准则与模式。心智可以看作是从提示某种事物而得来的内容。在这种情况下，较晚出现的表象会被融入较早的表象所构成的材料里。小孩子的早期经验应该受到重视，而不应该认为这些不值得注意。这些经验并不只是外在环境呈现的学习材料，而是天生的本能行为与环境的相互作用，这种互动会逐渐改变人的行为与环境。赫巴尔特关于通过表象形成心智的理论缺点，在于忽视这种经常的相互作用和变化。

这个批评原则，也同样适用于以人类历史上的文化产物——特别是文学作品为主要教材的教育理论。这些文化产物脱离了与个人当前进行活动的环境的联系，从而变成一个敌对的和使人分心的环境。过往的文化产物应能使我们与现在必须从事的行为更有意义，才是发挥了它的价值。以上几章所提出的教育思想，可以正式概括为经验的继续改造过程。这个思想不同于把教育看作为遥远将来的预备，看作潜在能力的展开、看作外部的塑造工作和过去的复演等观点。

第七章　教育中的民主概念

截至目前，除顺便提到的以外，我们大部分章节都是在讲任何社会群体中可能存在的教育，而我们有必要说清楚，在各种不同的社会生活中进行教育的精神、内容和方法的区别。说教育是一种社会功能，未成年人通过参与他们所在群体的生活，使他们得到指导和发展，这等于说，教育将随着群体生活质量的高低而存在不同。一个不仅进行着变革，而且有着变革理想的社会，与目标仅仅是使社会本身风俗习惯延续下去的社会，会采用不同的教育标准和教育方法，这一点更是准确无误的。所以，为使一般提出的思想应用于我们自己的教育实践，有必要详细研究下目前社会生活的性质。

人类共同生活的涵义

社会虽然只是个名词，但有许多涵义。人们为各种各样的目的，以各种各样的方式联合在一起。一个人和许许多多群体有关系，但他在不同群体中的朋友可能很不相同。从表面来看，这些群体，看起来没有什么相似之处，唯一的共同点是：都是共处的生活模式。在每一个较大的社会组织内，有无数个小群体，除了政治党派之外，还有工业、科学和宗教上的种种团体。有目的不同的政党，社会派别，小集团，帮派，法人，合股，血缘关系组成的亲密团体等等，形态多得数不完。许多现代国家和某些古代国家，有十分多样的人口群，他们彼此的语言、宗教、道德准则和传统都不同。按这个观点来看，很多小的政治单位，例如美国的大城市，就是一团松散联合的社会，并不是一个行为和思想总括一切，充分渗透散布的共同体。

所以，社会、共同体这些名词的涵义是含糊不明的。它们既有颂扬或规范的意义，也有描述的意义；即有法律上的意义，也有事实上的意义。在社会哲学中，前一种涵义几乎总是要居于首要。社会正因为它的本质而成为一体。于是人们特别注重这种统一体所具有的各种本质和内涵，包括值得称赞的目标与福利的一致性，忠实于公共目标，以及相互的同情心等，这都是社会哲学强调的。但是，如果我们着眼于社会这个名词所表示的事实，而不把我们的注意力局限在社会的内在涵义上，我们看到的就不是统一体，而只是许许多多的团体，有好的团体，也有坏的团体。聚众搞阴谋犯罪活动，为公众服务而榨取公众钱财的商业团体，为掠夺而联合起来的政治小集团，都可以包括在社会之内。如果有人说，这些组织不是社会，因为它们并不符合社会概念的理想要求，对于这句话的一部分回答是这样的：社会概念太"理想"，而不顾事实，是有用的；还有一部分回答是：上面所说的每个组织，不管和其他群体的利益如何对立，都具有使它维系不散的"社会"的某些值得颂扬的品质。比如一群窃贼，也有他们的道义；一伙强盗，也有成员相互的共同利益；一个帮派，多有讲义气的特征，即使是狭隘的小集团也强烈地忠实于自己的准则。家庭生活对家庭以外的人，可能表现出排他性、猜疑和嫉妒，但是在家庭内部，却能彼此和睦互助。一个群体给的任何教育，都能使它的成员社会化，但是，社会化的质量和价值，视群体的习惯和目的而定。

所以，必须再次指出，必须有一个可以衡量社会生活模式优缺点的标准。在寻找这个衡量标准时，我们必须避免两个极端。我们不能从脑子里随便想出一个什么东西就把它看作理想社会。为了保证我们的理想是一个可以实行的理想，我们必须把概念构建在实际存在的社会基础上。但是，如前文我们所说的，这个理想不能只是重复既有的那些特征。我们该做的，在于从实际存在的社会生活形式中汲取优良的特点，并运用它们来修正不可取的特征，提出改进的方法。在任何社会群体，甚至一伙窃贼，都有共同利益的存在，而且或多或少和其他群体有些互动及合作的交流。从这两个特点我们可以推断出我们的标准。群体内的成员有意识的共同利益的数目和种类有多少？与其他群体的相互影响有多大的深广度？如果我们用这些标准来衡量一个犯罪集团，就会发现，把这一伙人有意识地团结起来的纽带为数很少，几乎可以减少到一个，那就是共同的目的——掠夺利益；基于这种维系因素，这一伙人是孤立的，与其他团体没有人生价值方面的交流。所以，这种社会所给予的教育是不完全的、反常的。另一方面，假如我们以家庭生活为例来说明这个理想的标准，就会发现，其中应该有着大家共同参与的、物质的、理智的和审美的利益，同时，一个成员的进步，对其他成员的经验是有价值的——因为在这种家庭里，经验容易传授。而且，这种家庭并不是一个孤立的群体，它和其他商业团体、学校等很多文化机构以及其他类似团体都有着密切的关系，在政治组织里面，他也发挥了非常大的作用，并相应也得到了政治组织的支持。总而言之，这个家庭有意识地相互传递，且共同参与的共同利益有很多，和其他共处模式的接触也是多样而自由的。

让我们把这个标准的第一个因素应用于一个专制国家。如果说，在这种组织里统治者和被统治者之间没有共同利益，这显然是不正确的。统治者必须对国民的天性活动提出一些要求，必须使它们的一部分能力发挥作用。塔列郎曾经说过，政府拿着刺刀做什么事情都行，就是不能往刺刀上坐。这虽是一句讽刺的话，但至少承认一个国家的统治并不能完全靠强制。不管怎样，也许可以这样说：专制政府所要求做的活动，本身是没有价值的低级活动——这种政府只是利用了被统治者的恐惧本能。这种说法虽然不无道理，却忽略了一个事实，即恐惧不一定是经验中的不良因素。小心谨慎，深谋远虑，希望预见未来事件的发展以避免危害，这些优良特性与胆怯和卑躬屈膝同样是恐惧本能的产物。真正麻烦的是，在于这种诉之于恐惧的做法是孤立的。唤起恐惧与乞求特定实质性报酬，例如安慰和舒适时，很多其他能力都荒废不用了。或者更确切地说，这些其他能力就是受到影响也是被滥用。它们不是为它们本身自行发挥而运用，而是将它们降格为趋乐避苦的工具而已。

这就等于说，在这种社会里很少有共同利益；社会各成员之间没有自由往来。刺激和反应是非常片面的。为了有大量共同的价值观念，社会全体成员必须有同等的接受教育的机会，必须共同参与各种各样的行动来学习各种经验。否则，很多势力的教育，会教一些人成为主人，却教育另一些人成为奴隶。一旦这两方面的不同生活经验模式，不能自由进行交流，那么每一方面的经验都会失去意义。社会划分为特权阶级和受压迫阶级，会妨碍社会的内向渗透。上层阶级在物质方面所受的影响较小，也较难察觉，但他们所受的损失同样是存在的；他们的文化往往枯燥无味，他们的艺术变成了炫耀和矫揉造作；他们的财富使他们奢侈豪华；他们的知识被过分专门化；他们的礼俗也是吹毛求疵却没有人情味的。

多样的共同利益会带来自由平等的交流，少了这种交流，理智的刺激作用就会失去平衡。刺激的多样性意味着有许多新奇的事情，有了新奇的事情，思维就得到挑战。如果人们的活动只是局限于狭隘的范围，有严格的阶级界限，那么就无法进行经验的交流，活动的范围就受到限制——处于不利地位的阶级，他们的行动就愈加墨守成规，而在物质上处于优越地位的阶级，他们的行动就愈加任性、无目的和暴躁。柏拉图曾经给奴隶下过这样的定义：一个奴隶，就是让他行为的目的是从别人那里接收来的。现在法律上虽然没有奴隶制度，但仍旧有这种情况。无论在什么地方，只要人们所做的事有益于社会，但是他们并不了解他们工作的意义，而且不感兴趣，这就是奴隶的处境。现在常听见人谈论工作的科学化管理。他们把获得工作效率的科学局限于肌肉运动，这是一种狭隘的观点。科学的主要施展机会是，发现人与其他工作的关系——包括他和参与工作的其他人的关系，从而引起人对自己正在做的工作产生领悟的兴趣。要提高生产的效率，需要分工。但是，除非工人懂得他们工作所包含的技术、理智和社会的种种关系，并基于这种认识而从事他们的工作，否则，这种工作就变成机械的固定行为动作。有人把活动的效率和科学管理视为纯属技术的外部事情，这种趋势证明那些管理工业的人，即提供工业目标的人，他们接受的思想上的刺激是单方面的。因为这种人缺乏全面的和平衡的社会兴趣，没有足够的刺激使他们注意工业中的人的因素和人际关系，他们的智力被窄化到只关注于货物方面生产和销售上。在这种狭隘范围内，他们也可能发展出非常敏锐和深睿的智慧，这是不用怀疑的。只不过，不能估计重要的社会因素也导致工作心不在焉，连带破坏了情感生活。

上面这个例子（利益上没有相互关系的一切联合，都存在这种情况），这也刚好可以引出我们要说明的第二个要点。一个团伙或小集团的孤立状态和排他性质，暴露了它的反社会精神。其实，任何群体各有它们"自己的"的利益，这种私利使它和其他群体隔离，没有充分的互动，所以，这种群体组成的主要目的在于保护它们的既得利益，而不是通过更开阔的关系求得改造和进步。这种群体都存在反社会的精神。国家闭关自守；而家庭只顾自己的家庭事务，好像与外界的社会生活没有任何联系；而学校，不理会家庭和社会的需求；富人和穷人不接触、有学识和没学识的人不接触，都是反社会的表现。根本的道理是，孤立的生活会使生活僵化，也会使形式制度化，使群体内部只有静止的和自私自利的理想。原始部落把外来的人和敌人看作是同义词，这不是偶然。因为他们认为经验就等于固执于过去的习俗。在这个基础上，他们怕和别人交往，这是完全合乎逻辑的。因为这种接触可能毁灭习俗，这种接触肯定会引起改造和带来变化。与有形环境的接触面扩大，心智生活才更灵活而开阔。但是，在我们容易忽视的领域，即社会接触的领域这个意义显得更重要，然而我们却往往未能留意。

在人类历史上，每一个开拓的时代都有某种作用因素，都把前一个时代被分隔的人群与阶级之间的距离消除。生活所谓战争的裨益，也是因为各民族之间的冲突，而逼着他们双方非接触不可。从而偶然使他们相互学习，扩大视野。到了现在，旅行、经济和商业上的种种趋势，已经打破外部障碍，使各民族和阶级联系得更紧密，更明显。这种物质上空间的接近，如何能带来知识上和情感上的影响，才是更为重要的。

民主的理想

我们以上所提出标准的两个要素都指向民主主义。前者不仅表明有着数量更大和种类更多的共同利益，是社会控制的一个因素，对于彼此的利益更多地肯定也是同样重要。第二点的意思，不仅表示各社会群体之间需要更加自由的相互影响（这些社会群体由于要保持隔离状态，曾经是各自孤立的），而且更应该通过应付多方面交往所产生的新情况来改变现有的社会习惯，使社会习惯不断地重新调整。这两个则正是民主社会的特征。

在教育方面，我们首先应注意，由于民主社会实现了一种社会生活方式，在这种社会中，各种利益相互渗透，并特别注意进步或重新调整，这就使民主社会比其他各种社会更关心谨慎而有系统的教育。民主政治热心教育，这是众所周知的事实。根据表面的解释，一个民主政府，除非选举人和受统治的人都受过教育，否则这种政府是不能成功的。民主社会既然否定外部施压的权威，就必须用自愿的倾向和兴趣来替代它，而自愿的倾向和兴趣只有通过教育才能形成。但是，还有一种更为深刻的解释：民主主义不仅是一种政府形式，它更是一种联合生活的方式，是一种共同交流经验的方式。人们参与一种有共同利益的事，每个人的行动必须参照别人的行动，必须考虑别人的行动，从而使自己的行动有意义和有方向，当这样的人在空间上大量地扩大范围，就等于打破了阶级、种族和国家之间的屏障，而这些屏障过去使人们看不到他们活动的全部意义。接触点越多越有变化，表示个人必须响应的刺激越多样，也因此重视自己行为上的变通。这些接触点使各人的能力自由发展，只要行动的刺激不完全，这些能力就依然受到压制，因为这种刺激必须在一个团体里，而这个团体由于它的排外性排除了很多兴趣和利益。

共同参与的事业范围不断扩大，以及作为民主特征的个人能力的更加多样化，当然不是深谋远虑和有意识努力的结果。恰恰相反，这是利用科学控制自然能量而出现的制造业、商业、旅游、移民和通信的发展所造成的。但是，在出现更大的个性化和更广泛的共同利益以后，要加以维持和推广，就必须刻意努力了。很显然，对一个社会来说，划分成许多阶级将是致命的。一个社会必须给全体成员以平等和宽厚的环境，以便成员们能获得学习知识的机会，一个划分成阶级的社会，只会特别注意统治者的教育。一个流动的社会，有许多渠道把任何地方发生的变化发布出去，这样的社会，教育成员必须努力发展个人的主动行为能力和适应能力才能跟上这些变化而产生的各种信息。否则，突然遇到的种种变化会迷惑他们，让他们看不出这些变化的意义或关联，结果将是一片混乱，人们盲目的、由外部势力指挥的活动成果将被少数人占有。

柏拉图的教育哲学

以后几章将用于阐释教育上的民主的思想涵义。在本章所剩下的篇幅中，我们还要研究三个历史时期逐渐形成的教育理论。在这三个历史时期，教育的社会涵义特别显著。首先要研究的是柏拉图的教育理论。没有谁能比柏拉图更好地表达这样一个事实：当社会中每个人都能按他的自然禀赋做有益于别人的事情时（或对他所属整体有贡献的事情），社会就能稳固地组织起来；教育的任务在于发现一个人的禀赋，循序渐进地加以训练，应用于社会。把这个道理讲得最清楚的就是柏拉图，我们上面所讲的许多内容都是借用柏拉图的话。但是，有许多情况，柏拉图没有见到，因此，他的这些思想在应用时受到了限制。他从来没有认识到个人和社会群体活动的无限多元性。因此，他的观点被局限在有限的几种天赋能力和社会布局上了。

柏拉图的出发点是，社会组成的根本依据是了解存在的目的。如果我们不懂得存在的目的，那么我们的行为将受偶然事故和一时突发奇想的支配。

除非我们懂得生活的目的，生活的善，才有可能按一个准则来合理地决定什么发展机会是该促进的，以及应当按照什么条理来布局。不知道生活目的的人不会明白，个人和社会组织的行为应有恰当的限制和分配，即柏拉图所谓的正义。但是，怎样获得对存在的目的，社会的善的终极认识呢？要论述这个问题，我们遇到一个似乎不可克服的障碍，那就是，除非在一个公正和谐的社会秩序里面，否则，这种认识是不可能的。没有这样的社会环境，心灵都会受到错误的价值估量和错误观点的迷惑。一个组织不健全和搞派别活动的社会，会提出很多不同的模式和标准。在这种情况下，个人不可能达到心理上的一致。因为只有一个完全的整体才能始终一致。一个社会，依靠某种优势地位的因素，而不顾其他因素的合理或均衡的要求，不可避免地会把人们的思想引入歧途。这样的社会奖励某些事情，而忽视其他事情，它就会造成一种心理，在表面上，大家的心理行为似乎是统一的，但是，这种一致性是强加的，是歪曲的。而教育最终是要从制度、风俗和法律提供的模式出发。只有在一个公正的国家，它的制度、习俗和法律才能给人正确的教育；也只有心灵受到正确训练的人们，才能认识事物的目的和原则。这样看来，我们似乎被困在绝望的循环当中了。但是，柏拉图提出了一个出路。他认为，哲学家，智慧或真理的爱好者，可能通过学习，至少会了解到真正合理的生存模式的轮廓。如果一个强有力的统治者按照这些模式建立国家，那么这个国家的规章就能被保存下来。也就是这个国家通过进行一种教育，对各个人进行筛选，发现他们各自的天赋，并且提供一个方法，给每一个人分配与他天赋相适应的工作。为维持整体的秩序和统一，每个人做他分内的事情，永不侵犯他人。

柏拉图的哲学一方面充分认识到了社会组织的教育意义；另一方面，又充分认识到了教育儿童是社会布局的基础。在任何别的哲学体系中，对这两方面的认识，没有人比柏拉图认识得更充分，并且对教育的功能，无论是发现和发展个人能力，还是训练这些能力使它们和别人的活动取得联系，也没有人比柏拉图认识得更深刻。但是，提出这个理论的社会，却是个很不民主的社会，所以柏拉图明知所应解决问题的条件，却不能想出解决之道。

柏拉图虽然强调个人在社会中的地位不应该由出生、财富或任何传统的地位来决定，但是，按各人在教育过程中所发现的天性，柏拉图并没有理解个人的独特性。在柏拉图看来，个人按天性分成阶级，而且只有少数那么几个阶级。因此，教育虽然有分析和筛查天赋的功能，却仅仅只能表明一个人应该属于三个阶级中哪一个阶级。柏拉图不承认每一个人自成一个阶级，也不承认有无限变异的活动倾向以及各种倾向之间能相互地结合。他认为，一个人的体质中，只有三类官能或能力。所以，教育短期内就会达到极限，因为只有多样性会带来改变与进步。

柏拉图认为，有些人的欲望自然地处于支配地位，这种人被分配到劳动和商人阶级，这个阶级表达并满足人类的欲望。另外一些人受过教育后，他们慷慨、开朗、自信、勇敢的性情会凌驾于欲望之上，这种人会成为国家的公民，成为国家在战时的保卫者，成为国家在和平时期的内部监守者。但是，他们也有限制，因为他们缺乏理性，缺乏领会普遍性的能力。那些具有领会普遍性能力的人，才能够受最高一类的教育，最后可以成为国家的立法者——因为法律是普世原则，控制着经验的特别状况。由此可见，我们不能说柏拉图有意使个人从属于社会整体，但是，我们可以说，由于柏拉图缺乏对每一个人的独特性和个人与众不同特性的认识，因而，他不承认社会可以在变革中维持安定，所以他所主张的有限能力和有限阶级的理论，在实质上把个人置于从属地位了。

柏拉图深信，如果每个人都从事具有天赋的活动，个人就会觉得愉快，社会的组织就更完善；他又深信，教育的首要功能在于帮人发现他自己的天赋并训练他有效地利用这种天赋。关于这两点，我们都不能胜过柏拉图。但是，知识的进步使我们认识到，柏拉图把个人和他们本来的能力划分到很少的阶级中，这是很肤浅的见解。知识的进步教导我们，本来的能力是多样的和变化的。这个事实的另一个方面，就是说如果社会是民主的，社会组织就是要利用个人特殊的和有变化的品质，而不是把它们分成阶级。虽然柏拉图的教育哲学是革命的，但仍然受他静止的理想所束缚。他认为变革是社会动荡的不安因素，而真正的现实是不可改变的。因此，虽然他想从根本上改变当时的社会状况，但是他的目的却是建立一个不容变革的国家。他认为，生活的最终目的是固定的，根据这种目的组织国家，即使很小的细节都不应改变。他认为，虽然这些细节本身不太重要，但是如果容许改变，就会使人们的心理习惯于变革的观念，因而具有破坏性，以及发生无政府主义的现象。

柏拉图哲学的失败，可以从下面的事实来进行了解，他不信任教育的逐步改进能造成更好的社会，然后这种更好的社会又能改进教育，如此循环进步以至无穷。他认为，在理想的国家存在以前，正确的教育不能产生，而在理想的国家产生以后，教育的功能将仅仅致力于保存这个理想的国家。为了这个国家的生存，他不得不相信某种可喜的偶然机会，促使掌握国家统治权的人正好也有哲学智慧。

十八世纪的"个人主义"理想

回头看十八世纪的哲学，我们会觉得自己现在处在一个很不相同的思想领域。十八世纪所谓的"自然"，仍旧指某种与现存社会组织相反的东西。柏拉图对卢梭有很大的影响。但是，这个时代的自然表达的意见是，个人的才能本来就是多样化和个性化的，教育需要顺应自然天性的发展，为它们提供教学和训练的目标以及方法。此外，天生的或本来的禀赋在极端情况下的呈现可能是非社会性的，甚至是反社会的。他们认为，社会组织既有的安排，不过是外在的权宜方法，不合群的个人可以借这些方法为自己获得更多的私人幸福。

但是，以上的陈述，并没有说明当时思潮的真正要义。事实上，它只是表达了一个不适当的概念。当时的思潮主要表达的是注重进步，注重社会进步。表面上看起来，这个反社会的哲学是个有些透明的面具，用来掩饰走上更宽广、更自由社会的动力——走向世界大同的动力。这个哲学的积极理想是人道主义。认为人作为人类的一个成员，和作为国家的一个成员不同，只有人处于全人类的关系中，他的种种能力才会获得发展；而在既有的政治组织中，人的种种能力因为要满足国家统治者的要求和自私的利益而受到桎梏，被歪曲。人以及广阔到包括全人类的社会组织，都可以被永无止境地改进和完善，这个理想与国家社会背景中所讲的极端个人主义是对应的。获得能力解放的个人，会成为社会全面进步的喉舌和作用力量。

传播这个信条的先驱们敏锐地意识到了社会状况的种种弊端。他们把这些弊端归因于人的自由能力被外力所限制。这种限制既是歪曲的，又是落后的。他们满怀热情，想要使生活从外部的限制力量中解放出来。而这些限制完全有利于过去封建制度赋予特权的阶级，这种崇奉生活解放的理智表述就是崇拜自然。让"自然"充分发挥它的作用，就要以一个新的和更好的人道主义世界去替代人为的、落后的和不平等的社会秩序。由于自然科学的进步，他们对于"自然"的典范能力和作用能力有无比的信心，而自然科学的进步又使这种信心有增无减。不受教会、国家偏见以及人为限制所束缚，科学研究表明世界是一个有法则的领域。牛顿学说中的太阳系表明自然规则的统治，它是一个惊人和谐的景象，在这个太阳系里，各种力量彼此都处于平衡的状态。如果人们排除所强加的人为的、强制的限制，自然规则在人际关系方面将达到相同的结果。

按这个理论，自然的教育是确保一个社会更有社会精神的第一步。他们清楚地认识到，经济和政治上的限制最终是由理想和感情的限制所决定的。要想使人们从外部锁链中解放出来的第一步，就是使他们从内部的信仰和理想的锁链中解放出来。过去所谓的社会生活，当时的制度，都是虚伪落后的，不能指望它们去完成这个重大的事业。要它完成这个事业，就意味着要它自我毁灭，我们怎么能希望这种制度能自我毁灭去完成这个事业呢？唯一能行的，就是必须让"自然"的力量去担此重任。甚至当时流行的极端感觉主义的认识论也是从这个思想中派生出来的。坚持认为心智本来是被动的和空洞的，就是吹捧教育功能的方式。如果心灵是一张用事物书写的白纸，那么，利用自然环境进行教育的可能性是无限的。同时，既然自然的事物世界是一个和谐"真理"的境界，这种教育必然能产生富有真理的心智了。

国家教育与社会教育

最初争取自由的热情浪潮一旦衰退，顺应自然的教育理论在建设方面的弱点就会立刻显露出来。仅仅把一切事情都交给自然去做，那就是否定了教育的本意，那只能是听命于机缘偶然。教育过程的进行，不仅需要有某种方法，而且需要某种积极的机构，某种行政机关一起配合才能进行。这个理论所主张的"一切能力的完全和谐发展"，在社会方面就是要有开明进步的人类，要实现这种发展，要有明确的组织才能达成。散在各处的个人虽然能宣传这个主义，但是他们却很难实现这个事业。裴斯泰洛齐这样的人能实验种种教育方法，并敦促有财产和权力的慈善家以他为榜样做，但甚至裴斯泰洛齐自己也认识到，要有效地实行新教育理想，需要国家的支持。要实现产生新社会的新教育，终究要依赖于现存国家的活动。所以，民主主义教育的运动不可避免地会成为由政府实施和管理的学校运动。

以欧洲而论，历史形势把国家支持的教育运动和政治生活中的民族主义运动趋向连成一件事。这个事实，对于后来的运动有着不可估量的意义，特别是在德国思想的影响下，教育变成一种公民训练的职能，而公民训练的职能就是民族国家理想的实现。于是用"国家"代替人类，世界主义让位于国家主义。教育的目的不再是塑造"人"，而在于塑造共鸣。前面所说的历史形势，是拿破仑征服战争带来的后果，特别是德国受到的影响。日耳曼的各邦认为系统地仔细办好教育是恢复和保持他们政治上统一权力的最好手段（后来事态的发展表明这种想法的正确性）。当时他们的各邦表面上是虚弱的、分裂的。但是，在普鲁士政治家的领导下，他们把这种情况作为一种刺激力，发展了广泛而扎实的公共教育系统。

这种教育实践中的变革，必然会带来理论上的变革。然后个人主义的理论将退到不再引人注意的地位。国家不但提供了公共教育的机构，而且也安排了公共教育的目的。在教育实施方面，从小学的各个年级到大学的各个学院，整个学校都是培养爱国的公民、士兵和未来的国家行政官员，提供军事、工业、政治防御和扩张的手段，就理论上来说，教育的理论也就不可能不偏重社会效能的目标了。因为民族主义国家的意义重要非凡，邻国他邦又多属于敌对的竞争对手，要把社会效能按照模糊的全球人道主义角度来解读，同样也是不可能的。因为要维持国家主权，就要求个人在军事防御和国际商业竞争方面，服从国家的最高利益，所以，社会效能也含有要求个人服从国家利益的意义。于是，一般都认定教育过程是纪律训练的过程，而不是个人发展的过程。但是，因为把教育作为人格圆满的发展理想，继续为人所信奉，所以，教育哲学就试图调和这两种思想。调和的方法是把国家看成一个"有机体"。孤立的个人是不存在的东西；个人只有吸收有组织制度的目标和意义，并通过这种吸收过程，才能获得真正的人格。从表面上看，好像是个人屈从政治权力，为服从上级命令而牺牲自己，实际上他是把国家表明的客观判断当作自己的判断——这是他能够变成真正有理性的人的唯一途径。制度唯心论的发展观念（如前文探讨的黑格尔的哲学），就是要有意识地把这两种观念结合起来，要有意识地把人格的圆满实现和彻底有规律地服从现有制度结合起来。

在日耳曼人在为争取民族独立反抗拿破仑的时代，教育哲学被改造到什么程度，可以从康德的教育哲学中看出来。康德很好地表达了早期个人的世界主义理想。他所著的《教育学纲要》包含十八世纪末期所作的讲稿。他在这本书中，把教育解释为人变成人的过程。他认为，人类历史的开端始于自然——人的开始，那个时候的人还不是作为理性动物的人，那时自然只提供人本能的欲望。自然只给人以胚芽，必须由教育使他发展和完善。而人类真正的生活特点，是人必须通过他自己的努力来创造自己；他必须使自己成为一个真正有道德的、有理想的和自由的人。这种创造性的努力要通过缓慢的一代一代的教育活动来进行。加速这种创造性的努力有赖于人们有意识地努力教育他们的接班人，这种教育不是为了满足现状的需要，而是为了使未来拥有更好的人类成为可能。但是，要做到这一点却存在很多的困难。每一代人都教育孩子，目的是使他们能适应现在世界的生活，而不会考虑到教育的真正目的，是为了尽可能好地实现真正的人性。一般父母教育子女，就是期望子女能有出息；君主教育臣民，是为了拿他们当工具来达到自己的目的。

那么，应该由谁来进行教育以便改进人性呢？按康德的观点，我们必须依靠开明人士，然后依靠他们各自的能力所作的努力。他说："一切文化，都是从私人开始，然后由他们向外传播。只有通过具有博大胸怀，能领会未来更好社会理想的人们的努力，才能使人类天性逐步地接近它的目的。……现在的统治者，只对使臣民成为他们目标的工具的训练感兴趣。"康德认为，统治者甚至给私立学校津贴，也必须谨慎看待。因为，如果统治者把金钱给学校，他们就会将基于自己民族利益来进行办学和对学校有所要求，而不是出于对全人类最大利益的考虑。这个观点表达了十八世纪人类主义所特有的论点。个人心智的充分发展和整个人类的目的以及进步的思想是完全一致的。此外，我们也显然害怕由国家主办和国家制约的教育会阻碍这些目标的达成。但是，在不到20年的时间里，康德的哲学继承人——费希特和黑格尔发挥了这样的思想，即国家的主要职能是教育；特别是德国的复兴，只有通过以国家利益为基础的教育才能完成，个人必然是利己主义的、没有理性的动物，除非他自愿服从国家制度和法律的教育训练，否则都要受到欲望和环境的奴役。根据这种精神，德国是第一个实行公立、普及和强制教育制度的国家，从小学一直到大学，一切私立教育事业，都要服从国家的规定和监督。

这一段简史评述，应该可以得出两个结论。第一个结论是，探讨教育概念，例如个人教育观和社会教育观这类术语，一般说来，如果离开当时的社会背景就毫无意义。柏拉图的教育理想认为，教育等同于个人自我实现与社会的和谐安定。他的处境使他不得不主张阶级划分的社会，使个人淹没在阶级之中。十八世纪的教育哲学在形式上是高度个人主义的，但是这个形式是被一种崇高慷慨的社会理想所唤起的。这个理想就是，要组织一种社会，包括全人类，并提供人类无限完善的机会。十九世纪早期德国唯心主义哲学又一次力图把两个理想同等对待。一种是有教养个性的，个人的自由完全的发展；另外一种是通过社会训练与政治上的服从所取得的个人的发展。这派哲学把民族国家作为实现个性和实现全人类理想的中介。因此，这派哲学令人激动的原则同样可以正确地用两种说法来阐释，一种是用古典术语，即"个人一切能力的和谐发展"；另外一种是用比较新的术语来表达，就是"社会效能"。而所有这一切，都只是强化了本章开头所讲的那句话：在我们没有将自己所说的社会进行明确定义之前，任何谈教育的社会化过程和社会化功能都是没有确切的意义的。

有了以上的说明，便可以导入我们的第二个结论。在民主的社会中，为民主社会设置的教育有一个基本问题，就是教育是基于国家的目标还是更广阔的社会的目的？这中间有非常明显的冲突。先前的世界主义和"人道主义"的概念，缺陷都在于意义含糊，又缺乏一定的执行机关和管理机构。在欧洲，尤其在欧陆的各国中，这个主要为全人类福利和进步而进行教育的新思想，成为国家利益的俘虏，被用来进行社会目的非常狭隘而且具有排他性的事业。把教育的社会目的和国家目的等同起来，结果使社会目的的意义变得非常模糊。

这种意义混淆，符合目前人类交往的情况。一方面，科学、商业和艺术超越了国界。这些事业的性质和方法大多是国际性的。它们要求各国人民互相依赖和相互合作。反观国家主权的观念，在如今政治领域的地位的重要性也是前所未见的。各个国家都处在被抑制的敌视和互相戒备的状态中。每个国家都是自己利益的最高裁判，而每个国家都有只为自己考虑的利益也是理所当然的。对这种事情产生疑问，就是怀疑国家主权概念，而国家主权概念却被认为是政治实施和政治研究的基本要素。一方面是范围较广的联合、互相协助的社会生活，另一方面是范围较狭窄的、排他性的、含有敌对性质的行为和目的。这两个领域之间的矛盾（因为的确是矛盾），教育在理论上对教育的社会功能和社会检验标准中所用的"社会"一词的意义，有比过去更为明确的概念。

一种教育制度能否由国家政府主导，而教育过程的全部社会目的又不受限制、不被约束，不被腐蚀呢？这个问题从内部来看，必须正视由目前经济状况所造成的各种倾向，这个倾向使社会分成若干阶级，其中一部分阶级不过是别的阶级达到更高文化的工具。从外部来看，这个问题关系到对国家忠诚的问题，效忠国家、爱国主义，以及更高层次的风险精神即是追求超越国界团结全人类的共同目标。无论哪一方面，这个问题都不是仅仅用消极方法所能解决的。仅注意使教育不被一个阶级用来作为更容易剥削另一个阶级的工具还不够。而且学校设施也必须足够多，并提高使用效率，以便不只在名义上，而是在实际上减轻经济不平等带来的影响，使全国的受教育者都能为他们的将来受到同等的教育。要达到这个目的，不但要有适当的学校管理设施，同时补充家庭资源以便帮助需要受教育的孩子，而且要对传统的文化理想、传统的课程以及传统的教学和训练方法进行必要的改革，使所有受教育者在教育的影响下，成为他们自己经济和社会前途的主人。在遥远的将来，这种理想或许会实现，但是，我们的公共教育体系如果不能越来越多越来越大地受这个理想的支配，所谓的教育的民主理念只能是一种可笑而又可悲的幻想而已。

这个原则也同样适用于国家与国家之间的关系。只是讲一些有关战争的恐怖和可能刺激国际猜忌和仇恨的事情是不够的。凡是能使人们不受地理限制，团结起来从事全人类共同事业的事情，都必须加以强调。就全体人类相互之间的更充分、更自由和更有成效的联合和交往而言，国家主权属于次要的和暂时的，这个思想必须灌输给学生，促使它成为有效的思维意向。如果有人认为这方面的应用似乎很少与教育哲学能联系起来，这只能表明，他们还没有适当领会前面所阐述教育观点的意义。这个结论，与把教育作为发展个人能力，朝着社会向前生长的观点密切联系在一起。否则，教育的民主主义标准就不能彻底应用。

摘　要

由于教育是一种社会的过程，而世界上又有各种各样的社会，所以教育批判和教育建设的标准，必然包含一种特定的社会理想。可衡量社会生活价值的两个要点是：群体的利益让所有成员共同到什么程度，群体与其他群体的互动是否全面而自由。也就是说，一个不良社会对内对外都设置重重障碍，限制自由往来和经验交流。倘有一个社会，它的全体成员都以同等条件共享社会利益，并通过各种形式的联合生活相互影响，灵活地重新调整社会各种制度，在这个范围内，这个社会就是民主的社会。这种社会必须有一种教育，这种教育对于社会关系和社会控制，每个人都有各自的兴趣，都有能促进社会变化而不致引起社会混乱的思维习惯。

我们从这个观点讨论了历史上三种具有重要意义的教育哲学典型。柏拉图的教育哲学理想，在形式上与我们所讲的观点很相似，但是在他把这个理想付诸实施时，却把阶级作为社会单位，而不是把个人作为社会单位，从而放弃了这个理想。十八世纪启蒙时期的所谓个人主义，把社会看得和人类一样广大，个人是人类进步的器官。但是，这一派哲学缺乏任何发展其理想的机构，它求助于自然就是有利的证明。十九世纪的制度化唯心主义哲学，把国家机构作为实现理想的机关，弥补了这个缺陷。却因而把社会目标的概念窄化，专指同一政治单元中的成员，而且纳入了个人附属于制度之下的想法。

第八章　教育的目的

目的的本质

以上各章讨论的关于教育的观点，实际上已经向我们展示了有关民主的社会教育意义的讨论结果。因为以上的讨论假定：教育的目的是要使个人能继续他们的教育，也就是说，学习的目的是继续不断成长的能力。但是，除非一个社会人与人相互交往，除非这个社会的利益能平等地分配给全体成员，从而产生广泛的刺激，并通过这些刺激适当地进行社会习惯和制度的改造，否则这个思想就不能应用于社会的全体成员。而只有做到以上几点的社会才是民主的社会。所以，我们在研究和讨论教育目的时，并不需要到教育过程以外去寻找目的，使教育服从这个目的。我们整个教育观点不允许这样做。我们所要做的，是要把属于教育过程内容的目的，和从教育过程以外提出的目的进行比较，然后得出自己的判断。当社会关系不平等均衡时，群体中的一部分人的目标会受外力左右，因为在这种情况下，整个社会的某部分人将会发现他们的目的是由外来命令决定的；他们的目的并不是从他们自己的经验自由发展而来，他们名义上的目的，并不是他们自己的目的，而只是达到别人比较隐蔽目的的手段而已。

首先，我们要定义目标的本质，这是指包含在行为之内的目标，是要解释存在于活动内部而不是外部所提供目的的性质。我们通过把单纯的结果和结局进行对比，从差异着手来研究目的的定义。任何能量的表现都有结果。

风吹过沙漠，沙子的位置就改变。这里是结果，表明的是影响，而不是终结。因为这个后果并不是把前面发生的部分做一个完成，只是在空间上进行重新分配，就像沙子的位置改变了一样。沙子在改变位置前后的情况没有什么不同。所以，我们也无从选择前面情况作为起点，而把后一种情况作为终点，也无法认定中间的过程是一种质变和实现。

以蜜蜂的活动为例，和上面风吹沙漠时沙子位置的变化进行对比。蜜蜂行为的结果可以称之为结局，不是因为这些结果是预先计划好的，或有意识要这样做，而是因为它们是真正的结局或把前面发生的事情收尾的行动。当蜜蜂采集花粉，制蜡和构筑蜂房时，每一步动作都为下一步动作做准备。蜂房筑成以后，蜂后在蜂房内产卵，产好卵，就关起来孵化，把卵保持在孵化所要求的温度。幼蜂孵出以后，蜜蜂喂养幼蜂，直到它们能照料自己为止。我们很熟悉这些事实，也很容易忽视它们，以为不管怎样，生活和本能都是一件不可思议的事。因此，我们没有注意到这种事情的内在特征，即事情的每一个要素的地位和次序都有重要意义；前件事引出后件事，而后件事又在前面所提供的基础上，为另外一个阶段所用，直至最后我们到达终点，而结局便是将前面的部分总结收尾。

既然目的总是和结果联系着，那么在谈到目的问题时，首先要注意的一件事，就是所指定的工作是否具有内在连续性？还是所指定的工作只是一连串动作的堆积，先做一件事，然后做另一件事？如果学生的每一个行动都由教师命令，那么他许多行动的唯一顺序来自功课的指定和由别人给予的指示，要谈教育目的，简直就是妄谈。在自发的自我表现名义下，允许学生的任性或不连贯的活动，对教育目来说也是致命伤。目的所包含的意思，是指有秩序、安排好的活动，而在这个活动中，秩序就是需要动作循序地完成一个过程。如果做某件事需要一段时间，在这段时间内，又有积累的成长，那这个活动的目标的意义就是事先预见结局或预知该如何收尾。如果蜜蜂预见到它们活动的结果，如果它们在想象的预见中看到它们的终点，那它们就有了掌握目标的基本条件。因此，如果环境条件不允许人预见结果，也不允许人前瞻自己的行为会带来什么样的后果，谈什么教育目的，或者任何其他事务的目的，都是空话。

再则，把目的作为一个预见的结局，活动就有了方向；这种目的，不是一个单纯旁观者的毫无根据的期望，而是影响着达到结局所争取的各个步骤。这种预见有三个作用。第一，它包含仔细地观察特定的情况，注意什么是达到终点的手段，并发现挡路的障碍。第二，它提出采取手段的恰当顺序，便于最适合的选择和安排。第三，在方法上做取舍。如果我们能预测这样做或那样做的结果，我们就能比较两种行动走向最终带来的后果，我们就能判断哪一个办法更为可取。如果我们知道不流动的水滋生蚊子，而且蚊子很可能传播疾病，我们便可以采取防范措施，避免我们遇见的不良后果。因为我们在预期结果的时候，并不仅仅只是一个旁观者，而是和这个结果有关系的人，我们就是过程的参与者，而过程会制造出后果，是我们的行动，在促成后果。

当然，这三点是紧密相联的。我们之所以肯定能预见结果，只是因为仔细考察了当前的情况，结果的重要性为我们提供了观察的动机。我们的观察愈充分，情况和障碍就愈变化多端，可供选择的办法也就更多。反过来，我们所认识的可能出现的情况或可供选择的行动方法越多，被选择的活动所具有的意义就愈多，这种活动就越可以灵活控制。如果我们只想到一种结果，心里想不到别的东西，就会限制行动的意义。没有考虑余地的人，会直接冲向目标。有时这种狭隘的进程可能是最有效率的。但是，如果出现没有预料到的困难，就不如考虑过多种可行性而做了同样选择的人。没有考虑过其他途径的人，遇到困难就没办法立即做好必要的调整。

最后的结论是，有目的的行动就是发挥智能的行为。预见一个行动的结果，是以观察、选择、处理对象和调动我们自己的主观能动性为基础的。要做到这几件事，就要用心——因为用心是有意识、有目的地认识事实及其相互关系的活动。用心做一件事，就是预见未来的可能性；就是具有实现这个可能性的计划；就是意识到实现的手段和遇到的困难，或者，如果真有心做这件事，而不只是一种模糊的愿望，就会有一个全面的计划。心思就是一种能力，能把当前的情况参照预想未来的结果，又能把预想未来的结果参照当前的情况。这些特性就是所谓的目的。在活动中，如果不了解一个人的行为可能发生的结果，就会觉得他愚蠢、盲目或不聪明——没有心思。如果一个人仅仅全凭运气，对结果随便推测，或者不根据实际情况和自己的能力就制订计划，那么他可以说就是不明智的。相比较而言，这种不用心就是感情用事。要想明智，我们在制订活动计划时必须"停停、看看、听听"。

把有目的的行动和明智的活动等同起来，就能看出有目的的行动的价值，也就是这种行动在经验中的作用。我们喜欢把抽象名词"意识"当作一种实体。我们却经常忘了这个名词来自形容词"有意识的"。"有意识的"就是知道我们在做什么；"有意识的"就是我们的活动具有有意的、观察的和计划的特征。意识并不是一个人所有的什么东西，不是一种观察一个人周围情况的东西，也不是外界事物留下的印象；意识就是用来指行为有目标的特质。换个话说，有目标就是行为有意义，行为不会像自动的机器；有目标就是有心要去做某件事，而且会从这个依赖的观点去理解事物的意义。

有益目标的评价标准

我们可以把我们讨论的结果，应用到评判确定目标正确与否的方法上。研究正确地决定目的的标准。

订立的目标，必须是从现有条件而来的，必须考虑到已经在发生的事情；要根据现有的可用资源以及所包含的问题而定。有关我们活动的正当目的的种种理论——教育理论和道德理论——往往都违背这个原则。这些理论认为，目的在我们活动之外；目的和实际情境无关；目的来源于某种外部事物。事实看来，问题只在如何用资源来达成这外力提供的目的。目的成了一件我们必须为了它而行动的东西。无论怎么看，这种"目的"限制了人的智力，它们没有表现意志的前瞻、观察和在几个可能性中选优等活动。这种目标之所以限制智力，是因为它们是现成的，是由智力以外的某种权威强加的，留给智力做的事不过是机械地选择如何做的手段而已。

照上面所讲的，似乎在实现目的以前就能完全制定好目标。这一点需要补充说明。最初出现的目的不过是一种试验性的构想。努力实现这个目的的行动才能检验它的价值。如果这个目的足以引导活动的方向，那么它就不需要其他条件了，因为事先定好的目标，就是它的全部功能；有时只需要有提示的作用就够了。但是，通常尤其是情况复杂时会在行动中暴露先前未留意到的状况。这个时候原始的目标，就需要做相应的修改了，需要的可能是一些增添或删减。所以，目的必须是灵活有弹性的，它必须有空间更改以便符合实际情况的要求。从外部建立的目的对行动过程来说，总是僵硬的。这种从外部插入或强加的目的，与情境的具体情况没有任何关系。在行动过程中，所发生的情况既不证实这个目的，也不推翻这个目的，也不改变这个目的。如果因为欠缺适应而导致失败，也只可归咎于条件状况的不配合，不能说目标本身在某些环境条件下是不合理的。与此相反，一个合理的目标，它的价值在于我们能用它来改变环境。合理的目的是应付环境的一个办法，使环境产生有益于社会的变化。一个农民，如果被动地接受事物的现状，就和一个完全不顾土壤、气候等情况而制订农事计划的人一样做事，那他就会犯同样大的错误。如果在教育上用抽象或遥远的外部目的来执行，其中一个明显弊端就是，这种目的并不能在实践中非常好地应用，而是很可能会胡乱应付环境。一个良好的目的会调查学生目前的实际经验状况，制订一个试验性的处理计划，并经常考虑这个目标和计划是不是制订得合理，但是当情况发生变化时，就相应地修正、改变这个教育的计划。总之，这个目的是实验性的，因而当它在行动中受到检验时，就会不断地得到发展。

良好的目标，一定会使活动自由开展。目标这个名词是有暗示作用的，因为它使我们把某一过程的终点或结局放在心上。我们解释活动的唯一方法，就是把活动结束的对象摆在面前，例如，一个人射击，他的目标就是靶子。但是我们必须牢牢记住，这个对象只是心里指定他希望进行活动的标志或符号罢了。严格地说，目标并不是靶子，而是击中靶子；射击的人通过靶子来瞄准，但是我们也要看到枪支的作用。射击时，所想到的种种对象，都是指导活动的工具。比如说，一个人瞄准一只兔子，他所要做的是立刻开枪，这是某种活动。如果他想要一只兔子，这兔子不是与射击行为无关的，而是射击行为中的一个因素；他要吃兔子肉，或者用兔子来证明他的枪法——总之，他想要用兔子来做一件事。他的目的是用它来做点什么，而不是只要它这个东西本身。对象只是主动目的的一个方面，是要成功地把活动继续下去。这就是上面所说的"释放行为"的含义。

和前面所讲的为完成某一过程以便活动可以继续下去的目的相对应的，在行为之外强加的目的，却全然不是这样的。外部强加的目的始终被看成是固定的，它是要达到或占有某些东西。如果持这种观点，活动就会成为获得某种别的东西不可避免的手段，活动自身变得没有意义，也无关紧要。和目的比较起来，活动只是不得不做的苦差事；这是在达到目标以前必须通过的事情，这些中间的过程都是没有价值和意义的，只有目标才是有价值的。简而言之，外部的目的观把手段和目的分离，而从活动的内部产生目的，用来指导活动的计划，这既是目的，又是手段，目的和手段之间的区别只是为了方便而已。每一个手段在我们没有做到以前，都是暂时的目的。每一个目的一旦达到，就变成进一步活动的手段。当它预示着我们所从事活动的未来方向时，我们把它称之为目的；当它预示活动的现在行进方向时，我们把它称之为手段。目的和手段分离到什么程度，活动的意义就减少到什么程度，这样的行为就失去了意义，行为本身可能降格至能不做就不做的苦差事。一个农民必须利用植物和动物，以便开展他的农业活动。他是否爱好这些动植物，还是只把它们看作获得他所感兴趣的其他东西所采取的手段，对这个农民的生活，肯定会产生不同的影响。在前一种情况下，他的整个活动过程是有意义的，活动的每一阶段有它自己的价值。他拥有实现每个阶段的目的的经验；还没达到的目标只是一个前景，能使他继续努力发挥。如果他不向前看，反而容易觉得自己受到阻挠。目的当然是行为的一个手段，正如行为的每一部分都是手段一样。

在教育上的应用

教育目的并没有什么与众不同之处。它们和任何有指导的职业目的方向都是相同的。教育者和前面所说的农民一样，也有一些事情要做，比如想出一些办法和排除一些障碍。农民所应付的环境，无论是障碍还是可以利用的自然力量，都有一些与农民的目的无关的结构和作用，例如种子发芽，雨水落下，阳光照耀，害虫吞食，疫病流行，四季变化，等等。农民的目的，只不过是利用这种种的外在环境，使他的活动和环境的力量共同协作，而不相互对抗。如果农民不顾土壤、气候以及植物生长的特点等条件，就径直定出一个农事的目标，那就太荒谬了。农民的目标就是前瞻他自己的力量与周围条件的力量联合带来的结果，并利用这种预见指导他一天天的行动。对于可能的结果，使他更谨慎、更广泛地观察所要对付事情的性质和所进行的活动，以便拟订他自己行动的先后顺序。

教育者，不管是家长还是教师，情形也是一样的。如果家长或教师提出他们"自己的"目标，作为儿童成长的正当目标，这和农民不顾环境情况提出一个农事目标一样，荒谬可笑。所谓目标，不管是农业还是教育，有目标的意思就是指接受了履行职务应当有的观察、预测和对规划的责任。任何目的，只要能时时刻刻帮助我们观察、选择和计划，使我们的活动顺利进行，就都是有价值的；如果这个目标妨碍个人用常识进行判断（如果目的是从外面强加的，或是因迫于权势而接受的，肯定要妨碍个人用常识进行判断），那么这个目标就是有害的。

我们应该记住一点，教育本身并无目标。有目标的是人，例如父母亲、教师等等，不是教育这样抽象的概念。所以，人的目标千变万化，随着儿童的不同也不同，随着儿童生长和教育者经验的增长也进行着变化。凡是可以以文字准确表达的目标，不管多么正确，如果不能让人明白它们如何取舍，这些表诸于文字的目标就是害多于益的。正如一位近代作家所说："引导一个男孩读斯考特写的小说，别看老的侦探故事；教这个女孩缝纫；使约翰性格里的霸道习惯被根除；给这个班学生准备学医——这些都是我们在具体教育工作中上百万个目标中的一些例子。"

我们记住了以上这些条件，可以接下来讨论一切良好教育目标应该具备的一些特征。教育的目标必须依据受教育者本身的行为和需求（包括先天的本能和后天获得的习惯）。我们前面讲过，常见的把为未来做准备当作教育的目标，是忽略了个人现有能力和才能，把目标定成一些遥不可及的成就与责任。一般来说，目标的考虑往往都是成年人自己重视的事物，没有顾及受教育者的才能便定下来。另外一种常见的做法是，定出的目标太一致，而忽略了个人的特长与需要，也忘记了一切知识都是一个人在特定时间和特定地点所获得的。成人的见识比较广，在观察儿童的能力和缺点上，都很有价值。因此，从成人的艺术上可以看出，孩子的某些倾向会有什么样的发展可能。如果我们没有成人艺术上的成就，我们就没有办法把握了解儿童期的绘画、复制、塑造和着色活动的意义。同样，如果没有成人语言，我们就不能了解婴儿期咿呀学语的冲动有何意义。但是，以成人的成就作为一种背景，把儿童和青年的活动放在这个背景中进行观察是一回事；把成人的成就定为最终的目标，而不顾受教育者的具体活动，那就完全是另一回事了。

教育目标必须能转化为与受教育者的活动进行合作的方法。这个目的必须提出一种释放和组织受教育者才能所需要的环境。除非这个目标有助于制订具体的进行程序，并且这些程序又能检验、校正和促进这个目标的实现，否则这个目标是没有价值的，它不但无助于具体的教学任务，并且会阻碍教师应用平常的判断观察去估量所面临的情境。凡是固定不可变通的目标，似乎正因为那是硬性规定的，所以不必仔细留意具体的环境条件，反正已经是必须执行不可的，注意那些不列入考虑的细节又有什么用处呢？

从外部强加目标给教育，存在非常大的缺憾。教师从上级机关接受这些目标，上级机关又从社会上流行的目标中接受这些目标。之后，教师把这些目标强加给儿童。第一个结果会导致教师只许接受上级所规定的目标，从而不能自由发挥他们自己的主观能动性和智慧。教师因为受教育厅、上级、教学法指导书和规定的课程等等的支配，从而导致他的思想不能和学生的思想以及教材紧密联系在一起。教师的经验不受重视，也反映在对学生的反应没信心的态度上。学生遵循的目标是双重或三重外压力施加的，学生又有符合自己当下经验的目标，两种目标的冲突令学生无所适从。一种是符合他们自己经验的目标，另一种是别人要他们默认的目标。每一个发展中的经验，都具有内在意义，除非我们承认这个民主的标准，否则在思想上我们会因为要迁就外在的目标而感到困惑。

教育者必须警惕所谓一般性和终极性的目的。由于每个行为都连着数不清的其他事物，再明确特定的行为都有其一般性。一般性能使我们更注意牵涉的各种事物之间的关系，就这一点而言，越有一般性越好。然而"一般"也意味着"抽象"，或者指脱离一切特殊关系的意思。这种抽象性又意味着遥远而不切实际，这又使我们返回到教育手段之说，是为了与教学无关的目标再做准备。受教育得到的报酬就是受了教育，的的确确从来都是。这个说法的意思是说：一切学习和训练必须是本身就值得做的，否则，这种学习或训练就没有教育意义。一个真正一般的目标，能开拓人们的眼界，激发他们考虑更多的结果（即联系）。这就意味着人们能更广泛、更灵活地观察各种手段。比如，一个农民，他所考虑的相互影响的力量愈多，他直接的应付能力就愈强。他将发现更多可能的出发点和更多的方法，以便用来完成他所要做的事情。一个人对将来可能做到的越能够有完整的认识，现在的行为就越不至于被有限的选择束缚住。如果他了解得越透彻，那么他几乎可以在任何一点开始行动，并且继续不断地、有成效地把活动持续下去。

所谓一般的或综合性的目标，意思不过是指对现在活动的领域进行了广泛的观察。有了这种了解，我们就应该讨论一下现今教育理论中流行的比较大的教育目标，并研究这些目标能否使我们明白教育者真正关心的各种具体目标。我们先提出一个假设（其实从以上所论述中立即产生这个前提），就是对于这些目标，用不着选择，也不必把它们看作互相竞争的对手。当我们实际上有所作为时，我们必须在一个特定的时间选择一个特定的行动，但是无论有多少综合性的目标，其实它们都是可以同时存在，并行不悖的，因为它们不过是对同一景色不同的看法罢了。一个人不能同时攀登几个山峰，但是攀登不同的山峰时，各种景色会进行互相补充，并不会形成互不兼容的世界。或者，换个方式说，用不同的方式来说明某个目的，会启发不同的问题和观察事物的角度。所以，我们的目标越一般越好。一种说法可以强调另一种说法所忽略的方面。多做假设能给科学研究工作者带来帮助，多点陈述的目标对教师们同样会有帮助。

摘　要

任何自然的过程都有后果。意识到未来的后果，将它作为现在观察与决定行为动向的依据，便是目标的含义。有目标的行为是运用智能的行为，说得明确些，就是能够预判某一情形下采取不同行为方式可能带来的不同后果，并且以前预判所见为依据来引导观察和实践的方向。所以，一个真正的目标和从外部强加给活动过程的目标，是相反的。从外部强加给活动过程的目标是固定的，呆板的；这种目标不能在特定情境下激发参与者和实施者的智慧，不过是从外部发出做这样那样事情的命令。这种目标并不直接和现在的活动发生联系，它是遥远的，而且这种目标与达成目的的现行手段并没有关系。这种目标既不能启发一个更自由、更平衡的活动，反而会阻碍活动的进行。在教育上，正是因为这些从外部强加的目标异常盛行，才使得人们格外强调教育是为了遥远的未来在做准备，从而使教师和学生的工作都变成机械的、奴隶性的工作。

第九章　以自然发展和社会效率为教育目的

自然提供目的

我们前面说过，想要建立一个可以包含所有其他目标的终极目的的任何尝试，无疑都是徒劳的。我们曾指出，由于一般性的目标只是为了考察现有环境的条件，并估计它们在未来的可能性，所以我们可能会有很多这样的观点，并且这些目标前后也都是相互连贯的。事实上，在不同的历史时期人们都分别提出了许多不同的目标，这些目标在当时都产生了巨大的价值。因为目标的叙述都是在不同时间强调不同重点的问题，我们并不去强调不需要强调的东西——这就是说，有些东西已经很受重视，就无需强调。我们往往根据当时情境的缺陷和需要来制定目标，凡是正确的或近乎正确的东西，就会视为当然，而不再作明确论述了。明确的目标是根据可能促成某些改变而设定的。在一定时期或一定时代，对于有意识的规划，实际上往往只强调最缺乏的东西，而这也并不是一个令人费解的矛盾。在一个由权威统治的时代，往往能引起更多个人自由的反应；而在一个人人各行其是的混乱时代，会要求以社会控制为最大的教育目标。

因此，实际存在而未明确表达的通常习俗，会与刻意的或明确表述的目标相互平衡。例如，在不同的时代，使用过许多目标，如完整的生活，更好的语言学习方法，以实物替代文字，社会效率，个人修养，社会服务，个性的全面发展，百科全书式的知识，纪律，审美的深思，实用等目标，这些目标都在不同的时代发挥了作用。下面讨论近来具有影响力的三种目标，其他一些目标在以前各章曾顺带讨论过，还有一些目标将在以后讨论知识和科学价值时加以讨论。我们现在先讨论卢梭提出的教育主张，即他认为教育是一个自然发展的过程。这种主张，把自然和社会对立起来（见第七章第四节），然后再谈与其对立的社会效能概念，这个概念往往把社会和自然对立起来。

教育的改革家们反对教条式的方法，厌恶他们所见的墨守成规与不自然，通常会往自然之中寻求依据。他们认为自然能提供儿童发展的规律和目的，我们的任务是追随和遵循自然的方法。这个概念的积极价值在于它有说服力地引起人们注意那些不顾受教育者的自然禀赋的许多错误目的。这个概念的缺陷在于把自然发展视为正常发展，从而容易和身体的发展混淆起来。于是，智能在前瞻、策划上的积极发挥也都被忽略了；该做的只是别挡在那儿碍事，交给自然去办就好。把这个理论的正确性和荒谬性说得最清楚的莫过于卢梭，所以我们要先讨论卢梭的观点。

卢梭说："我们从三个方面来接受教育，即自然、人和事物。我们器官和能力的自发发展构成自然教育。教我们如何利用这种发展，也是一种教育。从周围事物获得的个人经验构成了对事物的教育。只有当这三种教育和谐一致，走向同一个目标时，人才朝向他真正的目标前进。……如果有人问我们这个目标是什么，我的回答是，这个目标就是自然的目标。因为三种教育必须协同进行，才能使这三方面的教育完善，因此，完全不受我们控制的那一种教育，必然控制我们，并决定其他两种教育。"在讲了上面这番话以后，卢梭进而解释了自然的意义，他认为自然就是人与生俱来的能力和倾向，因为在强制性的习惯和他人意见的影响下，这种能力和倾向在发生变化以前就已经存在了。

如果仔细研究卢梭的话，我们就会有很大的收获，他的话包含着有史以来最根本的教育理论的真理，也有奇怪的歪曲。前面几句的道理不可能有人说得比卢梭更好了。教育的发展有三个因素：第一是我们身体器官的结构和这些器官的功能性活动；第二是在他人的影响之下，利用这些器官的活动；

第三是身体器官和环境的直接相互作用。这段话概括了教育的各个方面。卢梭另外的两个论点也是一样正确的：首先，只有当教育的三个因素相互一致和合作时，个人才有适当的发展；其次，个人身体器官的天赋活动是原来固有的，三个因素能否和谐一致也是天赋中最基础的部分。

然而，只要稍微体会一下卢梭这几句话的含义，并参考一些卢梭的其他著作，我们就可以发现在某种程度上，他非但没有把这三件事看作是必须合作才能让每个因素都能发挥教育的作用，而是把这三个因素看作彼此分离和各自独立的活动。他尤其相信，天生的器官和功能的发育是独立的、自发的。他认为官能活动不管如何运用，都会继续发展，而社会接触带来的教育应当附属在这种独立的发展之下。值得注意的是，配合天生的官能活动本身而将这些活动加以运用，而不强迫其发展也不阻挠其发展这是一个概念。另外一个概念则是，假定天生的官能活动不加以运用也能正常发展的话，一切运用官能的学习都应该以自然的发展为标准。这两种说法之间有着巨大的差别。我们再举前文说过的语言学习过程为例，这是阐述有教育功能的成长的最佳范例。学习语言是人发音器官、听觉器官等天赋活动的开始。但是，如果认为这些活动有它们自己独立的发展，自身就能发展完善的言语的话，这就太荒谬了。卢梭的理论，按字面意义上理解的话，就是说成人应接受和重复儿童的咿呀学语声和吵闹声，这不仅是清晰语言发展的开端，还是一切语言教学的标准。

这个问题我们可以这样来总结，卢梭提出了教育迫切需要的改革，他认为，我们器官的结构和活动能够提供一切教人利用器官的条件，这一点是正确的；但是，如果说器官的结构和活动不仅提供它们发展的条件，而且提供它们发展的目标，这就大错特错了。事实上，天赋活动和偶然随意的练习相反，它们是通过运用发展的。我们知道，社会环境的职责在于通过充分利用这些能力来指导个人的发展。这些本能的活动可以形容为自发的，也就是说，器官对某种活动有强烈的倾向性——这种倾向性很强，我们不能违抗它，要想违抗它，就可能歪曲它，阻碍它的成长，使它变坏。可是，所谓这些活动能自发正常地自动发展，也纯粹是痴人说梦。自然或天赋的能力，提供一切教育中起发动作用和限制作用的力量；但是它们并不提供教育目标。一切学习都是从天生的能力开始，但学习并不是天生能力的自然发展而已。卢梭之所以有与此相反的意见，是因为他坚信上帝等同于自然。在他看来，天赋能力完全是善的，直接来自于聪明善良的造物主。上帝创造了人类，并赋予人类天赋的器官和能力，人于是就能利用这些器官和能力。所以，器官和能力的发展为人们提供了利用这些器官和能力必须服从的标准。如果人们试图决定怎样利用天赋能力，就是干预了上帝的计划。社会制度干预自然本性，干预上帝创造之物是人们败坏的首要根由。卢梭关于一切自然倾向具有内在善的热情主张，乃是针对当时盛行的人性本恶之说的反应，在改变人们看待儿童福利的态度上功不可没。但是，很明显，人类原始的冲动本身既不是善的，也不是恶的，原始冲动或善或恶，就看我们怎样使用它们。如果我们忽略、压制和过早地强迫某种本能的发展而牺牲别的本能，毋庸置疑，这是发生很多本可以避免错误的原因。但是，从这件事引出的教训，不是让这些本能"自发地发展"，而是为其提供一种环境，去妥善地组织这些本能。

回头看卢梭主张中合理的成分，我们发现，把自然发展作为教育目标，会使得他能指出并纠正目前教育实践中各种方法的流弊，并且列出一些可取的明确目标。把自然发展作为教育目标，会使人特别注意儿童身体器官和健康发展的需要。自然发展的目标告诉家长和教师们：要以健康为目标；不注重体能，是不可能得到正常发展的，这是一个再明显不过的事实。要是能在实践中获得应有的肯定，机会会自动在我们的教育常规中掀起彻底的改革。"自然"确实是一个含糊隐喻的名词，但是，"自然"却能指示我们，教育的效率是有很多条件的，在我们懂得这些条件是什么，并懂得如何在我们的实践中运用这些条件以前，我们教育最崇高的理想目标是注定要失败的——因为它们不过是空谈和感情用事的目标而已。

自然发展的目标可以转化为尊重身体活动的目标。用卢梭的话来说："儿童总是不停地动；久坐不动的生活是有害的。"他又说："自然的意思是先强身体，后练心智。"卢梭这句话，很难说他把事实讲清楚了。但是，如果他说自然的"意图"（用他富有诗意的言语）是通过锻炼身体的肌肉来发展心智的话，那么，这就说出了正确的事实。也就是说，遵循自然的教育目标，具体就是要注意儿童在探索、处理各种材料、游戏和竞赛中运用他们身体器官所起的实际作用。

一般性的目标可以转化为关心儿童个别差异的目标。凡是考虑儿童天赋能力原则的人，没有不对儿童不同的天赋能力感到惊讶的。这种差异不仅是关于能力的强度，甚至在能力的质量和组织各个方面，孩子们之间的差异非常大。正如卢梭所说："每个人生来具有特异的气质……我们往往不加区别就让具有不同爱好的儿童从事同样的练习，那么这样的教育只会毁灭他们特殊的爱好，留下死板的千篇一律的东西。所以，我们把力气浪费在阻挠自然天赋之后，看着取而代之的是既短暂又虚幻的才华消逝，我们所扼杀的天生才能却不会恢复生机。"

最后，遵循自然的教育目的，意思是注意儿童爱好和兴趣的起源、增长和衰退。儿童能力的萌芽和焕发是参差不齐的，不可能大家整整齐齐地并肩发展，所以我们必须把握时机。最宝贵的是儿童能力最初萌发的时期。我们根据儿童早期的诸多发展趋势，能确定儿童的基本发展倾向，并制约他们能力日后的转变，其影响之大，超出我们的想象。继卢梭之后，裴斯泰洛齐和福禄培尔也非常重视自然的成长原则。教育上对早期儿童的关怀和实用技艺的培养截然不同，这种教育观点完全可以追溯到裴斯泰洛齐和福禄培尔时代。关于生长的不规则性及其重要意义，有一位学者这样说："在儿童成长发育过程中，在身体和心智方面，都是不平衡的。因为成长从来不是全面的，而是有时在这一点上突出，有时在另一点上突出。各种教育方法，若能在这些巨大的天赋差异中，认识到成长中自然不平衡的能动价值，并利用这种参差不齐和不平衡性。这种方法最能遵循身体的自然发展，因而证明是最有效的。"

在受束缚的情况下观察儿童的自然发展倾向是一件非常困难的事情。在儿童自发的语言和行为中——也就是在儿童不做规定的工作时，不觉得自己在被观察时，则很容易出现这种自然发展的倾向。但不能因此就说，因为这些倾向是自然的，所以它们都是可取的。不过我们的确可以说，既然有这些倾向，它们就是起作用的，而且必须予以重视。我们必须使这些倾向有一个适当的环境，让它们保持活跃，并且使这些自然倾向的活动能控制其他倾向的方向，从而抛弃那些没有什么结果的倾向。儿童在发展过程中有许多的倾向，它们出现的时候会使父母感到不安，但这些倾向很可能只是昙花一现的。有时过分直接注意这些倾向，只会使儿童过分关注它们。总之，成人容易以他们自己的习惯和愿望为标准，而把儿童偏离标准的冲动行为都视为应当戒除的恶性。如果企图直接硬把孩子塞进成人标准的模子里面，这肯定是违反自然的，后来遵循自然的主张，主要也是对这种作风的反弹。

总之，我们应注意到，在遵循自然观念的早期阶段，把本来没有关系的两个要素合在了一起。在卢梭以前，教育的改革者们竭力鼓吹教育的重要性，认为教育的能力简直是无限大的。他们认为，在不同的民族之间、同一民族的各个阶级之间和个人之间的一切差别，都是由于训练、学习和实践的差异。各人原来的心智、理性和理解，实际上都是相同的。因为心智基本上是一模一样的，所以人人基本上是平等的，所以把人们教育到相同的水平是可能的。而遵循自然的教育学说则反对这种观点，对于心智及其能力发展的观点，并不那么刻板和抽象。这个学说不主张我们有辨别、记忆和概括的抽象能力，而主张我们有特殊的本能和冲动以及生理的能力，这种特殊本能、冲动和生理能力，各人都不相同。正如卢梭指出的，甚至同一窝狗，它们的本能也是不同的。近代生物学、生理学、心理学的发展，在这方面帮了大忙，证明教养、改正和直接教育带来的质变虽然影响极大，但后天的培育却必须以先天调教，也就是天资为基础和主要资源。

从另一方面看，遵循自然的学说也是当时的一个政治信条。这个信条反抗当时的社会制度、风俗习惯和理想（见第七章第四节）。卢梭说过，一切来自造物主的东西都是好的。这句话只有在后半句进行对比时，才显得有意义："一切事物败坏于人类之手。"卢梭又说："自然的人有绝对的价值；他是一个数量单位，是一个完全的整数，除了他自己和他的同伴，没有别的关系。文明人只是一个相对的单位，是一个分数的分子，其价值决定于它的分母，以及它和社会整体的关系。良好的政治制度，是使人不自然的制度。"卢梭认为，自然不仅提供人开始成长的原始力量，而且提供开始成长的计划和目标。他之所以会有这样的观点，是因为他认为当时有组织的社会生活是不自然而且有害的。恶劣的制度和风俗习惯几乎自动促成了儿童错误的教育，即使是最谨慎的学校教育也不能补偿这种教育的错误，这是完全正确的；但是，我们不能因此就把教育放到环境之外，而应该做的是，要提供一种好的教育环境，更好地利用儿童的天赋能力来进行相应的教育。

以社会效率为目标

自然会提供真正的教育，而社会则只会提供坏的教育。这种概念自然会引起人们的反对。反对意见认为，教育的任务恰恰就在于提供自然所不能获得的东西，即养成个人受社会控制的机会，使天生的人才顺从于社会准则。我们不难发现，社会效率这个概念的价值主要在于它反对自然发展的学说，认为自然发展的学说走入了歧途，而社会效率这个概念之所以被误用，则是因为在运用社会效率概念时，抹煞了自然发展里面确实的部分。我们必须注意社会生活的各种活动和成就，寻找能力发展——就是我们所说的效率——的含义，这是事实。而这个观念的错误在于，它认为我们必须采取使天赋能力服从的办法才能达到效率，而不是利用天赋能力的办法去获得效率。如果我们能意识到，社会效率的取得不是通过消极地限制个人的天赋能力，而是通过积极地利用个人的天赋能力，去做具有社会意义的事情的话，那么这个学说就表达得适切多了。

如果转换为明确的目标，社会效率显示了胜任工业生产能力的重要性。

没有维持生活的东西，我们就无法生存；使用和消耗这些生活用品的方法，对人们相互之间的关系有着深刻影响。如果一个人无力自谋生计并抚养子女，他就会成为依赖别人的累赘或寄生虫，他自己也得不到最有教育意义的生活经验。如果他不知道怎样正确利用工业产品，没有受过相当的训练，他即使拥有财富也可能腐化堕落和伤害别人。任何的教育计划都不能忽视这种最基本的教育考虑。然而高等教育的各种安排，在更高和更富于精神价值的理想名义下，不仅常常忽视这些考虑，而且蔑视这些考虑，认为这些与教育无关。随着寡头独裁政治发展为民主社会，教育强调的意义，自然应该是：使受教育者有能力在经济上自谋生计，并能有效地管理经济资源，而不是仅仅为了炫耀自己和过奢侈的生活。这种教育的意义，自然该受到重视。

但是，强调这样的教育目标也会铸成大错，现有的经济状况和标准将被视为是确定不改了。民主的准则要求我们发展学生的能力，使他们能选择适合自己的职业，并在事业上取得成功。如果我们想预先使青年接受一些有限的工业职业训练，这种职业并非根据受过训练的能力进行选择，而是根据父母的财富和社会地位进行选择的话，那么就要违犯了这个准则。事实上，新发明接二连三问世，使得现代工业的改变既快速又突然。新的工业在崛起，旧的工业也经过了革命性的改革。因此，如果要训练儿童获得过多专门职业的效率，反而不能达到目的。一旦这个行业换了新方法，只懂一种效率的人就被抛到了后面。重新适应的能力也许还不如没受到特定训练的人。但是，最重要的是现在社会的工作结构与过去存在过的社会一样，处处都有不公平。进步教育的目标，在于纠正不公平的特权和不公平的遭遇，而不在于使这种不公平状况持续存在下去。无论在什么地方，如果社会控制意味着个人的活动屈服于阶级的权威，工业教育就有迁就现状的危险。于是，经济机会的不同，决定着个人未来的职业。我们不知不觉地重蹈柏拉图规划的社会（见第七章第三节）的覆辙，却没有柏拉图那样的开明挑选学生的方法。

公民社会的效率，或良好的公民品行。如果我们把工业生产能力和把公民效率作为教育目的与良好的公民品行分开讲，会是一种专断的做法。但是，我们可以用公民品行来表示一些比职业能力更加模糊的要求。这些要求包括的范围很广，从使一个人成为比较令人满意的伙伴，到有政治意义的公民条件，例如有能力明智地判断人与各种措施，能在制定法律和服从法律时起决定作用。以培养公民品行为教育目标，至少具有一个优点，就是使我们不受一般心理能力训练的观念影响。这种目标使我们注意到这样的事实：我们的能力必须和做某件事有关系；而我们最需要做的事情是涉及我们和别人关系的事情。

在此，我们必须防止把这个目的理解得过分狭隘。虽然归根到底社会进步的保证依靠的是科学发现，但是，如果把社会效率理解得过分狭隘，有时就排除了科学发现。因为科学家可能被看作仅仅是理论上的空想家，而被认为完全缺乏社会效率。我们应当牢记，社会效率最终就是平等参与授受经验的能力。这种能力，包括使个人自己的经验对别人更有价值，也包括使他更有效地成为别人有价值经验能力的一部分。创作艺术和欣赏艺术的能力，娱乐的能力，有意义地利用闲暇的能力，都是公民效率的重要组成部分，比通常和公民训练联系在一起的部分更加重要。

最广的社会效率就是心智的社会化，这个过程，积极关注的是，使各人主动地相互传授经验，打破个人对别人利益漠不关心的社会分层障碍。如果社会效率仅仅局限于明显可见的行为所提供的服务，就忽略了效率的主要成分（因为这是社会效率的唯一保证）：推己及人的同情心或善意。因为，同情心作为一种良好品质，不仅仅是一种感觉，它也是一种有素养的想象力，使我们能想到人类共同的事情而反抗那些无谓的分裂人们的东西。有时所谓对他人有仁慈的兴趣，可能只是一种不自觉的假面具，企图决定别人的利益应该是什么，而不是努力使别人能自由寻找到他们自己选择的利益。社会效率，如果不主动承认生活会给不同的人带来不同的利益，又没有鼓励各人自己作出明智选择的社会效用，否则将流于僵硬刻板。就会变成生硬的东西。甚至社会服务也是如此。

以文化为目标

社会效率的目标是否和文化目标相一致，取决于以下这些考虑。文化至少是某种经过培养的东西，某种成熟的东西，它与粗俗和粗野相对立。当"自然"等同于这种粗野状态时，文化就是和所谓自然发展相对立的。所谓文化，也是某种属于个人的东西；文化也是关于人的，是培养观念、艺术和广泛人类兴趣等鉴赏的能力。如果效率是狭隘的行动，是不活动的精神和意义，那么文化就与效率相反。如果我们能注意一个人的独特性——如果一个人没有什么不能测量的东西，就不能称为一个人。无论文化或人格怎样完全发展，结果都和社会效率的真正意义相一致。与个性相反的东西就是平庸，就是平均标准。当我们发展特异的品质时，就能形成特异的人格，并对社会服务作出更大的贡献，这种个人的贡献超越大量供应有形商品的层次。因为，一个社会，除非构成这个社会的各个成员具有良好的个人品质，否则这样所组成的社会有什么值得为它服务的呢？

重视人格价值会与社会效率的目标对立，这是封建结构的社会造成的。封建社会的尊卑划分严格，高贵者才有时间和机会发展为人；卑下者只能为高贵者提供外部产品。一个号称民主的社会，如果仍用产品或产量来把社会效率作为理想，就是重蹈覆辙，像典型的贵族社会一样贬抑一般大众。但是，如果说民主的道德意义与理想，那就是人人应该为社会贡献一分力量，同时，人人都有发展特殊才能的机会。个人发展和社会效率这两个教育目标的分开，是对民主的致命打击；采用比较狭隘的效率，就丧失了效率存在的意义。

效率的目标（像任何其他教育目的一样），必须包括在经验过程之中。如果我们用有形的外部产品来衡量效率，而不是用获得有价值的经验来衡量效率，那么效率的目标就变成物质主义了。我们发展有效率的人格，可能获得产品。但是，严格来说，这种结果只是教育的副产品，不可避免，而且很重要的，但无论如何，它们终究只是副产品。把目标设在经验过程之外，还有一个反作用，即是强化了另一个错误的概念文化是纯粹"内在"的东西。完善"内在"人格的概念，是社会阶级分化的明确标志。所谓内在，不过就是和别人没有联系的东西——这种东西不能自由全面地传递给别人。所谓精神文化，之所以常常是无用的东西，或是某种腐朽的东西，正是因为这种东西常被人认为是一个人可以内部占有的东西——因此仅是某些人专有的。一个人成为什么人，就看他在与别人相互联系的生活中和自由交往中是什么样子。有了这种认识，就不会误解效率和文化，也不至于把效率理解成为别人提供产品，把文化理解成少数人所专有的文雅和修饰。

无论是什么人，都应该知道，自己完成的那些对他人有价值的价格，只是附带的东西，真正有价值的主题是经验的过程。如果不能领会这一点，就是没有领会自己职业本分的要义。为什么有人认为一个人必须在以下两种情况中作出选择：是牺牲自己去做有益于别人的事情呢？还是牺牲别人，以求达到自己独有的目的呢？而实际情况是，通常因为这两种事情没有一件是能够持续进行的，所以我们必须想出一种折中的办法，使两方面交替进行，轮流尝试两种路线。非常糟糕的是，世界上有许多公开宣告的灵修思想和宗教思想，并没有反对这样二分法的人生观，反而强调自我牺牲和精神的自我修养是两种不同的理想。这种二分法已根深蒂固，不是轻易就能推翻。由于这个原因，目前的教育格外应该努力把社会效率和个人修养合二为一，而不是彼此对立。

摘　要

一般的或概括性的目标，是用来勘察确切教育问题的观点。因此，要检验任何大目标的制定方式是否有利，要看它能不能轻易转换到另一个目标安排的程序上而维持不变。我们曾经应用这种检验方法研究三个一般目标：遵循自然发展；遵循社会效率；遵循文化或个人精神财富的充实。每一次检验我们都会发现，如果这些目标叙述不全面，就会互相冲突。自然发展的目标如果叙述不全面，会把所谓自然发展中的原始能力作为最终目标。根据这个观点，凡是使这种能力对别人有用的训练，就是变态的强制行为；凡是通过审慎的教育深刻改变这种能力的训练，就是起败坏作用的训练。但是，如果我们认识到，所谓自然的活动就是天赋的活动，这些活动只有通过使用才能发展，那么在使用中进行教育，冲突就消失了。同样，如果社会效率是指对别人外部的服务，这种目标必然和丰富经验意义的目标相反；如果文化能够指导心智的内在修养，那就和社会化的倾向相反。但是，社会效率作为教育目标，应该指培养自由、充分地参与共同活动的能力。虽然这种参与能促进文化的修养，但是没有文化，这种参与也是不可能的。因为一个人没有学问——不先获得较为广阔的观点来观察他们所不知的事物，他就不能和别人交往。文化就是不断扩大一个人对事物意义理解的范围，增加正确理解的能力，也许没有比这更好的文化定义了。

第十章　兴趣和纪律

兴趣和纪律的意义

前面已经说过，旁观者的态度和参与者的态度有所不同。旁观者对正在进行的事情漠不关心：对一种结果和另一种结果分不出好坏，因为每一种结果只是供人看的。而参与者和正在进行的事情休戚与共，事情的结果和他息息相关，他的命运或多或少和事件的结果有关。因此，他就要尽其所能影响这件事情的发展。旁观者就像一个身在监狱里注视着窗外下雨的囚徒，对他来说，窗外下不下雨都是一样的。参与者就像一个计划着第二天要去郊游的人，不停下雨会挫败他的郊游计划。当然，他不能用现在的反应影响第二天的天气，但是，只要推迟计划中的郊游，就可以影响未来的事情。又比如一个人看到一辆马车向他驶来，可能会碰到他；虽然他不能阻止马车的运动，如果他能及时预见到结局，他至少能避开马车。有些时候，他甚至更直接地干预车辆的行进。所以，一个参与者在事情发生的过程中可以有两种态度：一方面是对未来结果的关心和渴望，另一方面是采取一种行动趋向，来保证得到较好的结果，防止较坏的结果发生。

参与者的态度可以用两个名词来表示：关心和兴趣。某人与事物固有的发展可能性有密切关系，因此，他很注意这个对象对他有什么影响；根据他的期待或预见采取行动，把事物引到利于他的一个方面而不是另外一方面。兴趣和目标，关心和效果必然是联系着的。目的、意向和结局这些名词，强调我们所希望和争取的结果，它们已包含个人关心和期盼注意的态度。兴趣、爱好、关切、动机等名词，强调预见结果和个人命运的关系，以及他为要取得一个可能的结果而采取相关行动的愿望。这几个名词已含有客观的变化。但是，这两类名词的区别在于，只是着重点不同；在一组名词中隐藏的意义，在另一组名词中是被阐明的。我们所预期的事都是客观的，例如：明天要下雨、被马车碰到的可能等等，都是不受个人影响的。但是，对很关心结果而不是漠然旁观结果的人来说，这些所预期的事物中也含有他们个人的反应。凭想象遇见的不同的未来，会使现在也不一样，这不一样表现在渴望和努力上。爱好、关心和动机这些名词，虽然表明个人偏爱的态度，但也是个人对于对象所持的态度——对所预见的事的态度。我们虽然可以把预见客观事物的这个方面称为理智的，把个人关心的方面称为情感和意志的方面，但是，在全部情境的事实中，这两方面并不是能完全被区分开来的。

除非个人的态度对于世界来说，能独自进行时的话，否则这两个方面是不会出现完全分离的情况的。但是，个人态度总是会对情境中正在进行的事情产生反应，而且这种态度是情境的一部分，反应的表现是成功还是失败，取决于它们和情境中其他变化的互动如何了。生命活动只有和环境的变化相互发生关系时，才会出现活跃和衰退的现象。生命活动确实和环境的变化有密切联系；我们的愿望、情感和爱慕，不过是我们的行为和周围的人、事紧密联系的各种不同表现方式。这种生命活动不但不能划分纯粹客观的非个人的范围，反而显示根本没有两种领域之分。它们有令人信服的证据表明，事物的变化和一个人的自我活动并非漠不相关，自我前途和幸福与人们和事物的运动紧密联系在一起。所谓兴趣和关心，是指自我和周遭世界在一个向前发展的情境中彼此交织在一起。

一般兴趣这个名词表达的意思是：（1）活动发展的全部状态；（2）预见和希望得到的客观结果；（3）个人情感上的倾向。

一种作业、职业、研究、商业，常有人称之为一种兴趣。所以，我们经常会说某人的兴趣是政治，或新闻工作，或慈善事业，或考古学，或收集日本印刷品，或银行业。兴趣也可以指事物感动人或吸引人的地方，是某事物使人受到影响的地方。在法律事务中，一个人要在法庭上有地位，必须证明他有"兴趣"，才有权提出利益直接受损的诉求。他必须证明某些将要实施的表明所建议的步骤是关系到他的。一些事业上的合伙人，虽然他并不直接参与具体业务，但对运营仍然有兴趣，因为运营的兴旺或萧条直接影响他的利润和债务。

当我们说某人对这件事感兴趣，或对那件事感兴趣时，强调的是他个人的态度。感兴趣就是能专心致志，全神贯注于某个对象，或置身于某个对象。感兴趣也就是能保持警觉、关心和注意。我们说一个人对某事感兴趣，有两种说法，一种是说他已经被某件事迷住了，另外一种是说他已经发现自己深陷入某件事了。这两种说法都表达个人自我投注到目标对象上了。

那些贬低兴趣在教育上的地位的人，首先是夸大了上述的第二个意义，然后又把这个意义孤立了起来。他们认为所谓的兴趣，不过是指事物对于个人优劣条件与成败的影响。他们把兴趣和任何客观事物的发展隔离了起来，使它们变成仅仅是个人快乐或痛苦的状态。就个人教育来说，他们认为，注重兴趣，就是把某种富有魅力的特征加到本来不感兴趣的教材上，用快乐行贿，引诱儿童注意和努力。这种方法被诬蔑为"软性"教学法和"施舍"的教育理论，这种批评不无道理。

但是，反对这种方法的人，他们的理由是儿童所要获得的各种技能和教师所用的教材本身并无兴趣可言。也就是说，它们与学生的正常活动没有关系。补救的办法不在于兴趣理论是否正确，也不在于寻找到某种能取悦儿童的诱饵，使他们注意到之前所不喜欢的材料。而补救的办法在于发现和儿童目前的能力有联系的事物和活动。这种材料能使儿童乐于从事，并使活动始终如一地坚持下去，这种材料的作用就是它的兴趣。如果我们的教材有这种作用，就不需去寻找使材料有兴趣的方法，也不需诉诸专断的、半强制性的努力用功。

从英文词源上看，兴趣这个词，含有"介于中间"的意思——即把两个本来离得很远的东西联结起来的东西。在教育上，这个距离可以视为时间上的。一个过程的成熟需要时间，这是非常明显的，我们就不做过多陈述。但我们忽略了这样的事实，在成长过程的开始和完成时期中有一段路程，其间插进了某种事情。就学习而言，学生现有的能力是开始阶段，教师的目的代表遥远的终点，介于两者之间的，就是各种手段和状况：该采取的行动，必须克服的困难，可实用的工具。只有确确实实走过中间这一段，开始的活动才能取得完满的结果。

这些中间的情况之所以值得注意，是因为现有活动要向前发展到我们所预见的结果和期待着的目标，都得依靠它们。我们称这种中间阶段是达到目的的手段，或者称它们是参与者与他的目标之间的"中介"，这些说法不同，其实意思都是一样的。如果我们所用的教材必须设法使人感兴趣，这就意味着所提出的教材没有与目标以及儿童现在的能力联系起来，或者即使有联系也令人看不出来。所以，通过使学生了解存在的联系从而对材料感兴趣，能这样做只是有解决问题的务实头脑。如果通过外部和人为的诱因，使受教育者们对材料有兴趣，那就应该承受教育兴趣论曾经遭遇的所有骂名。

以上都是关于兴趣这个名词的意义。下面来谈谈纪律这个词的含义。一个活动的完成需要时间，而在活动开始和完成之间，要经过很多手段和困难，这就需要进行谨慎的思考和持久的努力。很显然，所谓意志，极大程度上是说我们可以坚持不懈地走在已经计划好的行动路线上，无论艰难与诱惑的阻挠。通常意义上说的，一个有坚强意志的人，就是说他在努力达到所选择的目的时，既不变化无常，又不苟且敷衍。他有实现的能力，就是说他能持久有力地实行或实现他的目的。一个意志薄弱的人，就会像水一样漂浮不定。

意志显然包含两个因素。一个因素是对结果的预见性；另一个因素是预见的结局对个人影响的大小有关。

固执是一种坚持，但不是意志力。固执可能只是动物的惰性和感觉迟钝。一个人持续地做一件事，只是因为他已经开始做了，而不是因为有了任何经过明确考虑过的目标。事实上，一个固执的人，通常不愿意想自己所做这个事情的目标究竟是什么，虽然他可能没有意识到自己潜意识里面的这种不愿意；他有一种感觉，如果自己完全明确了行动的目标，那这个目标可能并不值得自己去做。固执更多地表现在不愿意对所提出的目标进行批评，而不是表现在运用手段以达到目标的坚持性和使用的力量上。一个真正有执行能力的人会考虑他的许多行动的目的，尽可能清楚和全面地了解他行动的种种后果。我们所谓意志薄弱或放纵自己的人，往往对他们自身行为的结果，是自欺欺人。这种人只看一些合自己意的特点，却忽视所有伴随的情况。当他们开始行动时，所忽略的不良结果就开始暴露出来。接着他们开始为之垂头丧气，或者埋怨命运不好，他们的美好目的受到阻挠，从而转向别的行动。坚强意志和脆弱意志的主要区别，在于运用理智的程度不同而已，差异在于能不能始终坚定而全面地仔细考虑行为的后果。这一点是需要一再强调的。

当然也有人会根据臆测而拟出行为的结果。这样一来，虽然能预见结果，但是，这种预见的结果并不使人坚持行动。因为它们变成了供人看的东西，是为了好奇供人玩的东西，而不是要去达到的东西。世界上没有过分的智力活动，但却有片面的智力活动。有人在思考假定行动的结果时，并没有运用智能。本质上的某种优柔寡断会阻止他思索的目标抓住他、吸引他采取行动。而多数人在遇到不平常的、没有预见到的困难时，或者受到一个比较使人满意的行动的引诱，而偏离原定的行为方向。

如果一个人是受过训练调教，而能考虑并且深思熟虑地实施他的行动，那么这个人就是一个有纪律的人。如果在这种能力之外，加上在外诱、迷乱和困难下坚持明智选择进程的能力，那么他就拥有了纪律的真髓。所谓纪律是指对自己的能力运用自如，能支配现有的资源以实现所从事的行动。一个人知道他要做什么事，并能迅速地运用必需的手段去做这件事，这就是有纪律，军队就是这样，心智的运用也是如此。纪律是积极的事情。威胁人的精神，克制人的爱好，强迫人服从，抑制人的情欲，使下属做不合志趣的工作——所有这些事情，是否能起到纪律的作用，要看它们能否使人认识他在做什么，和能否使人坚持下去，并把事情做成。

兴趣和纪律是相互联系的，不是彼此对立的，这一点没有必要再强调。即使纯属理智方面的能力训练理解自己的行为会有什么后果也必须有兴趣相随。如果没有兴趣，就算思考，也只会是草率和肤浅的。父母和教师往往埋怨，说孩子们"不愿意听或者不想理解"，并非无中生有。他们的心思之所以不在学习上，正是因为这种学科并不触动他们，不能引起他们的关注。这些情形是需要补救的，但是补救办法，不应该采用加剧孩子们厌恶的方法。甚至对不用心听讲的孩子施加惩罚，也是一个办法，可以教他们明白学习不是完全与他无关的事情，这是在激起孩子"兴趣"，或者促成联系。从长远来看，这种方法的价值，是否真的能在身体上刺激孩子，使他们按照成人所期望的那样去做，或是能使儿童"思考"——即考虑他的行动，并使行动充满目标。要有坚持的行动，兴趣必不可少，这一点更为明显。做雇主的人并不聘用对工作不感兴趣的工人。如果有人聘请一位律师，或一位医师，此人与工作志趣不合，仅仅出于责任感做这个工作，那他绝不会认为所聘请的人能更认真地坚持他的工作。兴趣是可以衡量的，应该说兴趣就是遇见的目标对于个人行为的影响力，人会为实现目标而行动，是因为有兴趣。

兴趣观念在教育中的重要性

兴趣是任何有目标经验中各种事物的动力，不管这些事物是看得见，还是看不见的。具体来说，认清楚兴趣在教育性发展中的作用活力，有一定的重要意义，因为可以因此考虑每一个儿童的特殊能力、需要和爱好。承认兴趣重要性的人不会认为由同一个老师，用同一本教材教出来的每个孩子的心理活动都是一样的。同样的教材，因为对每个孩子产生了不同的特殊感染力，那他们对教材的态度、研究教材的方法和对教材的反应也不相同，而教师的这种感染力本身又随着儿童的自然倾向、个人的过去经验以个人生活计划等等的差异而各有不同。但是，有关兴趣的种种事实，也提供教育哲学的一些重要论点的参考。如果我们能正确理解关于兴趣的事实，就可以警惕有关心智和教材的某些错误观念，这些观念过去在哲学思想上曾流行一时，并对教学和纪律的进行产生了严重不良的影响。之前的教育中心智往往被放在要学习和认识的世界之上，是另外孤立存在的。他们认为知识就是纯粹的思想存在，思想从外部运用到有待认识的事物，或者是外界的教材作用于心智所造成的种种印象，或者是两者的结合。按照这种认识，教材被看作本身就完成的东西，教材不过是等人来学习或认识的东西。至于学习方法，则是通过思维自愿运作，或者由教材来给思维留下来印象。

关于兴趣的种种事实表明，这些观念都是无稽之谈。经验中的心智，是根据对未来可能结果的预测而应付目前刺激的能力，目的在于控制将会发生的结果。事物，即已知的教材，就是和预料的事件进程有关系的东西，对于预期中事物的进展可能是阻力也可能是助力。上面这些话过于抽象，不易理解。举个例子就可以明白这些话的含义了。

假定你从事某种职业，譬如说用打字机写作。如果你是一个能手，并且双手按键已经是习惯动作，那么你的思想就可以完全放在构思上。但是，如果你打字并不熟练，或者，即使你打字熟练，打字机运转不灵，那么，你就要多用点头脑了。你不希望在打字机上胡乱按键，你希望打出来的字和词能组成有意思的字句，所以你会注意按键，注意你所打的内容，注意你手的动作，注意打字机上的色带或打字机的装置是否连接好，打印机是否出了故障。你的注意力并不是杂乱地分配在任何一个细节上，而是集中在与有效地从事你的职业有关的事情上。你目光向前，你注意当前的许多事实，因为它们是你做事取得成功的因素。你必须知道自己有哪些资源，可支配的条件有哪些，困难和障碍有哪些。这种预见和对所预见的情况所进行的全面调查就是心智行为。一种行动，如果没有这种对结果的预见，没有这种对方法和障碍的考虑，那么这种行动要么就是一种习惯，要么就是一种盲目的行动。无论是习惯的动作，或是有目的的行动，都没有心智的成分在里面。如果对想要做的事情含糊不定，漫不经心地观察实现这件事的条件，那么，这样的人是拙笨的或根本没有擅用智能。

回到打字的例子上，如果他不关心打字机的操作，而把注意力放在要写作的文章上，那么情况也是相同的。这个人在打字时，有一个正在进行的活动，那就是他正认真仔细地专注于文章主题的发挥。只要这不是像留声机说话那样的写作，就必须是运用智能的行为。也就是说，他一面打字，一面机灵地预见目前的材料和思考可能得到的各种结论，并不断加强观察追忆，掌握与所要达到的结论有关的材料。他的整个态度是一种关切的态度，关注着将发生的事情，以及是否利于达到目的。如果目前的行为不是以预见未来的可能结果为依据，那这种行为就是没有智力发挥在里面。对未来只有想象的预测，而不注意预测所依靠的条件，那就只是自己在欺骗自己，或是痴心妄想，都只能是无疾而终的智能活动。

按这个典型的例子来看，那么思维就不是一种不必涉及其他事物就是完整体的东西，它是一个有智力指导的行动过程。换言之，在行动过程中是有目的地去选择手段，以达到目标。思维并不是一个人的特殊占有物；如果一个人所参与的活动具有上面所说的特性，那他就是明智的。一个人所从事的各种活动，不管他是否运用智力去参与，这都不是他个人独有的财产，这些活动不过是他从事和参与的事情，还有其他事情和人也都参加到他的活动中来，或者和他合作，或者阻碍他的活动。个人的行动可以是事件进程的开端，但是这件事的结果取决于他的反应和其他事物所提供力量的相互作用。如果不把思维看作一个和其他因素共同参与而取得结果的因素，那么思维就变成没有意义的东西。

因此，教育该做的事，就是寻找恰当的教材，使学生觉得学习活动是自己感兴趣的或达成目标是对自己很重要的事。这种活动不把事物当作操练的器械，而当作达到目的的条件。我们前面谈到正规教育附带的害处，有办法补救，但办法不在改变专科式教育的理论，而在于改正一般对于心智与心智锻炼的观念。找出能使人关注的活动模式，不论是游戏或有用的事。投入活动的人知道后果关系到自己的利害，感到这种活动如果不经思考、不运用判断去选择观察和回忆的材料，就无法完成。总之，关于心智训练概念长期流行的错误根源，在于不顾个人参与的事物向未来结果的运动，和忽视观察、想象、记忆在指导运动中所起的作用，而认为心智本身是一个完整体，随时可以直接用到眼前的教材上。

这个错误在历史实践中有两个流弊。一方面，这个错误包庇和保护了传统的课程和教学方法，不许人进行明智的批评和必要的修正。说传统的课程和教学方法是为了"培养纪律"，用这个理由挡掉了一切质疑，使它们不受任何查问。若仅仅说明这种课程和教学法在生活中无用，或者它们对自我修养并无真正贡献，还不足以推翻这个错误观念。只要说它们是为了"培养纪律"，就能压制一切疑问，抑制一切怀疑，排除对问题进行合理的讨论。这种说法就其性质来讲，是无从检验的。即使纪律并没有养成，学生甚至在现实中变得更懒散了，并且丧失了明智地自我引导的能力，他们仍然认为过失在学生自己，而不在课程或教学方法上。学生的失败只证明他需要更多的训练，所以老的方法更应该保留。本来该是老师的责任，却被转移到了学生身上，因为教师所用的材料不必经过特别的测验，也无需表明这种材料是否满足任何特殊的需要，或达到任何特殊的目的，这种材料是为进行一般训练设计的，如果没有效果，都是因为学生不愿接受纪律训练。

另一方面，把纪律看作消极的概念，认为纪律不是发展和创造能力。我们曾经说过，所谓意志，就是对待未来、对待可能产生结果的态度，这种态度包含一种努力，能清楚全面地预见各种行动方式的可能结果，并主动认识某些预期结果。如果我们将心智所赋有的能力只应用于现有教材，就是把意志或努力视为单纯的紧张和重担了。在这种情况下，学生可能愿意把心力投注在课业内容上，也可能不愿意。所用的教材越是没有关系，越是与一个人的习惯和爱好毫不相干，就越要努力把心思放在课业上，所以意志自然会受到更多的纪律调教。按照这个观点，一个人因为教材中有与他所要做的事相关的东西，才注意应用这种教材，这不算是培养纪律的作用，即使增强了创造能力，也不算。只有为努力学习而努力学习，为受训练而努力学习，才叫作培养纪律。如果所提出的教材和学生志趣不合，那这种见解更可能发生。因为，在这个时候，除了承认义务或训练纪律的价值以外，就没有任何动机了。就像一位美国幽默作家说的："只要孩子不喜欢你给他的东西，无论你教他什么东西都是一样的，没有区别。"

把心智和为达到目的而应付事物的种种活动隔开，各自孤立起来，这是不可取的。同样不可取的，是把学习的教材孤立。按传统的教育方针，教材就是该学的功课，各种不同的科目都是一套套独立的功课，每一科自成一个有条理的完整体。历史是这样一套完整的事实，代数是另一套完整的事实，地理又是另一套，等等。以致全部的课程，所有的学科，都是自身现成存在的东西。它们和心智的关系，除了为心智提供学习材料以外，并没有其他的关系。这种理念和与传统的教学课程安排理念是一样的，按照这种教学实践，每天每月以至逐年的学校工作计划，由彼此不相联系的科目组成，每一门科目，至少从教育目的来看都是自成一个完整体。

后面会有一章将专门研究教材的重要性。在这方面，我们只需指出，智慧所学习的事物都是在进行有主动兴趣的活动时发挥作用的事物，这是与传统理论截然不同的。一个人"研究"打字机，是使用打字机获得结果这个活动的一部分，对于任何事实或真理的学习，也是这样。如果一个事实或真理是要用来完成一个人所从事事态的进程，这种事态的结果和这个人有切身关系，那么它就成为学习的一个对象，即探究和思考的对象。数字之所以成为学习的对象，不是因为数字已经构成学问的一个分支，称为数学，而是因为它们能代表我们生活的这个世界里的特性与相对关系，因为它们是达成我们目标所依赖的因素。这样广义地阐释似乎比较抽象。说得仔细一点，就是如果我们单纯向学生展示要学习的课业，这种学习行动就是显得非常不自然，愈加没有效果。如果学生能认识到他所研究的数字知识在完成他所从事的活动中的地位和重要性，那么他的学习就是有效的。把学习的对象和课题与推动一个有目的的活动联系起来，乃是教育思想之中真正的兴趣论的根本所在。

一些社会方面的问题

我们前面所讲的理论上的错误，虽然表现在学校的实施方面，但这种错误观念本身是社会生活条件的产物。如果教育者转变他们的思想观念，虽然也可能作出更有效的努力，改变社会条件，但是并不能从根本上消除困难，因为人们对于世界所持的基本态度，是由他们所参与的多种活动的范围和性质决定的。我们可以用对待艺术的态度的例子来说明兴趣的理念。所谓艺术，既不是仅仅属内部，也不是仅仅属外部的；既不是仅仅属于心理，也不是仅仅属于身体。和所有活动的形式一样，艺术的行为和其他的行为一样，会为社会上的事物带来改变。有些行动所造成的变化（可以称作机械的变化）是外部的，这种变化不过把东西移动一下，不能带来思想和理念上的收获，也不能增进人的情感和理智。还有一些行动所造成的变化，有助于维持生计，有助于生活的外部装饰和表现。我们现有的许多社会活动，无论是工业方面还是政治方面的，都属于这两类。无论是参与这些活动的人，还是受这些活动影响的人，他们的工作都缺乏充分和自由的兴趣，这是由于一个人所做的工作缺乏既定的目标，或者由于工作目标的局限性造成的，使得参与的人的智力得不到适当的运用和发展。同样的情况迫使许多人用情感和幻想的内心活动来回避现实，他们不想改变。因为他们的情感和思想是投注在自己身上的，而不是为了修正现状的方法，所以他们是唯美的，却不是艺术的。他们的精神生活是感情用事的，是沉醉于内心情感的。甚至有的人，以科学研究为逃避艰苦生活条件的庇护所，借此逃避生活的艰苦条件，而不是要暂时修养以便找出再面对外在世界的方法。艺术这个名词可能和具体事物的特别改造没有联系，不是要增添思维上的意义，而是古怪奇想的绽放与情绪的放纵。"实际的"人和偏重理论或文化的人，彼此分离，相互轻视。美术和工艺美术的分离就是这种情况的代表。因此，兴趣和心智不是变得狭隘就是违反常情。关于这个问题，可参阅前一章有关效率和文化两个概念的片面含义的论述，进行比较。

只要社会是根据劳动阶级和有闲阶级的区分来组织，这种情形就必然存在。在这种社会里，制造东西的人，他们在和事物的不懈斗争中智力变得坚实了，而没有受到工作锻炼的人，他们的智力却变得放纵和柔弱了。再者，现在大多数人仍然缺乏经济上的自由，他们的职业都是因为偶然和环境的必需所决定的，这种职业不是他们自己的能力与环境的需要和资源相互作用的正常表现。我们现在的经济状况仍使很多人陷于被奴役的地位。结果，掌握实际权力的人，也不是智能开明的。他们的智慧不是自由地运用，征服万物，为人类造福，而是为了少数人所独占的非人类的目的，从而控制别人。

这种情形可以说明历史上教育传统中的许多事情。它使我们了解教育制度中，不同等级之间存在着目标冲突，了解大部分初等教育狭隘的实用性质，和大部分高等教育狭隘的品行和文化培养性质。这种情形说明为什么知性的事情趋于孤立，知识变成学院式、学术性和专门技术性的；也说明了为什么有很多人深信自由教育和生活中有价值的职业教育完全是另一套东西，与就业应有的教育需求不符。

但是，这种情形也有助于解释目前教育的特殊问题。学校不能立即逃出以前社会条件所制定的理想。但是，学校应通过它所形成的智力和情感的倾向改进这种社会条件。正是在这一点上，真正的兴趣和训练的概念显得极为重要。如果一个人在有目标的主动作业（不管是游戏，还是工作）中，通过应付各种事物，扩大了兴趣，训练了智慧，这种人就最有可能避免在学术性、远离实际的知识与呆板、狭隘的仅仅是"实用的"实践之间作出选择。如果我们的教育组织能使孩子们在作业中充分调动他们天生的能动性，同时对这种作业进行观察，获得知识，运用建设性的想象力，那么这就是改进社会条件最需要的教育。如果我们的教育一方面不运用智力，只求做具有表面效率的机械练习，另一方面，在积累知识的同时，又认为知识本身就是最终目标，并在两者之间摇摆不定，那就意味着教育的目标就是接受目前的社会条件，视之为终极状况，不可更改，从而负起使它们永存下去的责任。教育的改造，是要使学生在有目的的活动中运用智力进行学习，这是一件非常缓慢的工作。它只能一点一滴地完成，一次走一步。但是，这并不是名义上接受一种教育哲学，却在实践中迁就另一种教育哲学的理由。这是一种挑战，要勇敢地从事改造工作，并坚持不懈地进行这个工作。

摘　要

兴趣和纪律是与有目标的活动相关的两个方面。兴趣就是一个人和他的对象融为一体。这种对象规定他的活动，并对活动的实现提供手段和障碍。任何有目标的活动都有先前未完成阶段和后来完成阶段之间的区别，也有中间的许多步骤。要有兴趣，就是把事物放在这种继续不断发展的情境中，而不是把它们看作孤立的东西。在特定的未完成事态和达到所期望的结果之间，有一段时间，需要努力改造，要求我们继续不断地注意和忍耐。这种态度就是实际上所谓的意志。纪律或继续不断的注意能力的发展，就是这种态度的结果。

这个观点对教育理论有两方面的意义。一方面，这个原理使我们避免一种观念，就是认为心智和心理状态是自身完成的东西，把它们应用于某种现成的对象，就形成知识。这个原理表明，心智和运用智慧与有目的地从事有事物加入的行动过程是完全一致的。所以，发展和训练心智，就是提供一个能引起这种活动的环境。另一方面，这个原理使我们避免一种观念，认为教材是某种孤立和独立的东西。这个原理表明，在继续不断、有意识地从事行动的过程中，以资源或障碍出现的一切事物、观念和原则与学习的教材是完全一致的。这种目的和条件在不断发展的行动过程中，常被分割成两方面，一方面是独立的心智，另一方面是独立的事物和事实的世界，这两者结合在一起就成为一个统一体。

第十一章　经验和思考

经验的本质

要想理解经验的本质，必须先明白一点。经验包含一个主动因素和一个被动因素，这两个因素以特有形式结合着。只有注意到这一点，才能了解经验的本质。在主动方面，经验就是尝试——这个意义用实验这个术语来表达就再清楚不过了。在被动方面，经验就是承受结果。我们对事物有所作为，然后它回过来对我们产生影响，这就是一种特殊结合。经验这两方面的联结，可以测定经验的效果和价值。单纯的活动，并不构成经验。这样的活动只是分散、有离心作用、消耗性的活动。作为尝试的经验包含着很多变化，但是，除非变化是有意识地和变化所产生的一系列结果联系起来，否则它就只是无意义的转变。当一个活动继续深入到承受的结果，当行动所造成的变化回过来反映在我们自身所发生的变化中时，这样的变动就具有意义，我们就学到了一些东西。一个孩子仅仅把手指伸进火焰，这还不是经验，当这个行动和他遭受的疼痛联系起来的时候才是经验。从此以后，他知道手指伸进火焰里会意味着灼伤。一个人被灼伤，如果没有觉察到是另一种行动的结果，那么就只是物质的变化，像一根木头燃烧一样，还不是思想上的变化。

盲目的、任性的冲动，会使我们急急忙忙漫不经心地从一件事或者改做另一件事。出现这种情况，事事都只会是昙花一现，丝毫不会成为成长的积累。有了成长的积累，经验才具有生命力。另一方面，我们会碰到很多使人感到快乐和痛苦的事情，但是并没有和我们自己过去的活动联系起来，这些事情对我们来说，只是偶然发生的事。这种经验没有前也没有后，既无回顾，又无展望，所以它们是没有任何意义的。我们不会因为有这种经验而前瞻下一步可能如何发展，也不会因此而得到自我调整面对下一步的能力，也就是控制力上没有增长。说它是经验，是很勉强的。所谓"从经验中学习"，就是在我们的行为与行为带来的好坏后果之间，做前后的连贯。在这种情况下，行动就变成尝试，变成一次寻找世界真相的实验，而承受的结果就变成教训——发现事物之间的联结。

根据上面的讨论可以得出两个与教育有关的重要结论：一是，经验本来就是一种主动而又被动的事情，它本来就不属于认知；二是，经验是否有价值，要看行动者是否认清经验带来的关系或连续性。经验如果有积累性的作用，或者有点价值、产生一些意义，在这个程度上，经验才是包含认知的。在学校里，学生往往过分被看作是求取知识理论的旁观者，他们通过直接的智慧力量占有知识。学生一词，几乎是指直接吸收知识而不是从事获得有效经验事情的人。所谓思想或意识，和活动的身体器官被隔离了开来，因此，前者被认为是纯粹理智的、认知的；后者被认为是无关紧要的、起干扰作用的物质因素。本来行为与经受后果是密切相连的，透过这个连贯的过程和行为来领会经验的意义。学校教育把这连贯关系打断，留下两个断片：一方面是单纯的身体活动，另一方面是凭"精神"活动直接理解的意义。

这种身心二元论所产生的恶果，简直是一言难尽。在此只是列举了一些比较显著的影响。身体活动在某种程度上变成一种干扰。按这种观点，身体的活动和精神的活动毫无关系，它只是分散注意力的东西，是必须制服的恶。学生是有身体的，他上学时，把身体和心智一起带到学校。他的身体肯定是精力充沛的，动是必不可免的。但是，能产生有意义结果的事情都用不着身体的精力，所以必须对身体的活动表示不以为然。学生应该"专心"做功课，身体活动却引导学生远离功课，它们被认为是学生调皮淘气的根源。学校中"纪律问题"的主要根源，在于教师常常花大部分时间抑制学生的身体活动，而这些活动使学生不把心思放在学业上。学校很重视宁静，鼓励沉默，奖励整齐一致的姿势和运动，助长了机械地刺激学生思维兴趣的态度。教师的职责在于使学生遵守这些要求，如有违反就要加以惩罚。

如此将社会活动与学习知识分隔开来，是不正常的，当然会导致学生和老师双方既紧张又疲劳。又因为神经紧绷，引来麻木冷漠与暴躁的交替反应。被忽略的身体因为缺乏有益的发泄渠道，会莫名其妙地爆发出无意义的，或者陷入同样无意义的装傻和干蠢事。这两种情况都不是孩子们的正常游戏。好动的孩子变得烦躁不安，不守规矩；比较安静，所谓的虚心谨慎的儿童，又把他们的精力用在消极地压制他们本能和主动倾向的工作上，而没有用在积极有建设性的计划和实行计划的工作上。所以，学生没有学会应该有意义而得体地运用身体能力，只是被强迫而谨守不遂意施展体能的本分。可以郑重地说：希腊教育之所以取得卓越成就，其主要原因在于希腊教育从来没有被企图把身心分割开来的错误观念引入歧途。

即使是必须用"心"学习的功课，也需要一定的身体活动。必须运用感官——特别是眼和耳——领会书本上写的、地图上画的、黑板上写的和教师说的东西。必须运用嘴唇、发音器官和双手，口头和书面复述所贮藏的知识。于是有人把感官看作神秘的通道，信息从外部世界通过通道引入大脑，感官被称为知识的入口和管道。眼睛注视书本，耳朵倾听老师的讲话，这是发展智力的神秘源泉。此外，读、写、算这些重要的学科，则要求进行肌肉或动作训练。因此，必须训练眼、手和发音器官的肌肉，它们是把知识从大脑带回到外部行动的通道，因为，按照同一方式反复地使用肌肉，会使肌肉产生自发重复的倾向。

其结果当然就是，把身体器官作机械化的运用，虽然身体器官常常阻挠或干预精神活动，但仍有用得着它们的时候。因为，感官和肌肉的作用，不是作为获得有教育作用经验的有机参与者，而是作为心灵外部的进口和出口。在孩子们进学校以前，他们通过手、眼和耳来进行学习，因为手、眼、耳是孩子们行动过程的器官，他们从日常的活动中理解行动的意义。一个放风筝的男孩，必须注视着风筝，注意放风筝的线对于手的不同压力。他的感官之所以是知识的通道，并不是因为外界的事实凭感官被"输送"到大脑里，而是因为它们被用来做一些有目的的事情。他所看见和接触到的东西的性质和所做的事情有关，于是这些事物性质很快被他理解了，于是做的事情也就有了意义。但是，如果要求学生用他们的双眼注意字形而不顾字义，只是做到能拼能读就行，那这种训练就成了孤立的感觉器官和肌肉的训练。正是这种动作和目标的分离状况使它们成了机械的动作。通常教师们习惯要求孩子们进行有感情的朗读，以便来理解读物的意义。但是，如果他们原来采用不注意字义的方法来阅读，只要求能辨识字形，读出字音，那么这就会养成一种机械的习惯，以后就难以进行有理解的阅读了，而他的发音器官受到孤立和机械的训练，也不能在读文字的时候把意义随意加上去。图画、唱歌和写字可以用同样机械的方法来教，因为任何把身体活动缩小到造成身心分离即身体和认识意义分离开来的方法，都是机械的方法。数学教学，甚至高等数学，如果过分强调计算技术，自然科学的教学如果只是为实验而实验，那么都会产生同样的恶果。

至于智能的活动方面，如果把"心"和直接的作业分离开，强调的事物就会变成作业，而事物间的关系或联结就会被忽视。人们把感觉或想法与判断分离，这是十分常见的事情。他们认为判断在感觉之后，以便对所感知的事物进行比较。人脑离开事物之间的关系，就能理解事物，离开前后事物的联结，就能形成物的概念。于是，要求判断或思维来把零碎的"知识"合并起来，明白零碎知识的相似之处或因果联系。事实上，每一种感觉，每一个概念，都是对事物的关系、作用和原因的感知，是不可分割的。我们要真正知道一把椅子的含义，不能借由清查一把椅子的各项特征而活动，而应该把这些特性和某种别的东西联系起来，例如和用途联系起来，表明用途是成为椅子而不是成为桌子，或者是这把椅子和我们常见椅子的有什么区别联系起来，或者这把椅子代表什么时代背景，等等联系起来，才能真正懂得椅子的真正含义。我们把一辆运货马车的各个部件加起来，并不能准确知道这是一辆马车，它之所以是马车，在于它各种部件特有的联合作用使它具有运货马车的意义。这些关联不仅仅是在形体上并列在一块，还包括和拉车动物的关联，和所装载东西的关联等等。知觉的行为里面包含了判断，否则知觉就只是感官刺激罢了，或只是认出先前判断过的结果例如认出自己熟悉的东西。

字词是模糊理念的替代品，却很容易被当成观念本身。如果心理活动和主动关心外界事物分离开来，和做事情分离开来，与行为和后果的联系分离，那么，字词、符号就会取代观念。这种取代比较隐晦，因为从字词符号可以看出一些意义。但是，我们很容易满足于微小的意义，而未能注意我们所了解的关系是有限的，而那些相互的关系才正是意义所在。我们彻头彻尾地习惯于伪观念、半知觉，没有认识到我们的心理活动是多么缺乏生气，如果我们是在运用判断发现事物联系的经验条件下进行观察、形成观念，那么我们的观察和观念该会多么的敏锐和广泛啊！

这个问题的道理，各方面的意见都没有分歧。所有学者都同意，识别事物的关系才是真正运用智能的事情，因而也就是有教育意义的事情。他们的错误是假定了没有经验，没有我们前面所说的尝试和承受的结合，就能领会事物之间的关系。他们认为只要"思维"能集中注意，不论情况如何，心灵都能随意注意，那么它就能掌握事物的关系。因此导致了若明若暗的观察和字面上的观念泛滥成灾，生吞活剥的"知识"贻害世界。经验哪怕只有一两，也胜过一吨的理论，是因为只有在经验中，任何理论才具有充满活力和可以验证的意义。一种经验，即使是一种非常微薄的经验，能够产生并且承载无限量的理论（或理智的要义），但是，离开经验的理论，甚至不能确认是否能成立为理论，往往变成只是书面的公式和一些流行的话，这让我们认为不需要或者是不可能建立真正的理论。由于我们所受的教育，我们以为文字就是观念，我们用文字来处理问题，这种处理方法实际上只是使我们知觉更模糊，使我们对困难视而不见而已。

经验中的反思

　　所谓思维或反思，就是洞察我们所尝试的事和所发生结果之间的关系。这层意思我们在前面虽然没有明确说出来，但实际上已经表明过了。没有某种思维的因素便不可能产生有意义的经验。我们可以根据思考所占比例的多少，比较一下经验的两种类型：我们的一切经验，都有"试验"的一面——即心理学家所谓的尝试错误法。我们尝试做一件事，等到失败了，又去做另一件事，一直尝试下去，直到偶然碰上一件事成功了，我们就采用那个成功的方法，作为以后过程中可以凭经验来做的方法。有些经验除了这种时而成功时而失败的过程之外，没什么别的意义。我们发现某一行动和某一结果彼此关联的事实，但是没有发现它们是怎样相互联系的。我们没有看出联系的详细情形。失去了关联的关键，我们的认识就是非常粗糙的。为了把原因和结果、活动和结果之间的关系看得更清楚，另外一些观察，就比这样的观察更细致了。我们会分析行为和后果中间的这一段，然后把原因和结果联系起来。这种延伸式的洞察力，可以使前瞻和准备更广泛。仅仅根据尝试错误法进行的行为，是受环境条件支配的，环境一旦变化，就导致行为达不到预期的结果。但是，如果我们详细了解结果所依靠的条件，就能注意到我们是否具有所需要的条件。这种方法能扩大我们对环境的实际控制能力。只要我们知道某个结果需要哪些条件促成，一旦发现欠缺了某些条件，就可以着手补上；或者，发现某些条件会带来不想要的后果，也可以把多余的原因排除，从而节省力气。

　　从我们的活动和结果之间的详细关系可以看出，试验性的经验包含了思考，随着经验在数量上的增加，经验的价值也相应得到了提高，并和以前的很不相同。因此，经验的性质变了，这种变化非常重要，我们可以称这种经验为反省的经验，这是一种典型的反省经验。谨慎地培养这方面的思维，就能使思维构成一种特异的经验。换句话说，思维就是有意识地努力去发现我们所做的事和结果之间的特定关系，并使两者连接起来，从而消除了这两方面的隔离状态以及它们纯属任意碰在一起的情况，而是在一致的进展情况里。这样一来，发生的事件就可以理解了，有了来龙去脉，有道理可循。也就是说，经验告诉我们，事情理应这样发生。

按这样看，思维就是把我们经验中的智慧要素明显地表现出来。因为有思考，才可能有放眼目标而做的行为，有了思考，我们才有定目标的条件。一个婴儿，当他开始有所期待时，就开始把正在进行的事作为将来要发生的事的信号，虽然他的判断非常简单，即使这是非常简陋的判断。因为，他把一件事作为另一件事的证据，所以他认识到中间所包含的联系。未来，他的判断力的发展，无论怎样复杂，都只是这个简单推理的进一步扩大和完善。一个最明智的人所能做的一切，就是更广泛、更细致地观察正在发生的事情，然后从已经被注意到的东西中更谨慎地选择那些因素，这些因素恰恰就指向了将来要发生的事情。这种全面考虑的行动的对立面，就是墨守成规和任意妄为。墨守成规的行为把习惯的事物作为预料未来可能发生结果的全部标准，而不顾他所做的特殊事情的种种特殊性和关联性。任意妄为则是凭一时的行为来衡量价值，而不顾我们个人行动和环境势力的联系。任意妄为实际上就是说："我在这一刻，碰巧喜欢怎样，事情就应该是这样的。"墨守成规的行为实际上就是说："任何事情过去怎样，以后就让它怎么样。"这两种行为，都是对目前行动所产生的未来结果的不负责任，反思的行为就是承担这种责任。

任何思维过程的出发点，都是正在进行中的事，这种事情，就它的现状来看，是不完全的，或是未完成的。这种事情的要害、它的意义，全在于它将会是什么结果，怎样产生这种结果。在我写这本书的时候，正值世界大战，两军对峙。对这次战争的积极参与者来说，很显然，重要的是当时发生的各种各样的事情在将来会产生什么结果。至少在他参战期间，他和战争的结果融为一体了，他的命运完全取决于战争的前途。但是，即使对一个中立国的旁观者来说，军队的每一次调动，每一次前进和撤退，其意义仅仅在于每次进退预示着什么结果。我们对所听到的战事消息进行思考，就是试图从迹象上来看，能发现什么很可能，或者可能发生什么结果。把这一条新闻和那一条新闻作为自身完成的东西，塞满我们的头脑，就像一本剪贴簿那样，这并不是思考，这只是使我们变成一种记录的装置而已。考虑所发生的事情对可能发生、但尚未发生的事情的影响，才是真正的思考。我们如果把时间上的差距换成空间的间隔，反省的经验在性质上并没有什么不同。假定目前的战争已经结束，未来的一位历史学家在记述这件事情。对他而言，战争已经是过去的事情了，然而，他若要写成一篇有思想内容的撰述，就必须维持原来的时间顺序；他叙述的每一桩事件的意义都在于它走向什么未来，虽然写历史的人知道这未来已经过去了。如果把这次战争看作已经完结的个体，就是没有运用思考。

反思也包含关注结果的意思，把他们自己的命运和整个事件进程的结果富有同情地、戏剧性地看作同一件事，这种认同也许有些戏剧性，但毕竟是在关注。对于参战国的将军，或者普通士兵，或者交战国一方的国民来说，思维的刺激是直接的，紧迫的。对中立国的人来说，思维的刺激是间接的，依赖于想象的。但是，人类的天性具有明显的派系偏见的劣根性，这证明我们具有一种强烈的倾向，把自己和一种可能的事件进程视为一体，而排斥另一种事件进程，并认为和自己毫无关系。如果我们不能在外在的行动上有所偏袒，投入我们微薄的力量以决定最后的结局，我们就会在情感上、在想象中有所偏袒，以期望产生这种结果或那种结果。一个对结果完全漠不关心的人，不会注意或者根本不会去思考正在发生的事情。思维的行为依靠对事情结果有一种参与其事的感觉，从而产生一种关于思维的自相矛盾的话。思维本来因为有所偏私才会发生，但若是要成就其应有的功能，却又必须要有超脱和不偏不倚的态度才行。一个将军，如果在观察并解读局势的时候听任他的愿望和欲望摆布，一定会做出错误的估计和判断。一个中立国的旁观者，也许是出于希望和恐惧才来观察和思索这场战争，但如果他的偏爱改变他观察和推理的资料，他也不能进行有效地思考。但是，反思的时机在于个人对进行中的事情的参与，而反思的价值又在于使自己置身于所观察的资料之外，虽然听起来有些诡异，但这两个事实之间并无矛盾。要做到超出事实之外，有几乎不可克服的困难，这证明思维产生于许多情境，在这些情境中，思考行为不但是进展中的事情的一部分，而且本来就是要影响进展结果的。只有逐步通过社会的发展来拓宽我们的眼界，思维的发展才能包括我们直接兴趣以外的事，这个事实，对教育具有重大的意义。

我们说思考是针对正在发生，仍在进行而且还尚未结束的事情而产生，也就是说，思考是在事物还不确定或者可疑，或者有问题的时候发生的。只有已经结束和完成的事，才是完全确定的。哪里有反思，哪里就有悬而未决的事。思考的目的就是帮助达成一个结论，根据已知的情况，设计一个可能的结局。在这个特点之外，思考还有一些特征。既然思考是在有疑问的情景下产生的，那么，思考本身就是一个探究事物的过程，一个观察事物的过程和一个调查研究的过程。在这个过程中，获得结果是次要的，因为它真正的意义在于，它是探究行动的手段。探究就是要探索不在手边的东西。我们经常会说什么"独创性的科学研究"，好像那只是科学家们的特权，或者至少也是研究生们的特权。但实际上，一切的思考都是研究，一切研究即使在别人看来，已经知道他在寻求什么，但对从事研究的人来说都是具有独创性的。

另一个事实是，一切思考都包含着冒险。事物的确定性，不能在事前担保一定会怎样。研究未知的事物具有冒险的性质，我们不能预知结果会怎样。因此，思考的结论在事实证明以前，多少是属于试验性的，或是假设性的。事实上，人们经常武断地说某种理论是最后的结论，是完全没有根据的，也是不保险的。希腊人提出过这样一个尖锐的问题：我们怎么可能学习？因为，要么我们已经知道所寻求的是什么，要么我们就是一无所知。在这两种情况下，学习都是不可能的。在第一种情况下，既然我们已经知道，那么就不用去学习；而在第二种情况下，因为我们不知道寻找的是什么，即使我们碰巧找到了，也不能说这就是我们要寻找的东西，所以也无法学习。这种进退两难的困境，对认识和学习没有什么帮助，这种认识假定的前提是，我们要么拥有完全的知识，要么毫无知识。但是，在完全的知识和毫无知识之间，存在着一个探究和思考的晦暗地带。希腊人进退两难的困境，忽略了假设性的结论和试验性的结果。我们所遇到的情境有许多令人困惑的地方，它们经常也暗示着一些解决的方法。我们尝试这些方法，可能就走出了困境，结果就是，我们知道自己找到了自己所寻求的答案。也有可能情境变得更加糟糕，结果就是，我们仍然陷在无知之中。所谓试验性的，意思就是暂时尝试摸索解决的方法。上面提到希腊人的观点，就这个观点本身来看，是一段很好的形式逻辑。但是，如果照这样把知识与无知区分得这么黑白分明，科学的进步只能缓慢而又偶然地发展，肯定是快不起来的。如果人们认识到，为了探究的目的，他们能利用怀疑构成假设，进行试验性的探索，指导行动，并且这种试验的探索能证实这个起主导作用的假设，推翻它或修改它，那么科学发明和发现就开始有了系统的进步。希腊人重视知识超过学习，近代科学却认为，已经得到的知识只是作为学习、发现的手段而已。

再看前面讲过的例子。一个统率军队的将军，不可能在绝对确定时才采取行动，也不可能在绝对无知的时候采取行动。他一定是手边有一定的情报，而这些情报我们假定是相当可靠的。他会根据这些情报推论出某种战争发展的方向，从而来做出一定的决断。他的推论多少是假设性的。但是，他会根据这个推论采取行动，制订一个行动计划，一个应付当时情境的方法。他采取行动的直接后果，可以检验并证明他的一番思考是否有价值。从不知到知道的学习之中，他已经知道的事实是有重要作用的。但是以上这种说法，是否适用于一个非常关心战争进程的中立国的人呢？从形式上说，可以适用，但从内容上说，并不适用。保持中立的人会根据当前事实对未来作出种种推测，并利用这些推测，试图对许多不相联系的事实赋予意义，但是这些推测显然不能作为在战役中产生实际影响方法的基础。那并不是他的问题。但是，因为他是在主动地思考，而不是被动地旁观，所以，他试探性的推断可以用到他的处境可行的方法上。他会预期未来的某些行动，并保持警觉，注意是否会发生这些行动。只要他在思想上关心，善于思考，他就会主动地注意，采取必要的步骤，尽管这些步骤并不影响战争，也会在某种程度上改变他后来的行动。否则，他事后说的"我早就知道会这样"就完全没有知性意义了；这句话显现不出检验或验证先前思考的用意，只是误打误撞带来的情绪上的满足以及很大程度上的自欺欺人罢了。

类似的例子又如，一个天文学家根据已知的数据预知（推断）将有日食发生。不管这个推论在数学上的概率有多高，它都是假设性的，都只是可能发生的事情。有关所预期日食的日期和位置的假设，变成了制定未来行动方向的材料。他安排仪器，也可能旅行到日食最佳观测地点，去进行观察。总之，他采取的一些主动的步骤，会实际改变一些有形的环境条件。除了这些实际步骤和以后情境的变化，思维活动并未完结，这件事仍旧处于悬而未决当中。已经获得的知识控制着思考的进行，并使思考有收获。

反省经验的一般特征就讨论到这里。这些特征就是：（1）困惑、迷乱、怀疑，因为我们处在一个不完全的情境中，这种情境的全部性质尚不明确；（2）推测预料——对已知要素进行试验性的解释，认为这些要素会产生某种结果；（3）审慎调查（考察、审查、探究、分析）一切可以考虑到的事情，解释和阐明手头问题；（4）详细阐述试验性的假设，使假设因为与范围较广的事实相符而更精确、更一致；（5）把所规划的假设作为行动计划应用到当前的事态中去，进行一些外部行动，达到预期结果，从而检验假设是否正确。以上第三、四两步所达到的广度和准确度，使特异的反省经验和尝试错误阶段的经验区别开来。这些步骤使思考本身转变为经验。但是，我们从来没有完全超出尝试错误的情境。思考不管多缜密、多理性，最终还是要经过一番试验，经受检验。既然我们的思维无法考虑到一切的联系，那么它就不能完全准确地包括一切结果。但是，如果我们对情境进行谨慎、周密的调查，对结果进行有控制的推测，那么我们就可以把反省经验和尝试错误的行动方式区别开来。

摘　要

在确定思考在经验中的地位之前，我们首先要注意到，经验包含着行动或尝试和所经受结果之间的联结。把经验主动行动的一面和被动经受结果的一面割裂开来，就会破坏经验极其重要的意义。思考是准确、审慎地把所做的事和它的结果联结起来。它不仅表明这两者之间的联系，而且还能指出联结的详细情况。它使联结的各个环节以关系的形式显露出来。只要我们有心要弄清楚某个已经发生或未发生的行为的意义时，就有了思考的动机。我们在思考中推测后果。也就是说，现在的情境，不论是在事实上，还是在我们看来，都是不完全的，因而也就是不确定的。预测后果就是预先假设结果。要完善这种假设，必须仔细考察目前的情况，阐述假设的种种含义，这叫作推理。这个假定的解决方法——观念或理论——还必须通过实践进行试验。如果它能带来某些结果，某些明确的变化，就认为是正确的，否则就要修改，再进行尝试。思考就包含以上所有这些步骤——察觉问题的所在，观察各方面情况，提出假定结论并进行推理，积极进行检验。尽管一切思维的结果都归结为知识，但知识的价值最终还是服从它在思考中的应用。因为我们并不生活在一个固定不变和完结了的世界里，而是生活在一个向前发展中的世界，在这个世界上，我们的主要任务是展望未来，而回顾过去——一切知识和思想，因为这些能使我们在处理未来的状况时，能更踏实、牢靠和更有效。

第十二章　教育中的思考行为

教育方法的要旨

理论上，没有人会问学校该不该培养学生优良思考习惯的重要性。但事实上，即使理论上肯定它，实际上做得却不够。此外，就学生的心智而言（即某些特别的肌肉能力除外），学校为学生所能做或需要做的一切，就是培养他们的思考能力。对于这一点，理论上还没有足够的认识。不同的教学目的，把整个教学分割开来，例如分成获得技能（如阅读、拼字、写字、图画和背诵）、掌握知识（如历史和地理）和训练思维，这种做法不能有效达到这三个目的的统一。如果思考不和提高行动的效率联系起来，（不和增长关于我们自己和生活世界的知识联系起来）这种思考就是有毛病的。如果没有经过思考获得技能，就不了解使用技能的目的。因此，这种技能使一个人受常规习惯的支配和别人权威的控制，这些指挥人们的人虽然知道他们在做什么，但对他们成事的方法并不特别审慎。脱离深思熟虑而行动的知识是死知识，是毁坏心智的沉重负担，因为它冒充知识，从而产生骄傲自满的流毒，它阻碍了智力的进一步发展。持久地改进教学方法和学习方法的唯一直接途径，是把注意力集中在严格要求思维、促进思考和检验思考的种种条件上。思考就是明智的学习方法，这种学习要使用心智，也使心智获得报酬。我们说思维的方法，这话固然不错，但是关于方法重要的是要牢记，思考也就是方法，就是在思考过程中明智的经验方法。

思考是一种逐步进展的经验。思考的开始阶段就是经验。这话听起来好像是老生常谈，这应该是公认的事实，但实际上却并非如此。与此相反，在哲学理论与教育实践中，思考常常被人视为和经验隔绝的东西，可以孤立培养。事实上，对思考的注意往往是由于经验所固有的局限性而引起的。于是，把经验局限在感官和欲望，局限在纯粹物质世界，而思考则出自高级的官能（理智），用在精神方面或至少属于书本方面的东西。所以，常常有人把纯粹数学和应用数学截然分开，认为纯粹数学是特别合适的思维教材（因为它与物质的存在无关），而应用数学则具有实利的价值，而没有训练思维的价值。

一般而言，教学方法上的基本错误在于假定学生经验是可以假定的。我们主张必须有一个实际的经验情境作为思考的开始阶段。这里所谓的经验，正如我们前面所说过的，就是一个人尝试做一件事，这件事又可以反过来作用于这个人。上面所说的错误在于假定我们不考虑情境中的个人直接经验，就可以从算术、地理或其他科目的现成教材开始。甚至幼儿园和蒙台梭利教育法，也急于想"不浪费时间"，让学生获得智能优越，因而他们往往忽略——或减少——学生对所熟悉的经验材料的直接、不成熟的运用，而立即把他们引进表现成人理性成就的材料中。但是，一个人无论在什么年龄，接触新材料的第一阶段总是属于尝试错误的阶段。他必须在游戏或工作中利用材料，试着做一件事来进行由他自己的冲动所引起的活动，然后注意他的力量和所用材料的力量间的相互作用。当一个儿童开始玩积木时，就会出现这种情形；而当一个科学家在实验室里开始用不熟悉的材料做实验时，也同样会出现这种情形。

因此，如果我们要激发学生思考，而不是单纯让学生学一些文字，那么学校任何科目的教学法都不应该是学院式的教条做法。而是应该要懂得经验或经验情境的意义，我们必须想到校外可能出现的情境，想到日常生活中使人感兴趣和从事活动的那些活动。细心检查正规教育中成功的教学方法，无论是算术、阅读、地理、物理或外国语的教学，都表明了这种教学方法之所以有效，全靠它们能运用到校外日常生活中，并能引起学生在具体的情境中思考。它们让学生去做一些事情，不是去学一些东西；而做事要进行思考或者有意识地注意事物的联系，结果自然就达到了学习的目的。

所谓学习的情境，必须能激发思考，也就是说它应该提出一件既非常规、又非任意的事去做。换言之，做一件全新的（因而也是不确定的或有问题的）事情，如果它和现有的习惯有很多的联系，就足以引起有效的反应。一个有效的反应就是能完成一个可以看到结果的反应。这种活动不同于纯粹偶然的活动，而是把活动结果和所做的事在思想上联系了起来。因此，说到该用何种情景或经验诱导学习，最重要的一个问题就是：这个情景或经验包含的问题属于什么性质。

乍看起来，似乎通常学校所用的方法很符合这里所提出的标准。教师给学生布置题目，提出问题，指定作业，解释难点，这种种事情占学校工作的一大部分。但是，什么是真正的问题，什么是模拟或虚幻的问题，我们必须要搞清楚。下面的许多疑问可以帮助我们区别这两种问题。除了给学生提出问题，还有什么别的事情吗？这个问题是从学生个人经验的某种情境内部自然产生的，还是只是为了讲授某一课题而提出的一个孤零零的问题？它是否在校外也能激发学生进行观察和实验？它是学生自己的问题，还是教师或教科书上的问题？是因为如果学生不做这个问题，就不能得到所要求的分数，或者不能升级，或者不能赢得教师的赞许而给学生提出的呢？这两个问题显然是有重叠的地方。它们不过是同一个问题的两种说法：这个疑问是不是个人经验，本质上就能引起学生去观察其中的关联性，去做推断和检验？还是因为外力施加的，仅仅是为了配合外在要求而成为学生的疑问？

有了这些问题，我们断定现行教学法有多么适合培养反思习惯时，可能就要犹豫了。一般教室中的设备和布置都是和实际经验情境不一样的。在教室中会有什么东西能和日常生活中的一些困难情境相类似呢？几乎一切都证明了教室中听讲、读书和背诵才是最重要的。这种情况和学生在家庭里、游戏场上、履行日常生活的职责中与事物和其他人主动接触的情况有很大差别，这么讲并不过分。很多情况甚至不能和儿童在校外与别人交谈或自己阅读时在脑子里所引起的问题相比。没有人曾经解释过为什么儿童在校外有那么多问题（如果他们得到鼓励，真会缠住成人不放），而为什么他们明显对课堂上的教材缺乏好奇心。想一下这种惊人的对比，就可以明白学校很少给予学生一些能自行提出问题的机会和经验。无论教师在教学方法上有多少改进，都不能完全补救这种情形。要克服这种缺陷，必须提供更实际的材料，更多的教学用具，更多做事情的机会才能够淡化校内校外的这种差距。我们发现，凡是忙着做事情的孩子们，并且在做事过程中讨论所发生的问题，即使教学方式比较一般，孩子们也是会自动提出很多问题，问题的数量是很多的，而他们提出的解决问题的方法也是先进的，多种多样的，而且有独创性的。

问题出在教材和作者不能启发真正的疑问，以至于学生面对的疑问不是他自己的疑问；或者宁可说，这些问题是他自己的，但只是作为一个学生而不是作为一个人提出来的。所以，把他在应付这些问题时所获得的能力不能转移到课堂以外的生活事务上，就会产生极大的浪费，真是令人痛惜。学生在学校里的疑问是，如何达到老师定下的标准。他要找的答案是，老师要的是什么，在背诵、考试、操行等各方面做到令老师满意。学生与教材不再直接互动了。他思考的机会和内容，不是在算术、历史或地理本身中找到，只是在巧妙地使内容符合教师的要求时才能找到。学生虽然在学习，但并没有意识到他所学习的对象不是那些有名无实的"课程"，而是教育系统和学校当局的传统和标准。这种情况下引起的思考是矫揉造作、片面的。在最坏的情况下，学生的问题不是如何符合学校生活的要求，而是如何看来好像符合这些要求，或者，如何做到差不多符合这些要求以便在不必有摩擦的情况下混过去。用这些方法形成的判断力对学生的品格没有好处。如果上面一番话过分渲染了普遍的学校教育方法，那至少这些言辞可以说明一点：学生必须有主动投入的兴趣，作业中包含利用教材达到的目标，才可能形成使学生发生疑问探索答案的情景。

疑问出现时，必须掌握资料，以应付所出现的特殊困难。采用"展开式"方法的教师，有时叫学生自己解决问题，好像学生凭空就能想出答案似的。思考材料内容不是思想，而是各种行动、事实、事件和事物的种种联系。也就是说，一个人要有效地进行思考，必须有许多经验，从而给他提供对付困难的办法。困难是引起思考不可缺乏的刺激物，但并不是所有困难都能引起思考。有时困难令人不知所措，他们被困难吓倒，感到沮丧泄气。困难情境必须和学生曾经对付过的情境有足够相似之处，使学生在处理这个情境时有一定的控制能力。教学的艺术，大部分在于使新问题的困难程度大到足以激发思考，小到加上新奇因素自然地带来疑惑，从而使学生得到一些富于启发性的立足点，产生有助于解决问题的思考和带来建议。

思考的材料，该用哪种心理学的方法来提供，是一件无关紧要的事。记忆、观察、阅读和传达都是提供资料的途径。从每一种途径获取的资料各占多少比例，是由手头特定问题的特点所决定的。要是学生很熟悉某些事物，能独立回忆事实，那么坚持要他通过感官进行观察就是愚蠢的。这种做法可能使人过分依赖感官提示，从而丧失活动能力。没有一个人能把一个收藏丰富的博物馆带在身边，利用收藏的东西来促进思考。可以这样说，一个经过良好训练的大脑，有极其丰富的资料做它的后盾，同时习惯于追忆以往的种种经验，看它们能产生什么结果。但一方面，即使是一个熟悉的事物，过去可能会忽略它的性质或关系，现在却可以帮助我们对付所遇到的问题，在这种情况下，就需要进行直接观察。而另一方面要运用阅读和"讲述"并行，也是同样的道理。直接观察自然比较生动活泼，但是也有局限性。无论如何，一个人能利用别人经验以弥补个人直接经验的狭隘性，这是教育的一个必要组成部分。过分依靠别人获得资料（无论是阅读得来的，或是听来的）是不足取的。尤其要反对的是，别人、书本或教师很可能给学生提供一些现成的答案，而不是给他们提供材料以便吸收了再应用到解答疑问上。

我们说学校中由别人提供的知识资料太多，也可以说提供得太少，这两种说法并不矛盾。学校中过分重视学生积累和获得知识资料，以便在课堂问答和考试时照搬。"知识"作为一种资料，意思就是进一步探究的资本，必不可少的资源。但很多时候知识却被认为是学习的目的本身，于是，学生的目标就是堆积知识，需要时炫耀一番。这种静止的、冷藏库式的关于知识的想法，对于教育是有害的。这种关于教育的看法不仅没有利用学习中思考的机会，而且扼杀了思考的能力。因为谁也不能在乱糟糟堆满废弃破烂的场地上建造房子。学生"脑子"里装满了各色各样从来不用的材料，当他们想要思考时，肯定会受这些东西的拖累。他们没有做过选择适当材料的练习，也没有标准可以参考，每样东西都处在同一个呆板、静止的水平上。如果提供给学生实际上能够运用的知识资料，并在经验中发挥作用，那么，是否就不需要掌握比平常更多的书籍、图画和谈话资料了呢？这是完全值得怀疑的。

在思考活动中，对于已经获得的事实、资料和知识相互关联的事物，是暗示、推论、猜测的意义、假说和试拟的说明，简而言之，就是想法。审慎的观察和回忆可以查明已知的是什么，已经在那儿的、确定的东西有哪些。观察和记忆却不能提供不在那里的东西。他们能解释问题、阐明问题、确定问题，但不能提供答案。要找到问题的答案，还要进行设计、发明、创造和策划。资料能激发暗示，只有通过参照特别的资料，我们才能判断这些暗示是否适当。但是暗示的意义却超越当时经验中实际已知的东西。暗示预示着将来可能的结果，要去做的事情，而不是事实本身（已经做好的事情）。推论必然是向未知领域渗入，是从已知东西向前的跃进。

就这一层意义上看，思考（事实所暗示的，而不是它所呈现的）是有创造性的，能摄入新的东西。它含有某种发明的性质。当然，所暗示的事物必须很熟悉某种前后关系；创新以及有发明意义的安排，必须放在新的背景里面看，与新的运用连在一起。当牛顿想到地球引力原理时，他思想的创造性并不在所用的材料上。这些材料是人们所共知的，其中许多是非常普遍的，如太阳、月亮、星星、重量、距离、质量、数的平方，这都不是有独创性的观念，它们是既定的事实。牛顿的创造性在于利用这些人们所共知的材料，把它们引导到未知的前后关系中去。世界上每一个惊人的科学发现，每一种重大发明，每一件令人欣羡的艺术作品，都是如此。只有傻瓜才把创造视为离奇和幻想的事情。其他人则认为，衡量创造性的方法，就是用别人没有想到的方法，利用日常习见的事物。新奇的是操作方法，而不是操作所用的材料。

按此自然产生的教育功能上的结论是：一起思考都是原创的，因为其中有先前不曾领会的设想。一个三岁的孩子，发现他能利用积木做什么事情，或者一个六岁的孩子，发现他能把五分钱和五分钱加起得到什么结果，即使人人都知道这种事情，但对于孩子们来说，对他们自己来说，就是真正的发现。他的经验真正有了增长，不是机械地在量的方面增加了一个新的项目，而是在质的方面有了更丰富的经验。对于这些幼小孩子们的自发行为，富有同情心的观察者总是百看不厌的，这是因为他们看到了孩子们具有智能的创造力。如果创造性一词不被误解，孩子们自己体验到的快乐，就是智能的创造性带来的快乐。

我们根据以上归纳的道理，重点不是在说，如果学校的种种条件支持发现式学习，而不赞成一味地给学生灌输已有的信息，老师会觉得教师工作比较不辛苦，也不是在强调，说这样就能使孩子和青少年享受到个人智能的创造力带来的快乐——虽然这种结果的确是有的，也很重要。真正我们要说的要点是，思想和观念根本不可能从一个人传给另一个人。当一个人把观念告诉别人时，对听到的人来说，不再是观念，而是另一个已知的事实。这种思想的交流也许能刺激别人，使他认清问题所在，形成一个类似的观念，也可能使听到的人失去理智的兴趣，压制他开始思考的努力。但是，他直接得到的绝不可能是一个观念，只有当他亲身考虑问题的种种条件，寻求解决问题的方法时，才算是真正的思考。如果父母或教师提供了刺激孩子们思考的种种条件，并且参加到共同经验中去，对学习者的活动采取了同情态度，其他人为了促使学习者学习把能做的工作也都做了，那么其余的事情就只需直接有关系的人自己去做。如果他不能策划出解决问题的方法（当然不是他独自一个人去想，而是与老师和同学呼应配合的），自己寻找出路，他就学不到什么，即使他能背出一些正确答案，百分之百正确，也还是学不到什么。我们能够向学生提供数以千计的现成"观念"，而且的确这样做了，但是我们并没有尽最大努力使学生在有意义的情境中学习，在这种情境中，他自己的活动能产生观念，证实观念，坚守观念——即观察到事物存在的意义和联系。这样做，并不是说教师可以袖手旁观，而是要教师不把现成的教材直接端给学生，然后用心听他背得是否正确，替代的方法并不是要他保持沉默，而是要共同参与学生的活动。在这种共同参与的活动中，教师也是一个学习者，而学习者，虽然自己不觉得，但也成了一位教师——总的看来，无论教师或学生愈少意识到自己在施教或受教，效果就会愈好。

前面我们说过，观念无论是谦卑的猜测或是高贵的理论，都不过是预料可能的解决方法，预料一个活动具有某些连续性或联系的还没有显示出来的结果。所以，观念是通过行动来检验的。观念必须指导和组织进一步的观察、回忆和实验。它们是学习的中间物，而不是最后的目标。我们曾经说过，所有教育改革家都爱抨击传统教育的被动性。他们反对注入式教学，即好像海绵一样吸收知识。他们抨击让教材钻进学生的脑子，就像要钻进坚硬的岩石。但是，要创造一种条件，使获得一个观念就等于得到一次经验，能扩大我们和环境的接触，并使这种接触更精确，实在是一件不容易的事。一般都习惯把观念形成当作只是心理活动，是束缚在头脑里的，或只是通过发声器官才能表现的。

所有比较有效的教学方法，虽然都承认必须把学到的观念应用于实际，但是，有时候实用练习也似乎只是为了把已学到的牢牢记住，或者是为了操作技巧更纯熟。这种练习的确有效，而且是不容小觑的。但是，应用学得的知识进行练习，首先应该具有理智的性质。我们说过，思想仅仅作为思想是不完全的，它们充其量只是经验性的，只是暗示和迹象，它们也是对付经验情境中的观点和方法。思想在实际情境中运用以前，缺乏充分的意义和现实性。只有应用才能检验思想，只有通过检验才能使思想具有充分的意义和现实性。思想如不经过运用，就会陷入一个与世隔绝的世界里。我们真的应该问一问，那些把心理孤立起来，和物质世界对立的各派哲学的产生（第十章第二节谈过），其根源是否因为有一批人制造了大量关于思想和理论的观念，而社会条件又不允许他们实行和检验这些观念。因此，这些人被推回到他们自己的思想中，把这些思想视为目的本身。

无论那些哲学是怎样产生的，毋庸置疑学校中所学的很多东西都带有人工化的味道。我们虽然不能说有很多学生已经意识到他们所学的教材是不真实的，但是，这种教材对他们来说，肯定没有生动经验所具有的那种现实性。学生学习这种教材，也并不希望教材有那种现实性，他们习惯认为教材的现实性就在于应付课堂问答、上课和考试。这种教材对日常生活的经验毫无作用，多少被认为是理所当然的事。这种情况会产生两个不良后果：一是平常经验得不到应该得到的营养，经验并不因为学习而更加丰富；二是因为学生习惯于一知半解和生吞活剥的教材，把这种教材装到脑子里去，养成了一种态度，削弱了思考的活力和效率。

我们特别挑选负面现象来讨论，这是为了提出积极措施，使思考能有效地发展。哪里的学校设置了实验室、车间和园地，哪里充分运用了戏剧、游戏和运动，哪里就存在种种机会，使实际生活情境重现于校内，使学生获得知识和观念并加以应用，使进步的经验向前发展。这样，观念就不是被隔离的，不至形成一个孤岛。它们使平常生活更有生气，更加丰富。知识材料由于能发挥作用和指导行动，才是有生命的。

上面说的"存在种种机会"，是合适的措辞。机会在那里，可能没有被人好好利用；用手操作的、建设性的活动可能用于培养身体机能；也有可能专门用于"功利主义"的金钱目的。主张重视智育的人会认为，这类活动不过是体能训练或者职能训练，这种态度本身就是孤立思维的那种哲学的产物，思维隔绝在经验过程之外，所以与实际行动无关。一旦"心理的"活动被视为一个独自存在的领域，身体的活动和行动也会遭遇相似的命运。身体的活动充其量只会是心理的外部附属品。为了满足肉体需要，达到外表的体面和舒适，也许需要身体的活动，但是身体活动在心理方面并不占有必要位置，对思想的完善也不起必不可少的作用。所以，身体活动在自由教育即培养智力的教育上便会没有地位。即使身体活动渗入自由教育，也不过是群众物质需要的让步。如果允许它侵入精英阶层的教育，就太岂有此理了。把心理看作完全孤立的东西，这种看法必然得出这个结论。然而，按这个逻辑，当我们看清了心智的真实面貌，即经验发展中成就目的与引导方向的作用力，根据同样的逻辑，这种结论就会消失。

虽然我们希望所有教育机构应该有相当的设备，使学生有机会在呈现重要社会情景的活动中，学会并有机会检验这些观念和知识，但是，要所有教育机构都有这种设备，还要经过很长一段时间，但是这种情况不能成为教师们袖手旁观、坚持采用知识脱离实际的教学法的借口。每一门科目的每一次口头问答，都有机会使教材和日常生活中更广阔、更直接的经验建立相互联系。课堂教学可以分成三种，最不好的一种是把每堂课看作一个独立整体，这种课堂教学不要求学生去寻找这堂课和同一科目的别的课或别的科目之间有什么联系。聪明的教师会系统地引导学生利用过去的功课来帮助理解目前的功课，并利用目前的功课加深理解已经获得的知识。这种教学的结果好一些，但是学校教材还是脱离实际。除非有意义，学生的校外经验会停留在比较粗糙和缺乏思考的阶段，学生不能直接利用教学中比较准确全面的材料来提炼和扩充校外经验。因为没有和日常生活的现实情况相融合，直接教学的教材缺乏学习动机，没有现实的感觉。最好的一种教学，是牢牢记住学校教材必须与现实生活相联系，使学生习惯于寻找这两方面的接触点和相互关系。

摘 要

教学的各个过程越能养成思考的好习惯，就越能连贯统一。我们也许能把思考的方法谈得头头是道，但真正的要点是：思考就是领会有教育意义的经验方法。因此，教学法的要素与思考的要素相同。这些要素是：首先，学生要有一个真实经验的情境——要有一个对活动本身感兴趣的连续活动；其次，在这个情境内部产生一个真实问题作为思维的刺激物；第三，他要占有知识资料，从事必要的观察，对付这个问题；第四，他必须有条不紊地展开他所想出解决问题的方法；第五，他要有机会通过应用检验他的观念，使这些观念意义明确，并且让他自己发现是否正确。

第十三章　教学法的本质

教材和教学法的统一

学校工作有三个主题：教材、方法和行政或管理，这三者是三位一体的。我们已经在前面几章讨论过教材和方法这两个主题。以前是合起来讨论的，现在要把它们分开来，详细讨论它们的本质。

因为方法和上一章的讨论最接近，所以我们先讨论方法。但是，在讨论以前，还是要特别注意我们理论中一个含义，就是教材和方法是相互联系的。有一种观念认为心理和事物及人的世界是两个各自独立的领域，即哲学上所谓的二元论。这种观念的一个结论是教学方法和教材是不相关联的。这样，教材就变成种种事实和原理的现成、有系统的分类。而方法就是考虑这种先行教材怎样妥善地介绍给学生，在他们的心里留下深刻的印象，或者如何用外力使学生的头脑专注在教材上以便学会并牢记这些内容。理论上，我们可以从研究心理学这门科学推论，学习方法这套完整的学说是独立存在的，根本就不涉及要运用这些方法的科目。因为很多对各门教材非常精通的人，他们完全不懂得这些方法，从而引起人们的反驳，认为教育学作为学生如何学习的一种方法学是无益的，它只是为了隐藏教师应当深入精准地熟知相关教材的事实。

但是，既然思考是把教材引导到完成结局的动向，由于心智是这个运动过程深思熟虑和有意识的阶段，那么任何把教材和方法割裂开来的看法都是错误的。一门科学的材料总是有组织的，这个事实说明，这种材料经过理性加工，它已经方法化了。动物学作为一个系统的知识分支，代表着我们通常认识的有关动物的原始和分散的事实，是经过仔细考察、谨慎的补充和安排，发现有助于观察、记忆和进一步探究的联系以后取得的。这些事实标志着学习的结果，而不是学习的出发点。方法就是安排教材，使教材得到最有效的利用。教学法绝对不可能推倒教材而存在。

如果站在和教材打交道的人的立场看，教学法指的又是什么呢？教学方法不是什么外在的东西，它是材料的有效的处理——有效就是花费最少的时间和精力利用材料达到一个目的。我们能够识别行动的方法，并且单独讨论这个方法，但是，这个方法只是作为处理材料的方法而存在。方法和教材并不是对立的，方法能让教材有效地导向所希望的结果。方法和胡乱、考虑不周的行动是对立的，所谓考虑不周就是不适当。

教学方法就是使教材达到各种目的的有指导的运动。这句话是依据形式的描述，举个例子来做实在的说明。每个艺术家做工作必须有一个方法，一种技术。弹钢琴并不是乱弹琴键，弹钢琴是使用键的有秩序的方法，这种秩序并不是在弹钢琴的活动以前就在音乐家的双手和头脑里形成的。这种秩序存在于使用钢琴、双手和头脑以便达到所希望结果的许多动作之中。弹钢琴的活动是完成钢琴作为一种乐器的目的。教学方法也是这样，唯一区别在于钢琴是事先为了一个单一目的而构造的装置，而学习的材料是可以无限制地使用的。但是，就是关于这一点，如果我们考虑到钢琴能够演奏无穷无尽的乐曲，以及为取得不同音乐效果在技术上所要求的种种变化，这个例子也是适用的。总的来说，方法不过是为了某种目的运用某种材料的一个有效途径。

如果我们回到前面所讨论的经验概念上，可以归纳出一般适用的原则：经验作为洞察所尝试的事情和所承受结果之间的联系，它是一个过程，撇开为控制这个过程所作的努力，教材和方法并无区别。只有一个活动包括两个方面：个人所做的事和环境所做的事。一个十分熟练的钢琴家没有必要去区分他自己的贡献和钢琴的贡献。任何纯熟、流畅进行的活动，如溜冰、谈话、听音乐、欣赏风景都不会意识到一个人的方法和材料之间的区别。在聚精会神的游戏和工作中，情况也是一样的。

假如我们是在思考某个经验，而不是在承受它，那就不可避免地会把我们自己的态度和我们的对象区分开来。一个人正在吃的时候，他是正在吃食物，他并不把他的动作分成吃和食物。但是，如果他对这个动作进行科学研究，他首先会这样区分：一方面他会考察营养品的性质，另一方面，他会研究有机体摄入食物和消化食物的过程。这种区分，我们就称之为题材和方法之分。如果要给这种区别起名称，我们就采用材料和方法这两个名词。一方面是我们看到、听到、喜爱、憎恨和想象的东西，另一方面是看、听、爱、恨、想象等动作。

在某方面做这种区分是非常自然，而且也非常重要。以至于我们非常容易把它看作单独存在的东西，而不认为那是思考做的区分。于是我们把自我和环境或世界区分开来。这种区分是方法和教材二元论的根源。就是说，我们假定认知、感觉、意愿等的作用是处于孤立状态的自我或心智的东西，这种种作用对独立的材料施加影响。我们又假定，这些孤立地属于自我或心智的东西有它们自己的运动规律，与事物的作用力没有关系，作用方法应该由这些法则来提供。以上这种看法和以下看法同样荒谬。后者认为，人们可以什么都不吃地进行吃的行为，以为牙床的结构和运动，喉部肌肉、胃的消化活动等等状态不是因为要摄取食物。正如有机体的器官是自然界的一个连续部分，看、听、爱、想象等的能力也是和自然界的材料有内在联系。这些能力与其说是作用于事物的独立动作，不如说是环境介入经验而在经验中起作用的途径。简而言之，经验并非心智和物质世界的结合，不是主体与客体的结合，不是方法与题材的结合，而是许许多多根本数不清楚的作用力的一次有延续性的交互作用。

为了便于控制经验整体向前发展的进程或方向，在思想上，我们在怎样（How）和什么（What）即方法和材料之间划个界限。虽然在实际的行走、吃和学习之外，没有行走、吃或学习的方法，但是，动作中有某种要素，这些要素是更有效控制动作的关键。对这些成分特别注意，可以使它们更易于领会，而使其他因素暂时退居次要地位。我们对经验怎样前进有个观念，为使经验成功地前进，这就能给我们指明所必须具有的因素，或改变的因素。说得清楚一些就是，如果一个人仔细观察几种植物的生长情况，有些植物生长良好，有些植物生长较慢，或者根本不长，他就可以发现植物顺利生长所依靠的特殊条件。这些条件如果依次加以说明，就构成植物生长的方法或生长的途径或生长方式。植物的生长与经验的顺利发展并无区别。无论是植物还是经验，都不容易真正抓住它们最佳运动的各种因素。但是，研究了许多成功和失败的事例，进行了细致广泛的比较，就有助于掌握各种原因。如果我们把这些原因依次排列，就会有一套程序方法或技术。

　　教育上由于把方法和教材孤立起来而产生的一些弊端，详细阐述一下可使我们的论点更肯定。第一，就是忽视了经验的具体情境，关于这一点我们已经说过了。如果没有供研究的实例，就不能有发现的方法。方法是从观察实际发生的事物中引申出来的，目的在于使这件事以后发生时会有更好的结果。但是，在教学和训练中，孩子和青少年很少有足够机会获得直接、正常的经验，以便使教师能借这些经验形成教学方法的观念或最实用的发展次序。一般学生的经验都太受条件的限制，对于掌握经验成功因素的帮助很小，甚至没有帮助。所以说，教学方法不但不是老师们自己观察获得的结果，而是得由他人凭权威来建议。在这种情况下，老师们的教学方法是机械的，认为对所有孩子们都可以用同一个方法来教授。如果设置一个环境，使孩子在工作和游戏中进行有指导的作业，促进灵活的个人经验，那么所确定的方法将因人而异，因为每个人肯定都有他特有的做事情的方式。

　　第二，前文讲过的有关纪律与兴趣的错误概念，也是方法与题材脱离造成的。处理教材的有效途径一旦被看作是与教材完全不相干的现成的东西，可能欠缺的关系也许只能依靠三种可能的途径了。一是利用兴奋、快乐的冲击来迎合学生的胃口；二是使不注意的学生感到痛苦，用伤害来威胁学生，促使他关心不注意的教材；三是直接投其所好，使他能不说明任何理由就努力工作，我们可以依靠"意志"的直接压力。但是，最后一种方法只有在害怕产生不愉快的结果时才有效果。

第三，把学习活动本身当作一个直接和有意识的目的。正常情况下的学习，应该是使用题材做一件事而产生结果。孩子们并不是一开始就有意识地学习走路或谈话，他们一开始是表现他传达的冲动以及与别人更充分交往的冲动，才给自己一试的机会。结果因为亲自做了这个动作而学会了走路说话。教孩子们读书也该按同样的步骤。比较好的学习方法不会让孩子们注意他必须学会什么，以便他觉得受强迫而不自在。好的教学法会吸引孩子们投入活动，在活动的过程中学习，教数学或其他任何事情，比较成功的方法都是这样。但是，如果教材不能使冲动和习惯取得有意义的结果，那就只是专供人学习的东西，学生也只会把这种教材看作学习的材料。这种情况最难唤起学生活跃和专心致志的反应。在战争中，正面袭击是消耗军力的，在学习中，正面袭击的消耗比在战争中还要大。但是，这并不是说要诱使学生不知不觉地专心听课，它的意思是说，让学生专心听课必须有真正的理由或目标，而不是把所学的功课作为专供人学习的东西。只要学生能察觉到教材有助于完成某个经验，就是找到了真实学习的理由和目标了。

第四，在心理和材料分离概念的影响下，方法往往成为枯燥的常规，变成凡事只按规定步骤做。不知道有多少课堂中，孩子们在算术或语法课的问答中，被迫学习某种预先规定的书面公式。教师不是鼓励孩子们直接投入学习，对有希望的各种方法进行实验并根据结果辨别方法的价值，而是认为有一种固定的方法可循。他们还天真地认为，只要学生按照一定形式的"分析"来陈述说明，总有一天，他们会形成这样思考的习惯。使教育方法名誉扫地的，莫过于认为教学法就是把教学上可以遵循的配方和模式交给教师。它给教育理论带来了更坏的影响。教学法是驾驭教材逐步推展出结论的方法，凡事根据这个原则概念的教学方法，都会强调弹性主动处理疑难的学习方式。任何把心理和有目的的推动活动割裂开来的理论，必然是机械呆板的。

一般的方法与个人的方法

简而言之，教学方法是一种艺术的方法，是根据目的明智地指导行动的方法。但是艺术的实践远远不是一种即兴灵感。重要的是要学习前人取得巨大成就的运作和结果。总是有传统或者艺术流派，明确地要使初学者留下深刻印象而且要使他们着迷。但每个艺术分支的艺术家所用的方法，都依靠彻底地熟悉材料和工具。一个油画家必须懂得油画布、颜料、画笔和操作这些工具的技术。掌握这种知识，就要持久、专心致志地注意客观材料。画家会研究他自己作画的进展，以便判定怎么做会成功，什么尝试是失败的。有人认为，若不遵循现成的规则，就把一切交托给天赋一时的灵感和没有指导方向的"努力"而没有第三条路，这种看法是与每一种艺术的工作程序相矛盾的。

知道过去的经验，知道现行方法的知识，知道材料的知识，以及关于确保可以取得最好成绩的各种方法，都是所谓一般方法的依据。有一套长期积累起来、相当稳定的取得成果的方法，这套方法为过去的经验和理智的分析所认可。一个人忽视这些方法就要承担风险。我们在讨论习惯养成问题时曾经指出（第四章第二节），这类方法一向有流于死板僵化的可能，不但不是个人达到目标可用的助力，反而是在掌握手段。但是，凡是有着某种不朽成就的革新者，只要他的工作成果不是转瞬即逝成为轰动一时的偶然事件，必然是利用了经典的方法成果，其中的经典性连他自己和评论者也看不出来。他能把这些经典方法作新的用途，从而改造了这些方法。

教育也有它自己的一般性的方法。这种说法如果从教师的角度看，比从学生的角度看更明显。其实，对学生而言，也是同样重要的。学生求学，很重要的一部分就是：要学会别人已经以经验证明的在类似求知行为中比较有效的方法。这些一般的方法和个人的主动性和创造性——个人做事的方法，一点也不对立。相反，一般的方法强化了个人的方法。因为，即使最一般的方法，它和规定的规则之间还是有着根本的区别。后者是行动的直接指南，前者则是通过它对目的和手段所提供的启发而间接地发挥作用。换句话说，它是通过智力而不是通过服从外部强加的命令来起作用。即使能熟练地运用已经确立的技巧，也并不能担保产生艺术作品，因为艺术作品也有赖于不少有生命力的想法。

假如别人所用方法的方法并不能直接告诉我们应该怎么做，或给我们提供现成的模式，那么，怎么让这种知识起作用呢？所谓运用智能的方法又是什么呢？以医生为例，任何行为方式都不会像医生的诊断与治疗，这么迫切需要知道已经确立的模式。但是，各种病例毕竟只是类似，并不完全相同。现有的治疗方法尽管为大家所公认，但是要运用得法，就必须让方法适应特殊病例的要求。所以，医生从已经确立的方法看出自己该从哪里着手，该尝试哪些方法。这些方法是他进行探究的立足点；它们建议他该特别注意些什么地方，可以节省他全面勘察病情的时间与精力。医生本人的观点，他自己处理和他有关情境的方法（个人的方法）并不居于一般医疗原则以下的次要地位，而是得到后者的辅助与指导。这个例子可以表明，知道心理学方法的知识，和过去凭经验确知有用的方法，对教师是否有益。如果这些防范阻碍老师的常识判断，假如它们阻隔在他与行动的情景中间，那就全是无用之物了。但是，如果他获得了这些方法，帮助他在估量所处独特经验中的各种需求、办法和困难时，在思想上会有所帮助，那么就有了建设性的价值。总之，正因为一切取决于他会采取什么样的反应方式，所以，他在做出反应时，在多大程度上能利用他人经验所得来的知识仍然是关键。

前面提示过，这段叙述的每句话也适用于学生的学习方法。如果假定，不分小学生或大学生，如果认为向他们提供一些方法的模式可以在获取知识和解释问题时照着做，那就陷入自欺的行为，会产生可悲的后果。无论什么事，一个人必须自己做出反应。别人在类似事例中所采用的标准化或一般的方法，特别是已经成为专家的那些人所用的方法，这些方法的提出有价值还是有害，要看它们使人做出个人反应时是更加明智，还是诱使他不去使用自己的判断。

如果我们前面（第十二章第一节）关于思考创造性的一番话，要求受过很多教育的人才能做到，非平常人所能及，那么，困难就在于我们受到了迷信的压力。我们提出了一个一般心智的概念，提出了一个人人都相同的求知方法。然后我们又认为各个人的心智在"量"上是不同的。我们指望平常人做平常事，只允许超常的人有创造能力。平常学生和天才学生之间的区别在于平常学生缺乏创造性。但是，这种一般心智的观点是纯属虚构的。一个人的能力怎样和另一个人的能力在数量上进行比较并不是教师的事。这种比较和教师的工作无关，教师所要做的事，是使每个学生有机会在有意义的活动中使用他自己的力量。心智，个人的方法，创造性（这些都是可以调换的名词）表示有目标或有指导的活动的性质。如果我们照这个观点去做，即使按传统的标准我们也将获得更多的创造性。如果我们把一个所谓统一的一般方法的标准强加给每个人，那么除了最杰出的人以外，所有的人都会是碌碌庸才。如果用异于大众这一点来衡量创造性，就会使有原创力的人成为一群古怪的人。所以，统一的方法既会扼杀一般人的个别特点，又会使少见的天才感染不健康的心性，大概只有达尔文之类的人可以幸免。

个人方法的特性

前面讨论思考的一章里，我们讨论了认知方法最一般的特性。这些特性就是反省思考情境的特征。它们是：问题、资料的搜集和分析；暗示或观念的提出和说明；实验应用和检验；结论或判断。至于一个人处理或解决问题的方法包含哪些部分，要追溯到个人天生的个性倾向，以及个人后天养成的习惯与兴趣，因为一个人采取的方法因为他天生资质不同、过去的经验以及个人好恶不同，他的方法也是不同的（这种差别是正常的）。凡是对这些问题有过研究的教师，都掌握了这方面的知识，并帮助他们了解不同学生所作出的反应，帮助他们指导这些反应以取得更大效果。有关孩子研究、心理学和社会环境的知识可以帮助教师个人对学生的了解。但是各种方法永远是一个人个人的事情，个人处理问题和解决问题的方法形式多样，种类繁多，再仔细的分类也不可能包罗所有的多样性。

有些态度是有效运用智能处理各种材料所必须的，倒是可以列举出来。其中最重要的态度是：直接性、虚心、专注和责任心。

所谓直接性，用反面的话比用正面的话更容易说清楚。自我意识、窘困和拘束是能威胁直接性的敌人。这种态度表明学生并不直接关心材料，有些东西介入他和材料之间的话，他的注意力就被分散了。一个扭捏的人，只会把部分精力放在解决疑问上，另外一方面想着别人怎样看待他的工作。精力分散会意味着削弱能力，也会使观念混乱。一个人对他做的事持一种态度，并不一定要他意识到自己的态度。前一种态度是自发、朴素、简单的。这是一个人和他所处理事情之间全神贯注关系的标志。意识到自己的态度并不一定是不正常的，有些情况下，这是最容易改正错误的方法，也最便于增进所用方法的效率。例如打高尔夫球的人，钢琴演奏者，演说家等等，他们必须偶尔特别需要注意他们的姿势和动作。但是，这种需要是偶然和暂时的。如果一个人想自己应该怎样做一件事，作为达到他目的的一个手段，这种态度就是有效的。就像一个打网球的人，先练习，体验一下他的打法。在不正常的情况下，打球的人只想到自己，不觉得自己与行动是一体的。这就像打网球的人，装腔作势，心里只是想着对观众产生什么印象，或者忧虑重重，因为他害怕他的动作会给人不良印象。

用信心来表达"直接"的意思十分有力。但是，不应该把信心和自信混淆起来。自信是自我意识的一种形式，信心并不表明一个人想他自己的态度，或是感觉到他自己的态度。信心不是惯性动作，它指一个人对他应该做的事情所持的一往无前的态度，它并不表明一个人对他能力的功效有自觉的信任，而是对情境的可能性有无意识的信仰。自信是指一个人看到情境中的困难就迎难而上。

前面已经说过，我们反对使学生明显地意识到他们是在学习或研究。一旦学校里的情况使学生感到他们是在学习，那么他们就不是真正在研究和学习了。因为无时无刻意识到自己是在学习的这种学生的态度是分裂和复杂的。只要教师用的方法把学生的注意力从该做的事情上移开，转到学生对自己可以所持的态度上，就是破坏了学生在关注与行为上的直接性。如果教师坚持用这种方法，学生就会养成一种永久的倾向，乱摸一阵，无目的地东张西望，在教材以外去寻找某种可以做的事。这样教出来的学生面对生活的情境时，不会再有儿童的那种自信，他们已经是被"教育"磨掉了天真的成年人，取而代之的是信赖不相干的建议与指引，思路含混不清。

虚心，在前面说过，兴趣是对某种行动有所分担、有所参与、有所祖护。所以偏心是伴随兴趣而来的。因此，我们更有理由要养成一种态度，积极欢迎从各方面来的暗示和有关知识。我们在教育的目的一章里曾经说过，预见的结果是情境变化发展的因素，是控制行动方向的工具，所以遇见的结果是从属于情境的，而不是情境从属于这些结局。预见的结果是目的，但并不意味着一切都得顺着它、为它牺牲。预见的结果是指导情境发展的手段。就像射击的靶子不是未来要达成的目标，而是为了现在射击行为定位的。

虚心的意思是，心智能够吸收有助于解决问题的意见，以及可能帮助确定行为后果的意见。有些目标被认为是不可改变的终极目标，完成这些目标的效率能和狭隘的虚心共存。但是，智力的发展必须不断扩充视野形成新的目标和新的反应。要做到这一点，没有积极的意向来欢迎那些迄今为止属于异己的观点，没有考虑改变现有目标的积极愿望，是不可能的。保持生长的能力就是虚心接受意见的一种报酬。顽固不化，抱有成见，最大的坏处就是抑制发展，使心灵没有接受刺激的机会。所谓虚心，就是保持孩子般天真的态度。闭塞的头脑必然导致智能早衰。

没有偏见的虚心，在学校里面遭遇的大敌是：过度要求步骤统一与立即看得到的结果。如果教师不允许和不鼓励学生用多种方法应付所发生的问题，这是对学生智力发展设置的障碍，好像把眼罩套在马的眼睛上，把他们的眼光限制在教师所同意的道路上。但是，教师热衷于呆板方法的主要原因也许是因为用了呆板的方法能够取得迅速、可以确切计量的正确结果，他们急于要求学生给出"答案"。教师喜欢采用强迫和高压的方法背后的原因很多，但都会扼制学生机灵、多样的理智兴趣的发展。

虚心和心中空虚是不同的，在家门口挂出一块牌子，写着"家中无人，请进"并不等于好客。但是，虚心还有一种被动的态度，愿意让经验积累、深入和成熟，这就是发展的本质。也许可以加速结果（表面的答案或解决方法），但过程却不能强行推动。过程的成熟需要时间。如果所有教师都能认识到教育成长的标准应该按照学生心智变化过程的"质"来衡量，而不是制造一些正确答案，那么教学上发生的变化，不亚于一场革命。

专注，就这个词的意义而言，我们前面有关"直接"的讨论很多适用于专心。但是，这里专注一词具有兴趣完全和目标一致的意思，不存在许多被压制而实际起作用的外部目标，明确承认的目标不过是这些目标的一个假面具。专注就是全身心地融入。如果能全神贯注、全心全意地学习教材，就能养成专注的习惯。如果学习时分心，不集中注意，就要破坏专注的习惯。

全心投入、直率、诚实和真挚，这种特性实际上是积极反应时流露的特质，而不是有意识的目标引起的。当然，有意识的意图能够养成这些品质，但是很容易流于自欺的行为。人的欲望都急于求得满足。如果别人的要求和愿望禁止这些欲望的直接表现，它们就容易被压抑，堕入隐蔽和深层的渠道。完全屈服别人，全心全意接受别人所要求的行动是不可能的。结果可能是有意地反抗，或者有意地设法欺骗别人。但是，比较常有的结果是兴趣混乱和分散，他自己的真实意图也受到了愚弄。这就好像同时要侍奉两个主人。一方面，他的社会本能强烈希望讨好别人并得到赞许；另一方面他所受的社会训练，他的责任感和权威观念，以及担心受罚，又都使他半心半意地努力服从教师的命令，注意学校的功课以及学校的任何要求。和蔼可亲的学生要做到教师希望他们做的事，学生也能意识到他自己是有意这样做，但是，他并没有放弃自己的欲望，只是没有明显表现出这些愿望而已。要学生注意和他自己的欲望敌对的东西是使人厌烦的，不管他有意识的欲望是什么，他的潜在欲望都在决定他的思考路线和深层次的情绪反应。他的心思游离在名义上本应该关注的题目之外，投向本来就是他自己想要做的事情上。结果便是一心两用，注意力始终是分散的。

读者只要回忆一下自己在学校时期的经验，回想一下现在他表面上所从事的并不吸引他的欲望和目标的活动经验，就会认识到这种注意分散即口是心非的态度多么流行。我们对此习以为常，视为当然，认为这种态度大部分是必需的。如果是这样，正视这种态度在理智方面的不良影响就更重要了。如果一个学生有意识地尝试（或者做出尝试的样子）注意一件事，而他的想象却在无意识中自发地注意那些和他自己更志趣相投的事情，那么，浪费多少可用的能量是显而易见的。养成自欺的习惯和对现实的模糊认识，能更微妙、更持久地削弱智力活动的效率。对现实采取双重标准，一个是我们私人的或多或少有些隐蔽的兴趣标准，另一个是公共的和大家公认的兴趣标准，这对我们大多数人的智能活动的专注于完整性是不利的。更严重有害的是，有意识的思考及专注变成与发自冲动的盲目喜好分裂明显。学生对课业关注是被迫的、半心半意的，所以注意力游移不定。跑到未公开宣布的所以是不正当的题目上，而只能偷偷关注。学校本来要借有目标的可以探索来约束反应而养成纪律，这个纪律却没有发挥作用；更糟糕的是，学生最在乎的、最合志趣的想象活动（因为这些活动集中在欲望最爱好的东西上）变成偶然、隐蔽的事。这些实物遵循不被认可的方式纳入学生的行为，即便有问题也不会受到纠正，所以对平时可能有不良影响。

学生一面从事大家承认的、公共的和对社会负责的事情，另一方面又纵容私人的、不守规章的和受压制的思想活动。不难发现产生这种心理分裂的学校环境相当常见。有时所谓的"严格训练"，即外面的强制外部赋予的压力，就有这种趋势。用与本题不相干的奖励为动机，也有类似的问题。一切使学校教育仅仅成为预备工作的做法也有这种倾向（见第五章第一节）。教育的目标不是学生目前所能理解的，所以必须借用其他力量使孩子们的注意力放在所布置的作业上。这种做法虽然能获得一些反应，但是却没有引起学生的欲望和爱好，必须寻谋出路。过去强调不用任何思考来练习活动技能，这种练习没有目标，只会养成机械的技能，其危害也同样严重。教师们想一下，当学生的思想和感情在目前的活动中找不到出路时，这种思想和感情将会发生什么情况呢？如果这种思想和感情可以暂时搁置起来，或者只要冷淡下来，这就不成为重要问题。但是，这种思想和感情并不会就此消失，它们也不会就此被搁置起来，除了有关的作业以外，它们也不会就此被压制，而是会沿着它们自己混乱无序的和未经训练的途径前进。学生心智反应中天生的、自发的、充满生气的部分不能发挥、不受检验，学生因而养成的习惯也使这些特质越来越不能运用到公开承认的目标上。

负责，作为理智的态度的一个要素，指的是事先考虑任何计划的可能后果，并且有意承受这些后果的倾向。所谓承受这些后果，意思是指考虑这些后果，在行动中承认这些后果而不仅仅是在口头上同意。我们前面说过，观念本质上是针对疑难情境找出解答的观点和方法，是为了影响反应对未来所做的预料。可想而知的，有人往往会不加思考地就同意一个报告或相信别人所暗示的道理，而没有考虑这个报告或道理到底是不是真的。至于接受之后可能要承担什么后果，只有粗略的表面的概念。因而所谓观察和认识，相信或赞同，不过是怠惰地默认外部所提出的事情而已。

如果学校设置一些可以凭借真实经验启发信念的情境，使学生懂得情境中必要的举措与遇见的结果，那么教材内容不妨少一些事实与道理，少一些假定学生必须接受的东西。学校科目过分复杂，课程和功课过分拥塞，所产生的永久恶果并不是随之而来的忧心忡忡、神经紧张和肤浅的理解（尽管这些后果是严重的），而在于不能使学生理解真正认识一件事和真正相信一件事的含义。智能上的负责态度，就是指在这方面定下严格要求的标准。而学生唯有借用贯彻实践学到的东西，才能够建立这样一套标准。

而我们所谈的态度，可以说就是在脑力的行动上做到彻底。把某个题目的所有枝节作极其仔细和一成不变的联系，这也是彻底，但近似纯粹有形的彻底。而理智上的彻底性就是识破一件事。要做到这一点，要依靠细节所从属目标的统一性，而不是依靠提出众多不相关联的细节。这种彻底表面在逐步认清目标完整意义的坚定态度上，并不是指对于别人指定的步骤是否专注，无论学生表现得多么"勤奋"。

摘　要

教学方法就是经验材料最有效和最有成果的发展途径。因此，方法从观察经验的进程中得来，在这种经验中，个人的态度和举止与所学习的教材之间并没有有意识地被区别开来。认为方法是某种孤立的东西，这种想法和孤立心智与实物世界之外的观念是相关的。这样的教学方法会使教与学都变得形式化、呆板而且勉强。学习方法应当因人而异，然而，由于经验积累智慧，学习教材又有普遍的相似之处，所以我们可以从完成经验的过程中看出一些特征。就个人态度的表现而言，良好的学习法包括直截了当的态度，灵活的理智兴趣或虚心的学习意志，目标的完整性和承担包括思维在内的个人活动后果的责任心。

第十四章　教材的性质

教师的教材和学生的教材

从原则上说，所谓教材的性质，就是在一个有目标的情境的发展过程中所观察、回忆、阅读和谈论的种种事实以及所提出的种种观念。这句话如果联系学校教学的材料和组成课程的科目，就可以表达得比较具体些。把这个定义应用于读、写、算、历史、自然研究、绘画、唱歌、物理、化学、外语等科目上，又有什么意义呢？

我们先回头看下我们前面讨论过的这两个要点。一点是，教师在教育事业中的任务在于提供刺激学生的反应和指导学生学习过程的环境。归根到底，教师所能做的一切在于改变刺激，尽量使学生的反应可以导致养成思考与情绪方面的良好意向。显然，学校课程的各门学科或教材和提供环境的事有密切联系。另一点是，需要一个社会环境，使所养成的习惯有意义。在我们所说的"非正规教育"中，教材直接包含在社会交往的情境中，教材就是一个人所联系的人、所做的和所说的事物。从这个事实，不难给我们提供了理解正规教材的线索。在原始社会，随着人们所进行的活动和所举行的礼拜，有许多故事、传统、歌谣和仪式被保留了下来。这些东西都代表着从他们过去经验中所沉淀下来的意义主题，受到团体的极大重视，等于团队对自我集体生命的概念。虽然这些东西并不明显地属于日常工作如饮食、狩猎、战争和谋和、制作地毯、陶瓷和篮筐等技能的一部分，却是团体有意识地让年青一代铭记的；通常在成年礼中教导，而且带着强烈的感情。对有意识地永久保存团体的神话、传说和神圣的口头用语，他们甚至比传递团体直接有用的风俗习惯还要费尽心思。这是因为在平常交往过程中，可以学会群体的各种风俗习惯，但神话传说则不容易获得。

社会群体日益复杂以后，人们获得了大量的技能，这些技能或者在事实上，或者在群体的信念中，都需要依赖过去经验中所积累的标准观念为依据，因此，社会生活内容的规范也愈趋向于以传授知识为目的。我们前面曾经说过，我们之所以有意识地讲述群体生活，吸取其最为重要的意义，并使之系统化，条理清楚，主要的动机在于教育年青一代以延续群体生活的需要。这种选择、表述和组织的工作一旦开始就永无止境。书写和印刷的发明给这一工作带来了巨大的动力。最终，学校中学习的教材和社会群体的习惯和理想之间联系的纽带被遮蔽得不见了。两者之间的联结变得更加松散，好像彼此毫无联系一样；好像教材不过是为了自己的利益而存储知识，好像学习仅仅是为了学习教材内容，与任何社会价值无关。既然为了实际的原因反对这种趋势极为重要（见第三章第三节），所以我们理论探讨的主要目的在于使这种易被忽略的联系凸显出来，并且详细说明学校课程的主要成分的社会内容和作用。

要点必须从教师和学生的立场来讨论。对教师来说，教材中的知识远远超过学生目前的知识水平，重要的问题在于提供明确的标准，使教师明白未成熟学生的粗糙活动能够做怎样的发展。（1）学校中的教材，把需要传递的当前社会生活的意义转化为具体和详细的用语。这种教材，以有组织的形式明白地向教师展示了要永久保存的文化的重要成分，以免教师因为意义没有被标准化而随意表达。（2）教师如果了解在过去的活动中所获得的许多观念，他就能领会学生表面上属于冲动的和无目的的反应的意义，并提出必要的刺激引导这些反应产生一定的价值。教师愈懂得音乐，他就愈能领会学生初期音乐冲动的种种可能性。有组织的教材，代表着与孩子们的经验相类似的许多教师们经验的成熟果实，这些经验包含同一个世界的，也代表着和儿童所有相类似的许多能力和需要。这种教材并不代表完美无缺或一贯正确的智慧，但是，它是可以自由支配以增进新经验的最好教材，至少在某些方面超越现有的知识和艺术作品中所体现的成就。

换句话说，站在教师的立场上看，学校中的各种课程代表着许多工作的资源和可以利用的资本。但是，这些课程远离孩子们的生活经验并不只是表面现象，而是事实。所以学生的教材和成人的公式化、定型化和系统化的教材是不一致的，也不能一致。成人的材料是学生的材料的可能性，而不是学生的材料的现状。成人的材料直接成为专家和教师活动的一部分，而不能成为初学者和学生活动的一部分。对教师和学生的不同观念所产生的教材不加以区别，是在使用课本和许多其他知识的表现形式时所造成的大多数错误的根源。

正因为教师对教材的态度不同于学生对教材的态度，所以我们需要理解任性的本质与作用方式。教师实际提出的材料，只是学生可能提出的东西。换句话说，教师已经知道的事物在学生方面只是正在学习的事物。所以，双方看待问题和理解问题是截然不同的。当教师从事直接的教学活动时，他需要精通教材，同时他的注意力也应该集中在学生的态度和学生的反应上。教师的任务在于了解学生和教材的相互影响，而学生的心思不应该放在自己身上，而应该放在学习的科目上。换个说法，教师不应只注意教材本身，应该注意的是教材与学生目前的需求以及能力如何互动。所以教师仅有学问是不够的。事实上，除非教师习惯于关心教材和学生自身的经验如何相互的影响，否则，孤立地看，教师的学问和他所熟练掌握的教材的某些特点反而阻碍了有效的教学。首先，教师丰富的知识超出了学生认知的范围。其中包含的原理超出不成熟学生的理解能力和兴趣。这种知识的形态以及内容与学生亲身经验的世界差异之大，就像天文学家关于火星的知识不能代表婴儿对于他所处房间的认识一样；其次，一个有学问的人对材料的处理和理解方法，不同于一个初学者对材料的处理方法。有人认为孩子们的经验是杂乱无章的，是由孤立的片断所构成的，这种看法是不正确的。但是，孩子们的经验是绕着他的实际兴趣中心组成的。例如，孩子的家是他的地理知识的组织中心。他自己在这个地方活动，他到外地的旅行，他的朋友讲述的故事，这些联系把他知道的各种事情串在了一起。但是，地理学家的地理知识不会是这样组织起来的，他已经把这些较小的经验的含义扩大了，他的地理知识是根据各种不同事实之间的关系而组织的。对一个有学问的人来说，他的材料是广泛的，精确地说，是有逻辑地相互关联的；对一个正在学习的人来说，他的材料是不固定的、局部的，是通过他从事的活动而产生关联的。教学的问题在于使学生的经验不断向着专家已知的方向前进。所以，教师既需要懂得教材，还需懂得学生特有的需要和能力。

学生教材的发展

我们无须歪曲事实，便可以划分出学习经验中教材成长的三个具有代表性的阶段。在第一阶段里，学生的知识体现在智能中，就是做事的能力。学生熟悉了事物，就表明他已掌握材料。在第二阶段，这种材料通过别人传授的知识，逐步地得到充实和加深。最后阶段，材料更加扩充，加工成为合于理性或合于逻辑的有组织的材料——掌握这种材料的人，相对来说，就是这门学科的专家。

1. 人们最先学习，也有最深印象的知识，是"怎么做"的知识；怎么走，怎么说话，怎么溜冰、怎么写字、怎么骑脚踏车、怎么操作电脑、怎样计算、怎样骑马、怎样卖东西、怎样管理人，等等。本能的倾向如果能适用于某种用途上，常常被认为是了不起的聪明。这种看法虽然缺乏充分的理由，却可以证明有许多人懂得控制行为手段就等于有知识。教育受了学院式知识概念的影响，只重视科学方法陈述的事实和道理，不明白最根本初步的教材从来都是要主动去做的事，做的时候要运用身体，要处理材料。学校的教材脱离学生的需要与目的，仅仅变成供人记忆、在需要时背出来的东西。

恰恰相反，如果承认教材的自然发展进程，便会从包含边做边学的情境着手。课程表的初级阶段包括技能与实地作业，因为这才与指导怎么做能达到目的有关。

一般人能说的"知识"，一向保有与行动能力相关的意思，这一层意思却被排除在学院哲学所指的知识之外。英文之中的知（ken）和能（can）就是同源词。attention 的意思是指照管一件事物，既有钟爱它的意思，又有照料它的意思。留心（mind）一词，意思是在行动中执行指示，例如说一个孩子听他母亲的话，还有一个意思是照料一件事物，例如说一个护士照料这个婴儿。考虑周到（to be thoughtful，considerate），意思是留意别人的要求。英文中的 apprehension 一词，意思是理解，也有担心不良结果的意思。有机智或判断力（to have good sense or judgment），意思是懂得一种情境所需要的行为；有辨别力（discernment），并不是为辨别而辨别，并不是要练习作无益而琐细的分析，而是对行动有真知灼见。才智（wisdom）一词，总是和生活的正当方向联系在一起。只有在教育中，知识主要地指一堆远离行动的信息库，而在农民、水手、商人、医生和实验室的实验人员的生活中，知识却从来不是远离行动的。

必须用智能做的行为，会导致人对事物的通晓或熟悉。我们最熟悉的事物，就是我们经常要用的事物——例如椅子、桌子、笔、纸、衣服、食物、刀和叉等寻常东西。按各人职业的不同，它们又分化为许多更特殊的东西。熟悉一词，暗示了对各种事物的认识具有亲密感，是从亲自使用过程中沉淀下来的。我们经常对一个事物有所行动，就能预料这个事物将有何动作，有何反应——这就是熟悉的意义。我们对于熟悉的事物总是有所准备的，它不会趁我们不备，突然捉弄我们。这种态度使我们有一种兴趣相投或友好的感觉，以及舒坦和有所启发的感觉。而我们面对所不习惯对付的事物，就会感到是陌生的、不相干的、冷淡的、遥远的和"抽象的"。

2. 进一步阐释以上第一阶段的知识可能会引起误解。这个阶段的知识实际上包括所有非刻意专门研读得来的知识。我们有目的的行为，大多数包含应对的人和事。想要与人沟通的冲动、习惯用的与人交流的方式，都必须有所适应，一边维持与他人的关系，只有这样，很多的社会知识才能自然增长起来。一个人通过这种相互沟通，能从别人那里学到很多知识。他们讲述自己的经验，也讲述他们听来的经验。一个人如能注意这种沟通，别人的事情也就能成为他自己经验的一部分。我们和别人的种种积极联系，成为我们自己的重要组成部分。所以，不可能划清界限，说："我的经验已经到此为止了，再过去就是你的经验了。"我们参与公共的事业，别人把他们参与这个事业的经验告诉我们，这种经验立即和我们自己在做特殊事情时所得的经验混成一体。耳朵和眼睛，与手一样，都是经验的器官。眼睛可以用来阅读不在眼前发生的事情的报告。在空间和时间上离开我们很远的东西和我们能嗅、能拿的东西，对我们行动的影响会产生相同的结果。这些东西都和我们有关，因此，任何有关它们的记载，如能帮助我们应付目前的事情，都算是我们的亲身经验。

一般称这种材料为信息或情报。沟通在个人行动中的地位，为我们估量这种信息资料在学校中的价值提供了一个标准。这种信息资料是否从学生所要解决的某一问题自然地产生？它是否符合学生更直接熟悉的知识，从而增加它的功效并加深它的意义？如果信息资料能满足这两个条件，它便具有教育意义。学生能听到多少读到多少并不重要——假如学生需要这种信息资料并且能在他自己的情境中加以应用，那么这种知识越多越好。

但是，实际上做到这两个要求，并不像理论上说得那么容易。现代相互沟通的范围扩大了；获取天文及考古知识的设备创新，印刷、记录和传播信息——有真有伪——的成本降低，这种种事实创造了大量可以相互交流的知识材料。让学生淹没在这些知识材料中，使他应接不暇，是很容易的，而要把这种材料引进他的直接经验中，就不容易了。这些材料往往构成一个奇异的世界，恰好压在个人熟悉的世界之上。学生唯一的要务就是，为了学校定的目标，为了上课、考试、升级，学习这陌生世界里的东西。对今天大多数人而言，知识一词的最显著的含义不过是指别人已经确定的许多事实和真理，就是在图书馆书架上一排排地图、百科全书、历史、传记、游记、科学论文里面的材料。

这些令人肃然起敬、深刻印象、卷帙浩繁的材料，不知不觉地影响了人们对于知识本身的看法。书中所载的叙述、命题，贮藏着积极对付各种问题所获得的知识，他们把这些叙述和命题自身看作知识。知识的记录本是探索的结果和进一步探索的资源，但是人们不顾知识记录所处的这种地位，就把它看作知识。人们的心灵成为被它先前战胜环境的战利品困住了。知识、事实和道理的意义不再由向未知宣战的武器决定，而是由战利品来决定。

把知识和记述信息的命题混为一谈，如果逻辑学家和哲学家们也免不了这种看法，那么，这一观念几乎已经统治着教学领域就不足为怪了。学校的"课程"大半由分散在各门学科的知识信息所组成的，每门学科又分成若干课，把积聚的知识材料分割成一连串片断教给学生。在十七世纪时，这种积聚的知识材料还不多，所以人们提出了掌握全部百科全书式的知识理想。现在，知识材料积聚得那么多，很明显，任何人都不可能全部掌握。但是，教育的理想仍然没有受到很大影响，人们仍然以通晓百科全书为求知的理想。学生对每一门学科或者至少对所选择的一组学科都要获得一点信息，这是从小学以至到大学课程编制的一个原则。把比较容易的部分安排在前几年教，比较困难的部分安排在后几年教。

老师们抱怨课堂里学的东西，没有影响学生的个性与言行，反对强调记忆的工作，反对死记硬背，反对兢兢业业专找"事实"，反对热衷于过分微细的区别和没有理解的法则和原理，以上这些都是从这种教育现象衍生而来的。以二手的，别人的知识为主的知识，容易变成仅仅是字面上的知识。我们并非反对用语言文字表达的信息，因为沟通信息必须运用言词，而是如果所沟通的知识不能组织到学生已有的经验中去，那么这种知识就变成了纯粹的言辞，即纯粹感觉刺激，没有什么意义，这种知识的作用，不过是唤起机械的反应，只能运用发音器官重复别人的话，或用手写字或做"算术"。

把知识告诉一个人，他就获得间接知识，这就使他掌握了有效解决问题所需要的材料，使得寻求解答和解决问题本身更有意义。资料性的知识就是一个人处于疑难情境时可以依靠的已知的、确定的、既成的、有把握的材料，它是心灵从疑难通往发现的一座桥梁，它具有了智能经纪人的作用，它把人类以往经验的最后成果压缩精简，记录成可用的形式，作为提高新经验意义的工具。当一个人听到报告说布鲁特斯刺死了恺撒，或者一年有三百六十五又四分之一天，或者圆的直径同圆周的比例是 3.1415……他听到的实际上是别人的知识，对他来说，这种知识不过是求知的刺激物。他要获得知识，就看他对所传达的知识如何做出反应。

科学或合理化的知识

科学是最独特形式的知识名称，它代表完美无缺的知识成果——知识的极致。在某一特定情况下，所认知的事物是可靠的、无疑的、确定的、已经处理过的事物，是我们用以思考的事物，而不是我们要考虑的目标。按崇高的定义，知识的意义与意见、猜测、思索和纯粹传说不同。在知识中，事物都是确定的，它们就是这样的，不是含糊不清的。但是，经验使我们认识到，教材的确定性不同于我们自己的确定性。可以这么说，我们生来倾向于信仰，轻信是很自然的。未经训练的大脑，不喜欢悬而未决和理智上的犹豫，它倾向断言。未经训练的大脑，喜欢事物不受干扰，固定不变，并且没有适当的根据，就把它们视为已经确定的事物。熟悉、大家称赞与欲望相投，很容易被用作测量真理的标准。无知使人易犯固执己见的和流行的错误，对于学习而言，这比无知更糟糕。所以苏格拉底才会说，意识到无知便是有效智慧的开始。笛卡尔也说，科学产生于怀疑。

前面有一个事实我们已经详细讨论过，就是观念有无价值必须经过实验的检验：因为材料和观念自身本来是试验性的和暂时性的。我们偏爱不成熟的认可和断言，厌恶悬而未决的判断，这种偏爱和厌恶，都是我们自然倾向于缩短试验过程的标志。我们满足于表面的和目光短浅的直接应用。如果这种应用结果略能让人满意，我们便心满意足，以为我们的假设已经被证实。就是遇着失败，我们也往往不归咎于自己材料和思想的不适当和不正确，而是归咎于自己命运不好或是环境与我们在作对。我们不能把所得的坏结果归咎于自己计划的错误，归咎于对情况没有做全面的探索（如果能对情况做全面的考虑，就可以修正方法），却归咎于不愉快的命运。我们甚至不顾结果如何，就以固守我们旧的观念为荣。

科学是人类防止这些自然倾向以及由此所产生恶果的工具。科学的内容是由人类慢慢设计成功的特定的工具和方法，在思考过程和结果可以验证的情况下，人们运用这些工具和方法从事思考。科学是人为的（是获得的技术），不是自发的；是学习得来的，而不是天生的。因为这个事实，科学在教育上有独一无二、无法估价的重要地位；也因为这个事实，产生了不能正确利用科学的危险。一个没有养成科学精神的人就不能利用那些能有效指导思考的最好的工具。这种人不但不能利用最好的工具从事研究和学习，也不能彻底理解知识的意义，因为他不懂得什么是意见和赞同，什么是证实无误的道理。另一方面，因为科学是在高度专门化的技术条件下完成的求知行为，这个事实，使科学研究结果自身远离平常经验——这种远离经验的性质通常称之为抽象。当这种孤立状态一旦在学校教学中出现，科学知识甚至比其他形式的知识更加面临着依赖现成教材所带来的恶果。

我们从探索方法与检验的角度界定了科学的意义。初看起来，这个定义似乎与现行的概念科学是有组织的或系统化的知识相反。但是，这种对立只是表面上的，只要把一般的定义说完全了，这种对立就会消失了。科学与其他知识的不同之处不在于是否有组织，而在能够用适当的经过检验真伪的方法促成那种组织。一个有能力的农民，他的知识是系统化的，是根据手段和目标的关系组织起来的——是通过日常的农作实践组织起来的。这样组织的一套知识（即经过充分检验与证实的），对根据使谷物丰收和牲畜成长等知识的组织来说，不过是偶然结果。但是，科学教材的组织则不然，特别要参照从前成功的发现，是根据专门以知晓为目的行为而组织的。

只要谈一下科学给人的信服，可以说明上面这句话的意思。这是合理的确信——有逻辑的保证。所以，科学化组织的理想是，每一个概念和叙述都必须是从别的概念和叙述而来，又必须能引申和运用到别的概念和叙述上去。各种概念和命题互相包含，互相支持。这种"引出后面，证实前面"的双重关系，就是所谓逻辑和合理的意义。我们平常对于水的概念更适合于水的平常用法，如用来喝、洗物和灌溉等。但是化学家把水描述为 H_2O，从探讨知识的立足点与用途来看，都要胜上一筹。这个说法讲水的性质，使水和其他事物的知识联系起来，让理解水的性质的人知道这种知识是怎样得来的，这种知识和有关事物结构的知识的其他部分有何关系。严格地说，化学概念没有说明水的客观关系，与我们说水是透明的，流动的，没有味道，没有臭味，能解渴等等差不多。我们说水有种种关系，化学概念认为水的成分是两个氢分子与一个氧分子合成的，这两种说法同样准确。但是对于为了要证明事实而进行探索的特定目标而言，后一种关系是基本的。一个人越强调组织是科学的特征，他就越要承认方法在科学的定义中居于首位。因为，使科学成为科学的那种组织，是方法界定的。

教材的社会性

后面的几章我们将讨论学校的各种活动和课程，讨论的时候，我们会按照前面我们刚讲过的知识演化的连续阶段来讨论。因为我们前面的论述主要都在教材和智能方面，所以，关于教材的社会性还要略微讲一下。即使极其重要的知识也有不同的广度和深度。即使是与真实疑难相关的、有目标为动机的数据和想法，也有广度和深度上的差异。因为各种目的牵扯的社会范围以及各种问题的社会重要性，也都存在着差异。由于有许多可能的材料供我们选择，所以在教育上（特别是还没有进入专精层次以前的各个阶段的教育）应当有一个评断社会价值的准则。

一切信息和系统化的科学材料，都是在社会生活的条件下产生的，都是用社会的方法传递的。但是，对于养成社会各个成员的倾向和培育他们的才能，这个事实并不能证明这类材料具有同等的价值。一个课程计划必须考虑课程能否适应现在社会生活的需要，选材时必须以改进我们的共同生活为目的，使将来比过去更美好。除此以外，在规划课程时，必须把要素放在第一位，把经验放在第二位。凡是社会方面最基本的事物，换句话说，凡是和最广大社会群体共同参与的经验有关的事物，就是要素。至于属于专门团体与技术性实物需求的，就是次要的。有人说，教育首先必须是人的教育，随后才是专业的教育。这是实话。但是，说这句话的人常常把人这个名词理解为仅仅指非常专门的阶级，即保存以往古典传统的学者阶级。他们忘记了教材必须与人类的共同利益有联系才是人类化的教材。

民主社会的延续，尤其倚重一套广泛关切人的课程标准的运用。对于大众教育，如果选择教材的主要力量是以狭隘的功利为目的，而对于少数人的高等教育，则按照特别有教养的阶级传统来进行选择，那么民主是兴盛不起来的。有人认为初级教育的"要素"就是呆板的读、写、算三门，这种看法是因为他们不懂实现民主理想需要那些要素。假定未来和过去一样，对绝大多数男女来说，所谓"谋生"，就是指做没有多大意义的、不能自由选择的、不会使做它变成高尚的事情，他们不知道自己做事的目的，他们工作是为了金钱的报酬而受别人指挥。是为了帮大量的人准备过这种生活，而且只为了预备这一个目的，教他们读书、写字、拼法、计算的机械效率，再加上一定程度的肌肉的灵巧敏捷就是所谓"要素"了。这种情况也把缺乏教养传染给了所谓的自由教育，它们意味着放弃了从关心人类共同的最深层次问题而来的启迪与修养，换来的是这种培养寄生虫的教育。承认教育社会责任的课程必须提供一种环境，在这种环境中，所研究的问题都是有关共同生活的问题，所从事的观察和传授的知识都能发展学生的社会见识和社会兴趣。

摘　要

教育上的教材，首先是由现在社会生活内容的种种意义所构成。所谓社会生活的连续性就是说，在这些意义中有许多是由过去的集体经验贡献给现在的活动。由于社会生活发展得更为复杂，这些因素在数量和意义上也随之增加。对这些材料需要加以特别的选择、表述和组织，使它能适当地传授给新的一代。但是，正是这种过程往往产生一种教材，认为离开了教材，年轻人就无法认识他们经验中所含的意义，也就是说他们认为教材自身就有价值。特别是教育者易受诱惑，以为他的任务就是使学生能掌握和复述指定的教材，不考虑把教材组织到学生的活动中去。如果学生开始学习的东西是有社会根源和应用的主动作业，通过把更有经验的人所传授的观念和事实吸收到他自己更为直接的经验中去，然后进到包含这些观念和事实的教材和法则中去培养科学的洞察力，这样，我们所主张的积极原理就得到维护了。

第十五章　课程中的游戏与工作

主动从事作业的重要性

　　近十几年的学校课程经过了很大的改革。这种改革的原因，一部分是由于教育改革家的努力，另外一部分是由于研究儿童心理的兴趣的提高，还有一部分是因为学校教学的经验积累。这三个方面都得到了同一个教训，即教学应该从孩子的经验和能力出发，所以应把类似孩子们在校外从事的活动形态纳入了学校内的游戏与工作。近代心理学已经推翻的旧理论里，人人都具备了学习能力的说法。经验表明，当孩子们有机会从事各种调动他们自然冲动的身体活动时，上学便成了一件让他们高兴的事，而学校老师们对孩子们的管教负担刻意减轻，学习也变得比较容易。

　　有的时候，学校会采取游戏、竞技和建造作业的方式，有时候也许只是基于这些原因，总的来说是要疏解"正规"学校功课的沉闷和劳累。但是，只是采用游戏和建造作业作为愉快的消遣这是说不过去的。心理生活的研究表明，探索、操作工具和材料、建造、表现欢乐情绪等先天倾向，都有其根本的重要意义。如果这些本能所激起的种种练习是正规学习课程的一部分，学生便能专心致志地学习，减少校内生活和校外生活之间的人为的隔阂和差距，学生对于各种不同材料与学习过程有了专注的动机，在社会环境中供给知识的合作互动也有了。总之，学校的课程中包括游戏与主动参与的作业，是有智能发展和社会行为方式的根据，不是暂时的权宜之计。而没有一些游戏和活动，就不可能有正常有效的学习。所谓有效的学习，就是知识的获得是从事有目标的活动的结果，而不是被动应付学校功课的结果。讲得更具体些，游戏和工作完全切合认知的初步阶段的特征，而认知的初步阶段，在前面的章节我们已经讲过，就是学校应该做的事情，边做边认知事物，边理解做的过程。在有意识的哲学兴起以前，希腊人用同一个词 Texu 代表技艺和科学，这是有启发性的。柏拉图论述知识时，也根据分析补鞋匠、木工和音乐家等等的知识为依据，指出他们的技艺（如果不是纯粹的机械工作）都含有一个目标，那就是掌握工作的材料，控制所做的工具，并有明确的进行程序——这种种事情都是取得聪明的技能或技艺之前必须知道的事情。

孩子们在校外的时候一般总是在游戏或工作。这个事实让许多教育者认为，孩子们在学校的时候应该从事一些和校外完全不一样的事情才行。所以学校里的时间那么宝贵，似乎不应该用来让孩子们做他们一定会做的那些事情。在某些社会条件下，这个理由还是站得住脚的。例如在开拓的时代，校外作业能提供明确的、有价值的、理智的和道德的训练。至于书本上的知识，是他们难得见到的，也是他们在偏僻简陋的环境里唯一通往外界的出口。只要这样的环境条件存在，无论哪里，只要主张学校活动集中在书籍上，都是有一番道理的。可是，在大多数的现代社会里，情况就大不相同了。特别在城市里，小孩子们能从事的工作大多是反教育的。禁止童工就是社会最好的证明。另一方面，现在印刷品很便宜，流通又非常广，培养智能的机会途径大大增加了，旧式的钻研书本也远远不像之前那么有力量了。

但是，不要忘记，在大多数校外环境里，教育的结果不过是游戏和工作的一个副产物。这种结果是偶然的，不是主要产物。因此，所得到的教育发展多少也是出于偶然。工作分量太重，会有目前工业社会的缺点，这种缺点对于正常的发展几乎是致命伤。游戏往往既重复又肯定成人生活环境中的优点，也重复和肯定成人生活环境中的缺点。学校的任务就是设置一个环境，在这种环境里，游戏和工作的进行应能促进孩子们的智力和道德的成长。如果仅仅在学校采用游戏和竞技、手工和劳作，这些还远远不够。要点在于用什么方式进行这些部分。

可运用的作业

只要把列入学校课程表的活动做成一览表，就可以看出这个随手可用的领域是多么丰富。例如学校里的手工，有用纸的，有用硬纸板的，有用木料的，有用皮革的，有用布的，有用纱线的，有用黏土和沙的，有用金属的，有时用工具，有时不用工具。采用的制作法，有折叠、切割、穿刺、测量、浇铸、做模型、制作图案、加热、冷却，以及锤、锯、锉等特有的操作方法。作业的方式也很多，除了无数种的游戏和竞技以外，还有户外短途旅行、园艺、烹饪、缝纫、印刷、书籍装订、纺织、油漆、绘画、唱歌、演剧、讲故事、阅读、书写等具有社会目的（不是仅仅作为练习，以获得为将来应用的技能）的主动作业。

老师面对的问题是，如何使学生从事这些作业后，学到手工技能和效率，又能从工作中得到即时的满足，并且达到为未来使用做好准备的目的。这些成果都应该附属于教育目标之下，而教育目标就是达到智育成果，养成社会化的意向。这个原则的内涵又是什么呢？

首先，这个原则排除了某些做法，完全按照规定和指示而做的活动，一点都不更改复制现成的模型，也许可以锻炼肌肉的灵活度，却不要求做的人理解这样做的目的或针对目的做详细的计划。也就是说，学生不能运用判断力选择活动的方法，来选择并调整进行的步骤。这种错误不只是所谓的手工训练作业里面有，很多传统的幼儿园也在此列。此外，这类作业应该给学生一个犯错的机会。这并不是说错误是件好的事情，而是说如果只是想让学生不出错，严格限制孩子们挑选那些不会出错的材料和方法，就会限制学生的创造和探索精神，使学生的判断力减至最小限度，并强迫学生使用远离复杂生活情境的方法，最终导致学生所学得的能力完全不能在实际生活的其他环境中得到运用。孩子们往往眼高手低，让他们自己去挑，他们往往会挑选一些他们根本做不到的事去做，这是事实。但是，能力的限制也是一件要学的事情，和别的事情一样，也只有通过亲身体验了事情的后果后才能学到。儿童从事过分复杂的设计，将会胡乱对付，把事情弄糟，不仅造成粗糙的结果（这还是小事），而且会学会粗糙的标准（这倒是大事），这有很大的危险，他们本来就应该量力而行。然而，如果学生不能及早发现自己能力不足，并且被鼓励去做那些他没有把握能做好的事情，那就是老师的错了。如果在一段时间还看不出学生成绩的不好，从而使他们受刺激去尝试可以完善他能力的练习，这便是教师的过错。而且为了取得看得见的完美技能，而教学生去做太无足轻重、规定太严的活动，也是不值得的；维持学生们好创造、好建构的心性才是最重要的。如果面对一件复杂的工作，可以根据学生的能力而要求只在某些部分做到精准就好。

从老师的指示、教材的能容都可以看出，成人对孩子天生的经验一直是存疑的，因此才会施加很多外在的控制。学校的实验室、手工工场、福禄培尔式的幼儿园、蒙台梭利式的幼儿之家，都对未加工的原材料深怀恐惧。要求所给学生的材料都是经过别人精心处理好的了：教科书的内容证明有这种要求存在，也同时体现在由学生主动从事的材料里面。这种经过别人加工过的材料能控制学生的操作，以便避免错误，这是事实。但是，如果认为用了这些材料的学生就能获得智慧，那就是谬误了。只有从粗糙的材料做起，经过有目的地使用，学生才能获得包含在完成了材料中的智力。在学校实践中，太重视成形的材料会导致过分夸大教学的重要性，而学生运用没有经过处理的材料，能从最初的大小、形式和比例的问题以及从此引申出来的各种关系中得到有益于智慧的好处。但是，要真正理解这些特质，必须是作业的目的要求学生去注意它们，最终让学生一一领会。学生作业的目的与人性越接近，或者与日常经验所要求的目的越相近，学生学到的知识就越真实。如果作业的目的仅限于教学特性，那么学生由此获得的知识就只是技术性的知识了。

学生的主动作业基本上应该重视整体，这是同一个道理换个方式来说。但是，教育目的要求的整体不是指有形的实物。从心理方面说，学生能注意整体，依赖于他对作业的兴趣，整体是相对于性质而言的，是说作业的情境具有完整的感染力。如果不顾目前的目的，太偏重于养成有效的技能，那么在设计练习时往往会脱离作业的目的。实验室的工作不过是一些准确的测量工作而已，然而目的却是在于获得有关物理学基本单位的知识，而不去问这些单位的知识为什么重要；也不会去考虑使用实验仪器更便捷的操作方法。技术的获得与发现和试验目的毫不相干，而只有通过发现和试验才能使技术具有意义。幼儿园的作业不过是为了让孩子们学到有关立方体、球体等相关的知识，并养成使用某种材料的习惯（因为每件事情都是"一点不错"地照做），至于欠缺的目的意义，有人认为可通过所用材料的所谓"象征主义"来补偿。至于手工训练，则变成了一系列安排好的指定作业，使学生依次掌握一件件工具和关于建筑物的各种要素——例如各种不同的接合——的技术能力。主张这种教学方法的人辩解说，只有学生必须知道怎样应用工具才能对付实际的操作——他们认为学生不能在制作的过程中学习怎样应用工具。裴斯泰洛齐主张学习应该主动地运用感官，来代替死记硬背，这是完全正确的，但是，在实践中却留下了各种"实物教学"计划，一边使学生熟悉所选实物的一切特性。这些方法犯的错误都一样：都假定必须使学生先知道实物的特性，然后才能明智地应用这种实物。事实上，在正常情况下，在明智地（即有目的地）应用事物的过程中，同时就已经在运用各种感官了，因为在观察事物特性的过程中，就已经在为完成目标工作考虑各种相关的因素了。看一下一个制作风筝的孩子的态度，他注意到木材的纹理和其他特性，也注意到大小、角度和各部分的比例；再看一下关于一块木材的实物课上的一个学生的态度，这个时候，木材和它的特性的唯一作用不过是用来作为实物课的教材而已。这两者对待木头的态度是完全不同的。

学生领会的"整体"全部来自于学习情境的发展。因为教育者不明白这点，才会盛行有关简单与复杂的错误教学观念。对于研究一门学科的人看来，简单的东西是他的目标——无论执行过程多么复杂，他都要利用材料、工具或技术来达到这个目标。有了统一的目标和需要集中注意作业的各种细节，在活动过程中所应考虑的许多要素也就会觉得是简单的事情了。有了统一的目标，对于每个达成目标中间的组成部分，就根据它在整个作业中的作用，赋予它一个单一的意义。一个人在做完全部过程以后，各个组成部分的特征和关系都是整体之中的要素，每一个要素都有它自己的意义。我们所指的错误观念，也就是专家的立场，在他看来，要素是独立存在的，把要素和有目标的活动分开，初学者应该从元素"简单的"东西学起。

不谈负面的了，现在要从积极方面来讲。主动作业代表要去做的事情而不是什么功课。除开这个事实，主动作业在教育上之所以重要，在于它们能表现典型的社会情境。人类基本的共同事务集中于食、住、衣、家具以及与生产、交换和消费有联系的工具。这些东西代表生活的必需品和装饰品，这些事情能接触到本能的深处，它们充满了具有社会性质的事实和道理。

学校的园艺、纺织、木工、金工、烹饪等活动，就是把上面所说的人类基本事务引用到学校课程中去。如果指责这些活动仅有谋生糊口的价值，那就失去了其本来的意义了。如果广大群众觉得他们所从事的工业职业不过是为了维持生计而不得不忍受的灾难的话，这个的问题不在职业本身，而在进行工作的环境条件。当代生活中经济因素日益重要，学校教育就更有比较展露经济因素的科学意义与社会价值。因为，在学校中进行的作业不是为了金钱的报酬，而是为了作业本身的意义。学校的作业摆脱了外部联系和工资压力，能够提供给学习者本身各种形式的有价值的经验，这种作业在性质上真正是具有使人自由的作用的。

例如，园艺作业并不需要为了培养未来的园林工人来教，也不必当来为了舒适的消遣办法。园艺的作业是为了解农业和园艺在人类历史上和现在社会组织中所占的位置，为学习者提供了一个研究的途径。在用教育的方法加以控制的环境中进行园艺作业，可以教导学生认识植物生长的事实、土壤化学、光线、空气和水分的作用，以及有害的和有益的动物生活等等。小学生的植物课程里，无一不可用活泼的方法合并照顾种子生长来教。这样的教材不必属于称之为植物学的特殊研究，而是属于生活的，并且可以和土壤、动物生活以及人与人的关系产生自然的联系。当孩子们长大时，就能不受原来对园艺的直接兴趣的支配，而是为了发现的目的去研究各种有兴趣的问题——例如从有关植物的萌芽和营养、水果的生产问题过渡到周密的知识性的研究等等。

这个例子当然也可以应用到别的学校作业上，如木工、烹饪以及本章所列举的其他各种作业。应该指出，在人类历史上，各门科学都是从有用的社会作业逐步发展起来的。比如，物理学就是慢慢地从应用工具和机械发展起来的。物理学的一个重要分支如力学，英文的原意可以证明它原来是和机械有关的。杠杆、车轮、斜面等等，便是人类在知识方面最早的伟大发现。这些发现虽然是在寻找达到实用目的工具的过程中发生的，但仍然是知识方面的发现。十九世纪电学方面的巨大发展是和电力在交通运输工具、城市和家庭的照明以及物品的经济生产方面的应用有密切联系的。电学的发展既是电力在各方面得到应用的原因，又是它们的结果。而且这些科学上的应用都是基于社会需要的目的。如果说这些应用和私人利润的观念联系太密切，这并不是因为科学应用本身有什么问题，而是因为它们被人作为私用。学校应担负责任，让年青一代的思想上学习科学应用和公共科学、社会利益相关的课程，明白它们之间相互存在的联系。同样，化学也是从染色、漂白、金工等制作方法上发展起来的。近年来，化学在工业上已有无数新的应用。

数学现在是一门高度抽象的科学了，但是，几何学本意是指土地测量，实际应用数字来计算，算清物件，以及度量长短，这是最初发明数字的目的，现在这种实际应用比以前发明数字时更加重要。比如这些例子（在任何一门科学史上都有）并不是为了重现已往的人类历史，或倒退到古老的经验法则时代。这些考虑是要指出，将孩子们主动从事的作业当作学习科学的好机会，这种可能性如今比过去更大。至于社会科学方面，不论就以往或未来的人类集体生活而言，同样的有这种机会。小学生若要学习公民和经济学的最直接途径是研究工业方面的职业在社会生活中的地位和作用。即使是教中学生，多使用可以在他们所处的社会群体的日常生活中看见的事物为材料，少把社会科学当系统地阐述的知识来研究，那么，学生也会觉得这样的社会科学就不会那么抽象那么形式化了。

作业和科学方法之密切相关，不亚于作业和科学材料的关系。科学进步缓慢的时代，就是有学问的人轻视日常生活的材料和制作方法的时代，特别是那些有关手工作业的材料和制作方法。因此，他们极力用逻辑推理，从一般原则——差不多是从他们自己头脑里——发展知识，而不是从现实的实践应用中来发展。说学问应该从对物质东西所起的作用和利用物质东西有所行动而得来，比如，把酸液滴在石块上观察会发生什么现象，这和说学问应该从穿着蜡线的锥子刺穿皮革得来，同样可笑。但是，实验方法的兴起已经证明，如果条件得到控制，后一种操作方法比孤立的逻辑推理更能代表求知的正当途径。实验方法发展于十七世纪和以后的几个世纪，当时人们的兴趣集中在控制自然以供人类利用的问题上，所以实验方法就成为大家认可的求知方法。主动作业应用工具对付物质的东西，借此带来了很多有用的变化，这就是实验方法最重要的入门。

工作与游戏

主动作业这个名词，既包括工作，又包括游戏。从它们内在的意义来看，游戏和勤奋并不像通常假定的那样是相互对立的，两者之间任何尖锐的对立都是来源于不良的社会条件。两者都有意识地抱着一定目的，并对材料和过程的选择和适应进行了设计，希望实现所期望的目标。而两者的区别主要是时间跨度的区别。这种区别影响目标和手段之间联结的直接程度。例如在游戏中，兴趣比较直接，这个事实常常用这样的话来表示，那就是：在游戏中，活动就是它自己的目标，而不在于它可能带来的将来的结果。这句话是正确的，但是，如果认为这句话的意思是说，游戏是短暂的行为，没有前瞻的成分，也没有继续向前推进的方向可循，这就是误解了。以打猎为例，这是最常见的成人游戏之一，其中也包含了前瞻；打猎者要根据现在的行为受着他等待下一步状况的引导，这是显而易见的。如果说，所谓活动就是它自己的目的，如果是指当下的行动做过就已经完全结束，那么这种行为是纯粹身体工作的行为，也是没有意义的（见第六章第三节）。做这种活动的人要么是十分有目的地、也许是纯粹模仿地进行一系列活动，要么就是处于一种极度紧张的状态，使他们自身精疲力竭。有些幼儿园的运动游戏，游戏的观念具有高度的象征性，只有成人才懂得象征的意义，而这种游戏就会产生这两种结果。除非参加游戏的儿童对游戏有他们自己本身的看法，否则他们的行动不是像被催眠的人一样乱动，就只是对直接的兴奋作用做出的反应罢了。

上面这些说明的意思是说，游戏有一个目的，这个目的就是一个起指导作用的观念，它使一个人的继续行动有意义。做游戏的人并非仅仅在做一件什么事（纯粹身体的活动），而是正在去试图做一件什么事情或者要取得一个什么样预期的结果，这种态度包含激发他们目前反应的对未来结果的预测。但是，所期待的结果不过是原来的行动，而不是在事物过程中产生的特殊的变化。所以，游戏是自由的，是具有可塑性的。如果要得到某种确定的外部结果，就要坚持，这就是坚持的目的。所期望的结果愈复杂，愈要坚持目标，并且需要有相当长的中间适应过程。如果所想要的是另一种活动，那就不必看得很远，以便易于经常改变活动的方向。如果孩子们要制作一个玩具小船，他们必须时刻记得这个目标，并且用这个思想指导他们后续的一系列活动。如果孩子们只是在玩和船相关的游戏，那么他们就可以随意改变当作船的材料，随着自己幻想中的暗示，引进一些新的因素，来进行他们的游戏。凭他们的想象，只要椅子、木块、树叶、木片，这些东西可以使游戏继续玩下去，这些东西都可以拿来当作船。

从幼儿期开始，就没有专门游戏活动时期和专门工作活动时期的区别，而只有偏重哪一方面的不同。即使很幼小的孩子，他们也希望有一定的结果，而且会努力尝试要达到这个结果。他们对参与成人的活动有着浓厚的兴趣，单就这一点来说，往往就能达到这个目的。孩子们想要"帮助"别人，他们渴望参与到能产生外部变化的成人的各种事情当中，比如在桌上摆设餐具准备开饭，洗杯子和盘子，帮助照顾小动物等等。在他们的游戏中，他们喜欢制作自己的玩具和工具。随着孩子们逐渐长大，对于没有实际可见结果的活动，就失去了兴趣。游戏会变成瞎闹捣蛋，如果这种鬼混变成习惯的话，就会成为道德败坏的事情。要使人们感到自己有多大的能力，就必须要有可以观察到的结果。小孩子一旦明白假装的游戏只是假装的，凭想象当作实物的替代品就不足以激起强烈反应了。我们只需要观察正在做游戏的孩子们的面部表情，就可以注意到，他们的态度是认真的聚精会神的态度，当事物不再能提供适当的刺激时，这种全神贯注的态度就不能持续了。孩子如果能预见距离虽远却很明确的结果，并且作出持久的努力达来到这种结果，那么游戏就变成工作了。像游戏一样，工作是一种有目的的活动，行为本身都不是为了外在的结果才做的；不同于游戏的是，为取得结果而做的行为过程比较长，专注必须更持续，选择与调整方法时必须更用心。如果继续讨论这个方面的话题的话，我们就会重复之前讨论目的、兴趣和思考等标题下所讨论过的问题。但是，研究一下为什么有许多人认为工作是为了获得物质成果才做的行为，是非常有必要的。

如果把工作附属在物质成果之下的观念，从它的极端形态也就是苦役工作中，可以找到一些线索。在外部压力或强制的情况下进行活动，这种活动并不带有任何意义。活动的过程本身并不令人感到满意，它只是避免某种惩罚，或者结束时能获得某种报酬的一种手段。忍受一种本身令人厌恶的事情，这是为了防止某种更加令人厌恶的事情发生，或者为了获得别人附加在可憎工作上的利益。在不自由的经济条件下，这种事态是必定存在的。工作与勤奋对于人的情感与想象没有多大吸引力，它大概只是一系列机械地极度紧张的活动。工作的人只是为了完成工作，才会一直做下去。但是，目的应该包含在活动之中；目的应该是行为的终点，是行为过程的一部分。只有这样，才会激发人们努力工作，这和由于想到与活动毫无关系的结果而引起的努力是完全不一样的。前面讲过，学校中因为没有任何经济的压力，这就为孩子们提供了一个机会，可以效仿成年人的工作情境设计作业，让学生为做作业而做。如果在某些行为的结果也包含金钱奖励，虽然不是行为的主要动机，但这件事实也很可能增加作业的意义。

当一件事情做起来像苦工，或者有外力施加而非做不可的重务，工作者必然会有游戏的需求，只是这种要求往往被歪曲。通常的活动进程不能给情感和想象以适当的刺激。所以在闲暇时，不择手段地迫切要求刺激，不惜求助于赌博、酗酒等等。或者，在不怎么极端的情况下，求助于无所事事，寻欢作乐，消磨时间，但求即时的惬意。休闲活动，按英文原意是恢复精力的意思。人类天性里没有比恢复精力更迫切的要求，或者说没有比这更少要避免的。如果有人认为这种需要能够加以抑制，那就是大错特错了。清教徒的传统不承认这种需要，结果造成大量的恶果。如果教育并不提供健康的休闲活动的能力，那么被抑制的本能就要寻找各种不正当的出路，有时是公开的，有时可能是纵情想象的世界。教育没有比适当提供休闲活动的享受更加严肃的责任了，这不仅是为了眼前的健康，更重要的，是为了对心智习惯的永久影响。艺术就是对这个需求的回答。

摘　要

在上一章里我们讲到，认知的原始材料，包含在学习怎么做比较直接的实物当中。这个原则在教育上就是要坚持利用学生的能力和代表社会活动的一般模式的简单作业，在为活动而进行活动的过程中，获得技能和有关材料、工具和能量规律的知识。这些活动在社会方面具有代表性，这就使获得的技能和知识能够运用和转移到校外的实际情境当中去。

游戏与工作在心理学上的区别，不能和经济上的区别混为一谈，这点很重要。从心理学上看，游戏的首要特征不是消遣，也不是无目的的。在游戏中，目的在于进行更多同类的活动，而不是按所产生的结果规定活动的继续。当活动变得更为复杂时，由于较多地注意所取得的特殊结果，活动的意义就会增加，因此活动逐渐变成了工作。游戏和工作都是自由的，从事者的动机来自行为本身，不应受制于认为的经济条件限制。这样的考虑往往把游戏当作富裕者的优先作乐，把工作视为贫穷者不得不做的劳动。从心理学上看，工作不过是一种活动，有意识地把后果作为活动的一部分，当后果在活动以外，作为一种目的，活动变成只是达到目的的手段时，工作就变成了强迫劳动。工作始终渗透着游戏态度，这种工作就是一种艺术——虽然不习惯这个说法，但在性质上已经具备艺术的特征。

第十六章　地理和历史的重要性

扩充基本行为的意义

一个行为看来只是一个动作，却可能具有极其丰富的含义，这两方面的差异是很大的。从外部来看，一个天文学家通过望远镜凝视天空，与一个男孩通过同样的望远镜凝视远方，两者没有什么区别。在这两种情况下，两个人的行为中都有玻璃和金属，眼睛和远方的一小点光。但是，天文学家的行为在一个关键的时刻，可能意味着一个宇宙的诞生，一切已知的太空知识都是他的重要内容。从物质方面说，人从原始状态进化到现在的，对地球所产生的影响不过是在地球表面留下一个痕迹，从远处是根本看不见的，而这一段距离和太阳系所辐射的范围相比，又是很微小的。但是，在意义上，我们的成就却可以度量文明和野蛮的区别。虽然从物质方面来看，这些活动有一些变化，但是这种变化与活动意义的发展相比较，又是很微小的。一个动作能包含多少意义，是很难以限定的。一切得看我们把这个动作放在什么因果关系的构架里解释，而想象力在解释关联上的发挥是无穷无尽的。

由于人的活动擅长吸纳意义与发现意义，人类的教育因此与制造工具和动物的训练有所不同。制造工具和训练动物能提高效果，但是它们并不发展意义。前一章所讨论的游戏和工作方面的最终教育功能，它们最终在教育上的重要性在于它们为意义的扩充提供最直接的工具。游戏与工作若能在适宜的环境下进行，就会像磁铁一般吸纳和聚集无限广阔的想法与理智思考。如

186

果知识仅仅作为知识被成块地供应，保存起来，这种知识往往和充满活动的经验分离开来。如果知识成为活动的一个因素，为知识本身而追求知识，不管是作为手段还是扩大目的的内容，这种知识都有启迪人的作用。这样，直接获得的领悟和听来的知识融合在一起，于是个人的经验能吸收个人所在群体的智慧的结晶，并使这些智慧的经验不断发展。这样的融合吸收是没有饱和点的，吸收得越多，再吸收的能力就越强。得到知识会引发更大的求知欲，更大的求知欲又会产生新的好奇心，循环往复以至于无穷。

人从事的活动所带有的含义，都是与自然和人类有关的。这句话是一个明显的真理，但是把它转到教育方面，就多了一层意义。意思是说：本来可能是狭隘的个人行为或单纯的专门为某种技能提供的材料，使这些行动和技能有了历史的背景、宽阔的视野和理智的观点。随着我们在时间和空间上把自己的行动联系起来的能力逐渐增长，我们的行动就获得了更多有意义的内容。我们发现我们所居住的空间方面的美景，发现自己在时间的唱歌中，继承且传承了前人努力不懈的成果，才知道自己并不是平庸的城市公民。因此，我们平凡的日常经验因此不再是转瞬即逝的，而是有了更持久的实质内容。

当然，如果把地理和历史作为现成的学科来教，一个人仅仅因为他上学才学习这些学科，结果很可能是学了一堆距离日常经验遥远又格格不入的字句。他的活动被分割了，建立起两个互相分离的世界。蜕变不会发生；日常经验没有因为课业的衔接而扩展它的意义；课堂上学的东西没有接着融入亲身经验而增添生气与真实感。原来的日常经验虽然范围狭隘，却是有活力的；现在，日常经验失去了流动性和对暗示的敏感性，它被吸收不良的信息重负所压倒，被推到了角落里。它失去了灵活的敏感性，不再敏捷积极地汲取更多意义。离开生活的直接兴趣，仅仅只是堆积的知识，那只会使脑子笨拙，使灵活性消失。

正常情况下，凡是为了活动本身而进行的活动总要向外伸展，超出它自身的范围。它并不被动地等待人们给予知识，增加它的意义，它会主动去寻找这种知识。好奇心并不是一种偶然、孤立的东西；经验是不断前进、不断变化的东西，与其他事物有着各种各样的联系。好奇心便是这一事实的必然结果。好奇心不过是一种使我们能发觉这些联系的趋势。教师的任务就在于提供一个环境，使向外伸展的经验可以得到有效的报偿并保持继续活跃。在一定的环境里面，一个活动可能受到阻止，带来的意义只限于最直接可见的后果。我们可以以烹调、锤击或步行等活动为例来进行说明，烹调、锤击和步行等行为做了之后，结果也许不会把心思带到烹调、锤击和步行的表面或有形范围以外。但是，这种动作的结果还是有深远影响的。譬如步行，就涉及有反抗作用的地面的移位和反作用，只要碰到东西，我们就能感觉到地面的颤动。步行还涉及四肢和神经系统的结构，以及力学原理。烹调就是利用热和水汽改变食物材料的化学关系，它与食物的消化和身体的成长有关。最有学问的科学家在物理、化学和生理学方面所能了解的东西，也不足以把这些后果与关联全部交代清楚。而教育应该做的，就是使儿童尽可能认识这些事物之间的联系。"学习地理"，就是要学会理解一个寻常的动作有什么空间的、自然的联系；而"学习历史"主要是学会理解寻常行为有什么与人的关联。所谓的地理，作为一门学科，不过是在别人的经验中发现与我们居住的自然界相关联的一些事实和原理，联系这些原理可以解释我们生活中的许多行为。同样，历史作为一门学科，记述的是已存在的事实，是关于过往社会群体的兴衰苦乐，我们的生活与他们的经验有连续性，我们的习俗制度也可以从历史中找到缘由。

历史和地理的互补性

历史和地理（地理包含自然课，理由见后文）是学校教育中信息学科的典型。考察一下这两门学科的材料和利用这些材料的方法，可以看出，这种知识有的能深入到生活的经验当中，有的只能单纯孤立地被积累，其区别全看这些学科是否忠实于人和自然的相互依赖关系，而这些学科之所以有理由被设置让学生们学习，就在于它们能阐明人和自然的相互依赖关系。最糟糕的态度就是，因为教材是大家都用惯了的，所以相信它是恰当的。哲学上有一个理由，认为这些材料对经验价值的改造有作用，这种理由被看作空想，或者为支持一件已做的事情提供好高骛远的幻想。"历史"和"地理"这两个名称仅仅表明它们是学校传统所认可的材料。这种材料卷帙浩大，种类繁多，使人都不敢去看一下这种材料究竟代表什么，以及如何进行教学，以便使这种材料在学生经验的学习中能完成它的使命。但是，除非教育上有一个统一的社会方向，否则这一思想只是可笑的托词，课程中历史和地理学科就必须发挥在发展真正社会化和理智化的经验中的一般作用功能。能发挥这个功能，必须是考验、筛选教材与教学方法的一个准则。

历史和地理教材的功能前面已经讲过了。这就是通过直接接触个人的生活，提供前后的联系、背景和观点，来丰富和解放这种个人生活的接触意义。虽然地理强调物质的方面，历史强调社会的方面，但两者的重心是一样的，都是人类的共同生活。这共同的生活包括生活的实验、方式及其手段、成绩与败绩不是在半空中或者真空中进行的，它是在地球上发生的。这种自然环境和社会活动的关系并不像舞台布景和戏剧表演的关系，它是种种社会实践的结构的一部分，而这些社会条件形成了历史。自然是社会事实发生的背景环境，它提供原始的刺激，也提供障碍和资源。人类文明就是逐渐控制自然界的各种能量，并熟练掌握后诞生的。历史强调人的因素，地理强调自然的因素。如果忽视历史研究和地理研究之间的相互依赖关系，那么历史就会流于罗列年代，附加历史事件目录，标明"重要"字样，或者变成文字上的幻想——因为在纯粹文字上的历史中，自然环境只是舞台场景而已。

当然，地理具有教育的影响，因为地理把自然界的事实和社会的事件及其后果联系了起来。地理的经典性定义是指作为人类生活的家——地球的纪事，这个定义表明教育的实际。但是，下这个定义比较容易，而要把特别的地理教材和人类的重要联系表达出来，就没有这样容易了。人的住处、事业、成功和失败，正是这些东西说明教材为什么要包含地理资料。但是，要把两者结合起来，没有见多识广的想象力是做不到的。当两方面的联系中断，地理课便成为经常发生的不相关联的支离破碎的大杂烩。看起来好像一堆知识垃圾：一会讲一座山的高度，一会讲一条河的航道，然后讲市镇所生产木瓦的数量，忽然又说那个城市的船舶吨位，一个县的疆界，一个国家的首都，等等。

把地球看作人类的家，是人性化而整体的；如果把地球作为一堆杂乱无章的事实，是分散的缺乏想象活力的。地理本来是能唤起人的想象力，甚至唤起浪漫主义的想象力的话题。因为地理分享着冒险、旅行和探险所有的奇迹和荣誉。多样的民族与环境，他们与熟悉场景的对照，都能不断刺激想象，使读者的思维跳脱惯性造成的单调气氛。本国或地方地理是重建自然环境的自然地点，不仅止于此，它也是走向未知地点的理智的出发点，不能把地理自身视为终点。如果本国或地方地理不被看作了解本土以外的广阔世界的基础，学习本国或地方地理就会变成死气沉沉的学科，不过是把已经熟知的东西做提炼、分类和概括而已。村庄的人家围起自己土地的篱笆，是人人熟悉的，这种篱笆如果能成为理解大国边界的标记，篱笆也有了更深刻的意义。阳光，空气，流水，地球表面的不平坦，各种各样的工业，地方官员和他们的职责，所有这些东西都能在本地环境中找到。如果把这些东西的意义始终局限在它们自身的范围以内，那么它们对学习地理的人而言，就只是必须辛苦熟记的琐碎事实而已。但是如果把它们看作扩充经验界限的工具，本来是奇怪和未知的各国人民和事物被带进经验的范围内，那么，它们就因方法的不同变成不同的东西了。日光，风，溪流，商业，政治关系，它们从远处来，也把思考引向遥远的地方去了。这样走出去，重新解读以前视为理所当然的意义，便能扩充心智。而这种扩充的方法，不是通过用附加的知识去充塞头脑，而是对从前视为当然的东西的意义进行改造。

同样的道理也可以协调地理学科的许多分支方面，之前它们往往变得专门化，各自分开。数学地理或天文地理、自然地理、地形地理、政治地理、商业地理就是地理学的各个分支。上面所说的原理，可以把地理研究的各个分支协调起来。怎样使它们协调呢？用外部的妥协办法，把每个分支的内容都挤进若干分量吗？唯一的办法，就是时刻谨记，教育的重心是这个学科的文化或人文层面，否则就找不到其他的方法。从这个重心着手，凡是帮助学生了解人类行为以及相互关系之间的意义的，就是适合的材料。要理解寒带文化和热带文化的差异，温带人民有关工业和政治方面的各种专门发明，不能不讲到地球在太阳系里的关系。经济活动，一方面深刻地影响社会交往和政治组织，另一方面又反映出自然的条件。这些题目的专门化研究是专家的事，它们之间的相互作用则关系到每一个人，人的经验是社会性的。

把自然科包括在地理科之内，无疑是勉强的，从字面上看是这样。但是，在教育观念中，只有一个现实，可惜在实践中我们却有两个名称。名称一多，意义的单一性就不见了。自然和地球应该是等同的名词，所以"地球研究"和"自然研究"也应该是等同的名词。大家都知道，学校中的自然课程教的是一大堆不相连的要点，所以教材方面的知识点都是杂凑在一起的。例如，撇开作为一个器官的花去研究花的各部分；撇开植物去研究花；撇开植物赖以生长的土壤、空气和阳光去研究植物，结果就是要学生记住一堆非注意不可的死板的要点，这些点各自孤立不能衔接，不能让想象力活络起来。因为教材太欠缺趣味性，教学者曾很认真地主张再用万物有灵论，用神话来包装自然的事实与实践，以便吸引和保持学生的注意。在无数的情况下，人们或多或少愚蠢地求助于拟人化。这种方法是愚蠢的，但是它却表达了对人类气氛的真实需要。许多事实脱离了它们的背景，就被撕得支离破碎。它们不再属于地球，它们在任何地方都没有一个永久的地位。作为补偿，人们不得不求助于人为的和情感的联想。而真正的补救方法在于使自然课程成为真正自然的研究，而不是研究许多没有意义的片断，因为它们完全脱离了它们产生和活动的情境。如果把自然作为一个整体来研究，好比从地球的种种关系来研究地球，那么，自然界的种种现象就和人类生活发生自然的同理与联想的关系，这样就不需要另外编造替代物了。

历史和现在的社会生活

把历史与当前社会生活的模式与要务分离，就是扼杀历史的生命力。过去的事情让它过去，不再是我们的事情了。如果过去的事情全都过去，一切完了，那么对待过去只有一个合理的态度：让死亡埋葬它们的死者吧。但是，关于过去的知识是理解现在的钥匙。历史叙述的是过去，但是这个过去却是现在的由来。美洲的发现、探险和殖民地化，美国西部的开拓运动，以及移民等等这些问题的有理解的研究，应该就是对今天美国的研究，对今天我们居住的国家的研究。在事物形成的过程中去研究它，可以使很多非常复杂而不能直接理解的东西被人们所理解。溯源研究堪称是十九世纪后半叶的主要科学成果。溯源研究的原理是，洞察任何复杂成果的方法是追溯成果的制作过程——追踪成果发展的各个连续阶段。如果把这个方法应用到历史上，如果只证明现在的社会状况与它的过去脱不了关系，那就是片面的见识，因为，过去发生的事如果与现在隔断，也将失去它的意义。历史的真正起点，永远是现在的情境和它的问题。

我们根据这个原理，略微讨论它与几个观点的关系。传记的方法，一般认为是历史研究的自然方式。伟人的生平，英雄和领袖的生平，使本来抽象和不能理解的历史情节具体而又生动。它们把一系列复杂和紊乱的事件压缩成许多生动的图景，这些事件散布在广阔的空间和漫长的时间里，只有受过高度训练的人才能追踪和解释它们。就心理学上的观点而言，这个方法当然有理。但是，如果用这个原理把少数人的事业夸大突出，不顾它们所代表的社会情境，那就是错误运用了这个原理。如果一部传记只记载一个人的事业，和引起他行动的环境隔离开来，而他的种种行为不过是对环境的反应，那我们就没有进行真正的历史的研究，因为其中没有探讨社会生活，而社会生活才是让人与人产生相互联系的纽带。这样的传记，只不过是一层糖衣，使得我们比较容易咽得下片断的信息罢了。

近来有许多人已主张把原始生活作为学习历史的开端。关于原始生活的价值，有正确和错误两种想法。现今生活的一切状况似乎都是现成的、复杂的、显然牢不可破的，这是几乎无法超越的障碍，要洞悉社会生活状况的本质太难了。求助于原始生活，可能以非常简化的形式呈现现在生活的基本元素。这就好像有一块图案非常复杂的布放在眼前，人们不能理解它的图案，直到这块布的较大较粗线条的特征出现时才能被认出来。我们不能通过仔细的实验来达到简化目前情境的目的，但是求助于原始生活却给了我们本来应该从实验中所希望得到的结果。在这里，社会关系和有组织的行动模式都可以用最简单的词语来表达。但是，如果忽视这个社会研究的目的，研究原始生活简直就沦为看热闹寻刺激之举了。

原始生活史可以使人看到工业历史的蛛丝马迹。因为追溯比较原始的情况，可以把现在分解成比较容易理解的种种因素，主要理由之一，便是我们可以认识衣、食、住和保卫等基本问题是怎样解决的。通过了解人类在原始时代是怎样解决这些问题，使我们对人类必须走过的漫长道路以及人类文明接连涌现出的种种发明有一定的认识。我们无需对历史的经济观进行争论就可以认识到，人类的工业史使我们了解了社会生活的两个重要方面，这是历史的其他方面所不能做到的。工业史使我们获得接连涌现的发明知识，通过这些发明，把理论科学应用于控制自然界，这些都有利于社会生活的安定与繁荣。也因此，这样的工业史揭示了社会进步前后相接的原因。工业史的另一个贡献，就是使我们了解人类共同关心的东西，即与谋生相联系的种种职业和价值观念。经济史研究普通人的活动、职业和财产，历史的其他分支都不研究这些问题。有一件事是每一个人必须做的，这就是生活；有一件事是社会必须做的，这就是要求每个人对社会的共同福利作出相当的贡献，并使每一个人得到公平的报酬。

经济史比政治史有人性，更加民主，所以也比政治史更自由开通。经济史研究的不是主权和权力的兴衰，而是研究普通人如何通过主宰自然发展有效的自由，因为权力和主权正是为普通人而存在的。

在认识人类的斗争、成功和失败、与自然的密切联系时，工业史也比政治史提供更为直接的研究途径——至于军事史就更不必说了，政治史简化到青年都能理解的水平，就容易成为军事史。因为工业史主要叙述人类怎样学会利用自然力，它从大多数人类利用别人体力的时候发展到自然资源为人所主宰和控制，使人类扩大对自然的共同统治。如果说这还不是事实，至少也是人们的一种期望。如果历史不讲劳动历史，不讲利用土壤、森林、矿藏的情况，不讲驯养动物和种植谷物，不讲制造和分配，那么历史就变成了纸上空谈，不过是不生活在地球上的神秘人类系统的浪漫史。

普通教育中最被忽视的历史分支也许是知识发展的历史。我们才刚刚开始明白，使人类命运进步的伟大英雄不是政治家、将军和外交官，而是那些科学的发现者和发明家，因为他们给人以各种各样不断扩大经验的工具；是艺术家和诗人，他们用绘画、雕塑和文字歌颂人类的斗争、胜利和征服，使别人普遍能理解它们的意义。工业史记录了人类逐渐把自然力转往社会用途，这种记录的优点之一就是使人思考知识的方法和后果，然后促进进度。现在人们习惯于颂扬智力和理智，强调它们的重要性。但是，学校里的学生常常还是用传统的方法在学习历史，人类智能的多寡是不会变的，人类智能没有因为更优良方法的问世而进步，或者，智能除了显露个人的精明外，不过是一个微不足道的历史因素。要真正了解智能在生活中所起的作用，最好的方法是学习历史，因为历史说明人类从野蛮到文明的整个进步是怎样依靠知识的发现和发明进步而来的，说明了通常在历史著作中出现最多的东西在多大程度上是一些枝节问题，或是要用智力去克服的阻碍。

这样探讨历史自然会有教学上的道德价值。道德不只是一张无瑕的白纸，要养成道德观必须对当前社会生活有明白的洞察。历史知道有利于培养这种洞察力。历史是分析现今社会结构经纬的工具，是使人找出织成这种纹理的各种力量。利用历史培养社会化的智能构成了历史的道德意义。历史仿佛是轶事的储藏库，可以在针对某个美德或恶性灌输道德教训的时候引用。

但是，这种教学与其说是历史在伦理上的运用，不如说是努力利用多少有些可靠的材料创造道德印象。最好的情况是可以产生一种暂时的情感兴奋，最坏的情况是产生对道德说教的冷漠无情。作为社会的一分子，可以借着读历史而更能智慧地体谅所遭遇的种种现状，这乃是永久而有益的道德财富。

摘　要

经验的本质就是，它所包含的远远超越最初觉察的意义。认识这些关联或含义，可以提高经验的价值。任何经验，不管初看起来多么平凡，通过扩充它所被看到的联系范围，就能表现出无限丰富的意义。和别人正常交往是实现这种发展的最快方法，因为它使群体甚至种族经验的最后结果和个人的直接经验联系起来。所谓正常交往，就是在交往中有一种联合的兴趣，有一种共同的兴趣，所以，一方急于授予，一方也急于领受。如果讲述或者传授是为了让人记住，一边用考试评定他到底记得多少、能复述多少，就与正常的人际沟通相反了。

地理和历史，是扩大个人直接经验意义的两大学校资源。这两个可供学生主动作业的科目，延展了自然与人的时空。只要不是为了外在的不相干因素或训练记忆而教，这两门课便可发挥其首要功能，也就是说，可以为孩子们进入历史和地理所讲的广大意义世界提供最直接和最有趣味的道路。虽然历史阐明人类关系，地理阐明自然联系，但是这两门学科是同一个整体的两个方面，因为人类的社会生活是在自然界进行的，自然界并不是一个偶然的背景，而是发展的材料和媒介。

第十七章　科学课程

逻辑与心理学

　　为了要取得固定的并确认的材料而通过谨慎地运用观察、回想和试验的方法，运用以上方法所得的知识便是科学。科学要求明智持久地努力修正流行的许多观念，以剔除错误的部分，增加这些观念的准确性，更重要的，是要尽量使人看出各种不同事实彼此相互依赖的关系。科学像一切知识一样，是给环境带来某些变化的活动结果。但是，对科学来说，这个后果成就的知识，其特性是支配行为的因子，不是行为活动的偶然结果。从逻辑方面和教育方面来看，科学是认识的完善过程，是认识的最后阶段。

　　简而言之，科学就是将一种知识的"合乎逻辑"的含义付诸实施。逻辑顺序不是强加于已知事物的一种形式，它是完善知识应该有的状态。因此，有了逻辑次序。题材的表述方式应该使理解的人看得出，表述是从什么前提来的，会指向什么结论。正如一位有能力的动物学家能从几根骨头中重新构成一个动物一样，一位数学家或物理学家能从数学或物理学中的一段叙述中构成整个真理的体系一样。

　　但是，对一个不是专家的人来说，这种完备的形式是一块绊脚石。正因为材料的叙述方式是针对推进知识的目的而来的，它与知识和日常生活材料的联系就不见了。对外行来说，几根骨头仅仅是珍品而已。在他没弄懂动物学之前，他想用骨头制造什么东西的努力全是偶然、盲目的。从学生的立场看，科学的形式是有待达到的理想，而不是出发的起点。但是，在学校的教学实践中，常常都是从经过简化的科学知识开始的。必然后果就是把科学和有意义的经验隔离开来。学生学习一些符号，但却没有学会解读这些符号的答案。他学到了一整套专业信息，却没有能力找出它与他熟知事物和作用的相关之处。那么学生学到的往往是一堆奇怪的词汇。

很多人认为，把教材用最精简完善的形式呈现，就是提供学习的康庄大道。让学生一开始就接触科学家讨论完成的结果，可以节省学生的时间和精力，又可以避免产生不必要的错误。还有什么比这种假设更自然呢？其结果如何，在教育史上是显而易见的。学生从教科书开始学习科学，这种教科书按照专家研究的顺序，把教材组织成一个个题目，从一开始就介绍专门的概念和它们的定义。种种定律都放在前面讲，至于这些定律是如何做成的，顶多只是略微提一点。学生学习所谓的"科学"，而不是学习处理日常经验中熟悉的材料的科学方法。大学里面的高等教育研究式的教学法，大学式的教学法又传到了中学，一路传下来，都删掉了与日常的衔接，以为这样就能使教材更容易一些了。

实际教学法是从学生的经验着手，再扩展到相应的科学讨论，这常常称作"心理学的"方法，以区别于专家的那种逻辑方法。这样看起来比较浪费时间，但学生能理解得较对，也比较容易产生兴趣，利远远大于弊。学生这样学的知识，至少他是理解的。此外，他既然听懂了科学家探讨知识的方法，又能把方法与他平常熟悉的事物中产生的疑问连贯起来，他便能独立处理能力范围内的问题，而且避免了只学习空洞符号必然导致的糊涂与理智上的乏味。既然大部分学生绝不会成为科学专家，那么他们对科学方法意义的了解应该比远距离第二手抄录科学家所取得的结果更加重要。学生所学习的内容也许不会那么多，但是就他所学的东西来说，他们是确信的、理解的。可以有把握地说，那些将成为科学家的少数人采用这种方法，比淹没在大量纯技术和象征性知识中的人可以打下更好的基础。事实上，那些成功的科学家正是通过他们自己的力量，避免自己堕入传统式科学入门圈套的人。

在一两个世纪以前，有不少人在极不利的条件下努力为科学在教育上获得一席之地而奋斗，结果远远不如他们的预期。按斯宾塞研究什么知识最有价值的结论来说，科学知识是从所有观点看来最有价值的。但是，他的论点却不自觉地在假定，科学知识可以按照现成的来教。这样的教法，把我们日常生活的题材之所以变成科学形态的"方法"跳过不提，把科学能成为科学的唯一途径置之不理。学校里的教学方法常常按类似的计划进行着。但是，用专门正确的科学形式叙述材料，不会有什么魔术般的神效，这样的材料学习起来仍然是一些没有活力的知识。此外，这种材料的叙述形式比文学上的叙述差多了，而且完全没办法和日常生活进行有效地衔接。但是，即便如此，也没有人认为这样的教学方法不合适，因为，不这么教，学生就不知道这是"科学"了。

　　虽然根据演绎方法编辑的教科书有了很大改进，但是，接触实物与实验室练习只靠这些还是不够的。虽然事物和实验室练习是科学方法不可缺少的部分，但是，它们并不理所当然就等于科学方法。自然界的材料可以用科学仪器进行处理，这些材料仍可能因为学生在校外并不采用实验室的方法过程，而无法连贯。实验练习中面对的疑问，可能只是科学的疑问：也就是已经开始接触科学课程的人才会有的疑问。我们的注意力也许用在获得技术处理方面的技能上，而没有顾及实验室练习与属于教材的问题的联系。有时实验室里的教学往往只是徒有一种仪式，就像没有宗教信仰的人在参与礼拜仪式一样。

　　前面我们略微谈过，科学的叙述或逻辑的形式包含符号的使用。当然，这里说的符号，包括所有的语言。但是，在母语中，我们看到了符号就能直接了解符号所表示的事物。我们对熟悉材料的联想非常密切，所以看到符号就联想到它所表示的事物。这种符号不过是用来代表事物和动作的。但是，科学术语还有一个用处。我们知道，科学术语并不代表经验中直接应用的事物，而只代表认知系统中的事物。当然，科学术语最终表示我们尝试所了解的事物。但是，它们并不在通常的背景中直接代表这些事物，而是已经转化为科学研究的术语。原子，分子，化学公式，物理研究中的数学命题，这些术语的意义根本上是知识性的，但经验价值是间接的，它们代表进行科学研究的工具，和别的工具一样，它们的意义只能通过应用来学习。我们不能看了事物就能了解它们的意义，只能通过它们的工作，把它们作为获取知识时使用的工具，才能真正了解它们的意义。

几何学中的圆形、正方形等等，也和我们所熟悉的圆形和正方形不同。一个人学习数学愈深，和日常生活中事物的距离越远。与空间关系知识无关特性都被略去，凡是研究空间关系这个目标所需要的特性都加以强调。如果再深入研究下去，他会发现甚至对空间知识有意义的特性也会让位给有利于其他事物的知识——也许是一般数的关系的知识。因为他所学的概念性的定义中，看不出任何空间的形式、大小或方向。这并不表示那些属性都是凭空捏造的，而是表明直接的物理特性已经蜕变，成为达到特定目的使知识有条有理的工具了。无论什么机器，组成用料因为要迁就用途而改变了原始的状态。重要的事情不在于原来材料的样子，而在于材料能不能适应于目标的需要。一个能够数出构成机器结构所有材料的人，未必懂得这个机器。只有知道这些材料的用处，并且能说明为什么这样使用材料的人，才知道如何真正使用这个机器。同样，一个人必须懂得数学概念发生作用的那些问题和数学概念在研究这些问题中的特殊用处，才能说是有数学概念知识的人。如果仅仅"懂得"数学上的定义、法则、公式等等，就像懂得一个机器的各部分名称而不懂得它们有什么用处一样。在这两个例子中，意义或知识的内容，就是懂得一个要素在整个系统中的作用。

科学与社会进步

假定，从事具有社会兴趣的相关活动可以获得直接知识。假定这种直接知识的发展成为完美的逻辑形式，这就产生了一个问题：这种已成逻辑形式的知识，在经验中占有什么位置，与经验有什么关系？一般地说，对于这个问题的回答是，科学标志着人的思维的解放，致力于使人从惯常的目的中解放出来，有系统地追求新的目标。科学是行动中的进步力量。所谓进步，有时认为就是更接近在追求的目标。但是，这只是进步的一种次要形式，因为这种进步只要求改进行动的手段或技术的进步。比较重要的进步模式在于丰富先前的目的和构成新的目标。人的欲望不是定量的，进步也并不意味着得到更多满足。随着文化的增进和控制自然能力的加强，就产生了新的欲望，要求的满足也变得不一样，因为人的智慧已经发现了许多新的行动方面的可能性。这些新的可能性导致人们寻找新的实际手段，进步便随之发生。同时，因为发现了从前没有使用过的事物，由此也暗示了新的目标，这就是进步。

科学是改善行为手段的主要方法，随着人类驾驭自然之后的大量新发明就是证明。历史上号称工业革命的生产和分配的惊人改造，就是实验科学的成果。铁路、轮船、电动机、电话、电报、汽车、飞机和飞船，是科学应用于生活的有力证据。但是，没有成千上万不那么惊人的发明，使自然科学造福我们的日常生活，这种重大发明也不会显得那么重要。

我们必须承认，已经取得的进步在相当程度上只是技术上的进步，它为满足先已存在的欲望提供了比较有效的手段，但并没有改变人类目的的性质。例如，还没有一种近代文明能在各方面和希腊文化媲美。科学还是新近的东西，没有被吸收到人们想象的和情感的倾向中去。人类比较迅速而又踏实地走向他们的目标，但是，他们的目标多半仍处于科学启蒙以前的阶段。这一事实，给教育提出了任务：教育必须借用科学修正想象与情感的惯性，不要让科学只是我们有形的手与脚的延伸。

科学的进步已在相当程度上改变了人们关于生活目的和生活幸福的想法，所以人们也会想到科学教育的目的以及达到这种目的的方法。科学在人类活动中产生的影响已经打破了过去把人们隔离开来的物质障碍，大大拓宽了交流的范围和领域。科学以巨大的规模也带来了利益的相互依赖，使人类深信为人类的利益而控制自然是完全可能的，从而也习惯性引导人们向前看而不是缅怀过去。进步的理念与科学的进步是同步进行的，这不只是一种巧合。在科学未曾进步以前，人们认为遥远的古代就是黄金时代。现在，他们面对将来的同时，也坚信人们能够正确地运用智能，能破除一度被认为是不可避免的那些祸害。除治重大的疾病不再是梦想，消灭贫穷也不是无所谓的空想。科学使人们熟悉发展的观念，产生了实际的结果，并持久地、逐步地改善着人类的处境。

所以，科学教育创造的是一种有智力的头脑，并深信智能能够指导人类事务的发展。通过教育，可以使学生摆脱经验法则的钳制与经验法则造成的重复老套。以"经验为依据"通常没有实验精神的含义，而是指粗糙的、欠缺理性的意思。在实验科学没有问世以前，所有过去居支配地位的哲学，都把经验与理智、真正合于理性的相对立，对于其中有无道理并没有深入的了解。所谓经验的知识，就是由过去许多实例积累起来的知识，对于任何一个实例的原理并没有明智的见识。有人说医学是经验的性质，就是说它不是科学的，而是以所积累的有关疾病的观察和多少属于随意使用的救治方法为基础的实践模式。这种实践模式必然全靠运气，成功全凭机遇，而且容易被江湖骗子和江湖术士滥用。单凭"经验"控制的工业，不容许建设性地运用智能，一切都是盲目遵从过去定下的模式行事。实验科学能够利用过去的经验，把过去的经验为理智所用而不是支配心智。这就是说，理性在经验之内运行而不是在经验之外运行，使经验具有理智或合理的品质。科学就是变成有理性的经验，所以，科学的效果在于改变人们关于经验的性质和内在可能性的观念。理想不是超越经验的东西，不是遥远的、冷漠的、只关注与生活体验的事实无关的崇高的领域。理性是经验中固有的因子，这个因子会把过往经验提炼成为工具，辅助发现与进步。

"抽象"一词的普通用法名声不好，它不仅被用来表明深奥难解的东西，而且还表示远离生活的东西。但是，抽象作用却是思想指导活动的不可缺少的特征。我们所遇到的情境，并不件件重复，习惯对待新发生的事情，就好像它们和旧的事情完全一样。假如与旧的不同的新成分并不值得眼前的目的注意，就算做得和旧的一样也无妨。但是，如果新的因素需要特别注意，如果抽象概念不发挥作用，就只能靠随机反应了。抽象思考就是有意识地从过去的经验材料中选择有助于对付新经验的东西。抽象思考就是有意识地把蕴藏在过去经验中的意义迁移到新的经验上加以运用。它是智慧的命脉，是使一种经验有意识地用来指导别的事物的经验。

科学进行这种抽象过程是大规模的，目的在于把经验从纯粹而绝对直接的成分中解放出来，凡是它和其他经验材料共同的东西，都把它分离开来。这种共同的东西，可以保存下来为进一步利用。所以，它是社会进步不可缺少的因素。任何经验在它刚产生时，虽然对有关个人来说有其重要意义，但这种经验有很大部分是特殊的，不重复的。从科学观点来看，这种材料是偶然的，尽管它们的共同特征是重要的。情境中无论什么独特的东西，因为它由个人的特性和环境的巧合所决定，不是别人所能利用的，所以，除非能抽取出经验中共同的东西并用适当的符号固定下来，否则，经验的一切价值可能随着经验的消逝而消失。但是，抽象思考和用词语记录所抽取出来的东西可以把个人经验的净价值提供给人类永久利用。没有人能详细预料何时进一步利用，或将怎样进一步利用。科学家发掘抽取出来的东西，好像制造工具的人一样，他不知道谁将使用这些抽取出来的东西，也不知道何时使用它们。但是，理智的工具和其他机械的工具比较起来，在适应的范围方面，要灵活得多。

概括是与抽象过程相对应的。把抽象概念应用到新的具体经验上，这个作用就是概括。概括是扩大抽象概念的作用，用来进一步阐明并指导新的情境。为了使抽象作用有效，而不流于无结果的形式主义，必须提一下这些可能的应用。概括本质上是一种社会手段。如果人们只认同一个小群体的利益，能概括的范围也就变得狭小，因为他们的观点不容许进行广泛而自由的研究。人们的思想被束缚在缩小的空间和短暂的时间上，局限在他们已经建立的习俗，把它作为一切可能的价值标准。科学的抽象和概括相当于采纳任何人的观点，而不管他所处的空间和时间。虽然不受具体经验条件和情节的影响是科学远离现实和"抽象化"的原因，但也是科学之所以能在实践中广泛而自由地进行新的有效应用的原因。

抽象化了的东西，要用专门的名词和命题记录和固定下来，并传播开去。从一个特定经验分离开来的意义不能悬在空中，它必须有一个支撑的实体。名词就给抽象的意义一个居住地和躯体。所以，意义的表述并不是一种事后的思考或副产品，它是完成思维工作所必需的。有人知道很多事物，却不能表达它们，但是，这种知识仍然是实际的、直接的和个人的。个人能自己利用这种知识，他能有效地按照这种知识行动。艺术家和执行者的知识往往属于这种情况。但是，这种知识仅属于个人，不能转移给别人，也可以说是出于本能的。一个人如果要表述经验的意义，必须有意识地考虑别人的经验。他必须设法找到共同的立场，既包含他自己的经验也包含别人的经验，否则，传达的经验就不能被人理解，他讲的话别人也听不懂。用文学表述经验能有极佳的效果，使别人深受感动。而科学的语言是以另一种方式设计的，它用符号来表述所经验的事物的意义，任何研究科学的人都懂得这些符号。美学的表述方式把过去的经验的含义加以展现、增加。科学的表述方式成了工具，可以建立具有经过改造意义的新经验。

总而言之，智能有系统地、有目的地，而且因为不受习惯限制而大规模地预测并控制新经验，科学表现的即是智能的这种功能。科学是有意识进步的唯一工具。这种进步和偶然的进步不同。如果科学的普遍性，科学和个人情况的隔离使它具有某种专门性和孤立性，那么这些性质和单纯理论推理的性质很不相同。纯理论的推理永远和实践脱节，而科学的专门性和孤立性则是为了更广泛自由地应用于以后的具体行动而暂时脱离。空谈的理论是与实践对立的；真正的科学在实践的范畴之内，借助实践之力将理论本身扩大，并且导向更多发展的可能。

教育之中的自然主义和人文主义

教育一向有把课程中的科学与文学、历史对立起来的传统。这两方面代表人物之间的争论很容易从历史角度来解释。在实验科学产生以前，文学、语言和哲学已经在所有高等学校占领了牢固的地位，实验科学自然必须奋力前进。没有一个筑有堡垒和防守坚固的势力集团会轻易放弃它可能占有的垄断地位。但是，尽管竞争激烈，无论哪一方要说语言和文学作品纯属人文主义性质，而科学纯粹属于自然界的，那都是错误的观念。这种观念有助于削弱两类科目的教育作用。人类生活不是在真空中发生的，自然界也不仅仅是人生戏剧的布景。人的生活和自然的许多过程紧密相连，人的事业，无论成功或失败，决定于自然在他事业中所起的作用。人有意识地控制他自己事务的力量取决于指导运用自然力的能力，这种能力反过来取决于他对自然界许多过程的认识。不管自然科学对专家来说是一种什么东西，就教育目的而言，自然科学都是理解人类行为环境的知识。知道社会互动是在什么环境里进行的，知道社会进步发展有哪些途径，就要掌握绝对属于人文主义性质的知识。一个不懂科学史的人，就不知道人类怎样从常规和任性的行为，从迷信屈从自然和魔术般地利用自然，到在理智上做到沉着自制地进行种种斗争。自然科学的教学可能流于一套形式上的技术练习，这种情况是千真万确的。如果在教学中把有关世界的知识作为教育目的本身，就会发生这种情况。但是，这样的自然科学教学不能使学生获得文化，并不证明自然知识和人文主义事业是对立的，只能证明教育的态度错了。

许多人不喜欢使用科学知识，这本身就是贵族文化的残余。在贵族社会，一切有用的工作都是由奴隶和农奴做的，控制工业的是习俗制定的模式，不是人的智能，这样的社会当然会认为"实用的"知识不如"纯粹的"知识有价值，那是很自然的。因此，科学，或者最高认识，就是和纯粹理论与生活上的一切应用无关。至于与实用技艺相关的知识，都带上了从事这些技艺的阶级的烙印（见第十九章），这样形成的科学观念，在科学本身已经采用这些技艺的工具设备发展知识以后，仍旧保持下来。但是，仅就理论方面讲，和人类有关的事情应该比仅仅关于自然界的事情更值得人类重视。提倡科学教育的人士加入遵循文化定下的知识评判标准，就是陷自己于战略上的不利地位。只要他们采纳的观点切合科学的实验方法，切合民主的、工业的社会运行，他们就不难证明，相对于一个以只顾有闲阶级利益的教育方案为基础的所谓人本主义，自然科学反倒更具有人文主义的性质。

因为，前文说过，如果把人文主义科目和自然研究对立起来，人文主义科目就会受到妨碍。人文主义科目就简化成了只限于文学和语言的研读，倾向于缩成"古典文"，变成现在不再有人说的语言。因为，现代汉语显然是实用的东西，所以也在被禁除之列。在历史上很难找到任何东西比把人文学科完全和希腊文、拉丁文知识等同的教育实践更令人啼笑皆非的事了。希腊和罗马的艺术和制度对文明作出了如此重要的贡献，本来多多提供学习它们的机会是应该的。但是，把他们当成人文学科的代表，就是忽略大众受教育可以学习的材料，容易助长有学问阶级的狭隘势利行为，这个阶级的特点，不过是偶然享受到外人得不到的专有机会。知识有人本属性，不是因为知识都有关过去人类行为的成果，而是因为知识能够解放人类的智能与同理心。任何能达到这种结果的教材都是人文主义的，任何不能达到这种结果的教材就连教育意义也没有。

摘　要

科学是经验中认知因素所作用的成果。科学不主张仅仅讲述个人的或习惯的经验，它主要是要叙述能揭示信念想法的来源、根据和结果的事物。如果能达到这个目的，叙述就具有逻辑性。在教育方面，必须注意科学方法的逻辑特点，因为这些逻辑特点才是经过理智高度精制的教材，所以与学生的方法是不同的，学生的经验却得按年龄成长逐步从粗糙走向精准，这是必须注意的。如果忽视这个事实，科学就会变成光秃秃的信息，这种知识用不常用的专门词汇表达，比日常的知识更加使人不感兴趣，更加远离生活实际。

  科学在课程中应有的功能，是它已经为人类做到的：使人不受一时一地经验的局限，摆脱个人习惯与好恶的阻碍，为智能开辟更宽广的天地。抽象作用、概括作用和明确表述的逻辑特征都和这个功能有联系。在使观念从它所产生的特殊背景中解放出来，使它具有更为广泛的关联时，任何个人的经验结果都可以供所有的人利用。因此，从终极结果看，从哲学上说，科学是一般社会进步的工具。

第十八章　教育的价值

　　前面在谈论教育的目标和兴趣的时候，已经涉及了有关教育价值问题的讨论。教育理论通常讨论到的一些价值，与一般要求的目标是一致的。通常提到的目标有实用、文化、知识、社会效率、心理训练和心理能力等等。这些目标之所以有重要价值，在我们分析兴趣的性质时前文已有所论述。我们说艺术是一种兴趣，有时也说艺术是一种价值，这两种说法并无区别。但是，探讨教育的价值，重点通常都放在某个科目有无哪些具体的用途上。为了证明某个科目应当纳入课程，免不了要指出学了这个科目对日常的生活会有多大的帮助。因此，详细讨论教育价值可以提供一个机会，一方面回顾一下有关目的和兴趣的讨论，另一方面考察一下有关课程的讨论，把这两个方面互相联系起来。

领会或欣赏的本质

　　我们的经验有很多是间接的，这种间接经验依靠符号进行传递，符号所代表的就是我们间接体验的事物。例如战争，有人亲身参加战争，经受过战争的危险和艰难，这是一回事；有人听人讲过战争或读过有关战争的记载，那是另一回事。一切语言，一切符号，都是间接经验的工具。用专门术语来说，由工具获得的经验，就是"间接的"经验。这种经验和直接经验对立。直接经验是我们亲身参与的，不是通过有代表性的媒介物的介入而获得的。

我们认为，个人直接经验的范围是非常有限的，如果没有那些媒介传递当下不存在的、遥远的事物，我们的经验大概仍然停留在原始社会的水平上。从野蛮到文明，每走一步都有赖于媒介物的发明，这些媒介物拓宽了纯粹直接经验的范围，把它和只能用符号表示的事物联系起来，使它具有深刻而又比较广泛的意义。显然是基于这个缘故，我们会把不识字的人等同于文盲，因为我们太依靠文字，来传达意义或间接经验了。

同时，前文也一再说过，总是有一种危险，即我们所用的符号并不真正表达原意的时候，语言的媒介分担不能让不在当下的、遥远的事物带进眼前的经验，反而变成了最终的目的。正规教育尤其面临这种危险，其结果是，学会了读写的学生变成了只会死读书的人，许多人称这种书呆子是有学问。说到直接经验的紧迫性、温暖性和亲切性，这与间接经验的遥远性、无生气性和冷淡性形成了鲜明的对比。"心理的现实感"和"欣赏"（或真正的欣赏）是对事物现实感的比较精致的说法。如果非要采用同义的说法，例如"打入某人心中""真正的心领神会"等，否则不可能解释这些概念，因为要领会事物的唯一方法，就是亲自去体验，获得最直接的经验。这种感受与间接经验的差别就好像真正看见一幅画，与阅读这幅画的技术性说明之间的差别；只是看到这幅画和看了之后被画感动，两者是不同的；而学习有关光的数学方程式，和在朦胧的景色中看到特别壮丽的照明而为之神往，这两者也是不同的。

因此，我们若不谨慎，往往会让纯粹只有代表作用的符号侵占直接经验的地盘。换言之，就是有一种趋势，我们会假定学生已经有足够的直接经验的基础，可以承受学校的课程用间接经验建立起来的上层建筑。关于直接经验不仅有一个数量的问题，更要有足够的直接经验，甚至更是一个质量的问题。直接经验一定要能够迅速地、有效地和用符号表达的教材联系起来。学校教育在教学能通过符号的媒介完全传达事物和观念以前，必须提供许多真正的情境，使学生在亲身参与中领会教材的含义与其中引发的疑问，然后才能放心使用符号的媒介来传递事实与概念。从学生的立场看，所取得的经验本身是有价值的；从教师的立场看，这些经验也是提供教材的手段，必须靠它们来帮助学生理解使用符号讲授的东西，来启发学生对于符号传递的内容的接受意愿。

前文讨论教材的教育功能中大概说过，安排能够呈现典型经验情境的游戏和主动性作业，可以符合直接经验的踏实感要求。关于这一层，我们已经讨论过了，不需要多说。不过有一点应该指出，前面的讨论虽然明显的是关于小学教育的教材，在小学教育中，直接经验的背景要求最为显著，但是这个原理也适用于每一门科目的初级阶段。例如在中学和大学，每一个新领域的实验室工作，其主要和基本的功能是让学生自己去熟悉一下大概的事实问题，也就是让学生抓住对这些事物的"感觉"。至于掌握技术和作出概括以及验证概括的方法，一开始都是次要的。对于小学生而言，校内的活动的根本用意不是制造乐趣或减轻学习的负担，也不是为了学技能（虽然这些都是自然会附带产生的结果），而是为了扩大和丰富经验的范围，保持智力发展的兴趣、活跃、有效。

说到"欣赏"，可以引出三个更进一步的题目：有效的或真实的（区别于名义上的）价值标准是什么的；想象力在知识的理解中有多重要；美术在课程中应该居于什么样的地位。

1. 评价标准的本质。每一个成年人在他先前的经验和教育过程中，已经获得了各种经验价值的某种标准。他已经学会把诸如诚实、亲切、坚持、忠诚等品质看作美德；把文学、绘画、音乐方面的某些古典作品作为审美的价值等等。不仅如此，他还学会这些价值的某种尺度，例如道德方面的金科玉律；审美价值方面的和谐平衡、按比例分布；智力成就方面的确切、清晰和系统。这些原则作为判断新经验价值的标准非常重要，家长和教师往往总是直接把这些标准教给孩子。他们却忽略了一种危险，就是这样教授的标准将仅仅是一种符号或是象征性的。换句话说，大多数是约定俗成的规定或口头上的标准。实际上能发生作用的标准不同于口头宣传的标准，是因为孩子们在具体的经验中明确表明了它对自己有重要意义。一个人也许懂得哪些属性的音乐是一向受推崇的，他谈起古典音乐也许头头是道，他甚至真诚地相信这些特点构成他自己的音乐标准。但是，如果在他自己过去的经验中，他最习惯和最欣赏的是使人发笑的散拍音乐，那么他评价音乐的有效标准就仍然固定在散拍音乐的水平上。他自己感到有实际吸引力的东西，对他的态度所起的固定作用要比教师要求他应该说的东西深刻得多，这样固定下来的习惯倾向，在以后的音乐经验中，就成为他真正的评价"标准"。

我们这样来说有关音乐的好恶问题，也许很少人会否认以上的观点。但是，这个道理同样适用于道德价值和知识价值的判断。一个年轻人，如果他反复体验到友好待人的价值的全部意义，并使这种体验深入到他的性情中，他就会获得宽厚待人的价值标准。如果没有他自己的亲自参与和体悟，别人再怎么教导他要大公无私的职责和美德，都只会是纯粹的符号，不能充分转化为实际行为。他得来的"知识"是间接的，他只知道别人推崇大公无私的表现，如果他能表现这种品质，别人就尊重他。因此，他表面上承认的标准，可能与他真正信服的标准产生分歧。一个人可能意识到他的爱好和他的理论观点之间的斗争结果；他会陷入做他真正喜爱的事和做他知道将会赢得别人赞许的事之间的冲突和痛苦。但是，如果他并没意识到这种分裂，就会产生无意识的虚伪和性情的不稳定。同样，一个学生费力地通过了某种令人迷惑的理智情境，奋力前进，消除难解之处，取得了明确的结果，他就能欣赏明晰性和确切性的价值，于是他使有一个可以依靠的标准。他也许可以在外力的调教下对教材进行一定的分析和分割，获得有关这些作为标准逻辑功能过程的价值知识。但是，除非这种知识在某一点上"打入他心中"成为他自己欣赏的东西，否则所谓的逻辑标准的意义仍旧只不过是表面的知识，与记住中国河流的名称差不多，他也许能背出这些名称，但是这种背诵仍是机械的复述。

因此，把欣赏的范围只限于诸如文学、绘画和音乐这一类的东西就犯了严重错误。欣赏的范围和教育事业本身同样广泛。我们养成的习惯，应该也是欣赏的标准，是表现喜好与重视的习惯性行为模式，是一种有效的精益求精的意识，否则习惯形成就纯粹变成一种机械的东西。我们有充分的理由断言，现在的学校如果总是重视表面的"纪律"，重视分数和奖赏，重视升级和留级，必然无暇顾及营造生活情境，使学生在其中实地深切地感受到了解事实、观念、原则和问题的重要意义。

2. 从实际体验中欣赏价值与借符号表述的经验是不同的，但与智能或理解力的运作没有什么区别可言。即使面对纯粹的"事实"，只有包含想象力的个人反应才可能真正感到有价值。想象力是在每一个知识领域中能够欣赏的媒介。任何活动都必须运用想象力才不致流于机械的性质。不幸的是，人们通常习惯于把想象和虚构等同起来，而不是把想象看作对全部情境的热情的、亲切的认识。这种思考方向就导致过高估计童话、神话故事、想象的符号、诗歌，以及挂着"美术"标签的东西在启发想象与欣赏能力方面的作用。而且，由于漠视其他事物可运用想象力的空间，又导致教学方法简化为不用想象力地学习专门技能、强记一大堆信息。现今的理论已经足以让我们认识到游戏活动是一桩富于想象的事情，在某种程度上，教学实践也已经具有同样的功能。但是我们通常仍旧把游戏活动看作孩子发展的一个特殊阶段，而忽视这样的事实，即游戏和严肃工作的区别应该不在于有无想象力的不同，而在于从事想象的材料的不同。结果，一方面过分夸大孩子游戏的幻想和"不真实"，另一方面使严肃的作业死一般地降为仅仅因为表面上有形的结果而受到重视的呆板效率。于是，所谓成功就是指精心设计的机器比人所能做得更好，而不顾教育的主要效果，即过一种有丰富意义的生活。至于孩子们的想象力，因为不能运用到课业上，又不能被抑制住，就变成漫无目标的胡思乱想。

凡是超出可实际直接反应的范围之外的事物，就需要以想象力为媒介。必须充分认清楚这一点，教学方法才可能摆脱机械化。本书按照当代教育的许多趋势强调行为活动。如果不承认想象和肌肉活动同样是人类活动的正常组成部分，那么本书强调活动的观点就会令人误解。手工活动和实验室练习以及游戏的教育价值都决定于它们在多大程度上有助于学生了解正在进行的事情的意义。这些行为虽然不算编演话剧，实质上却是戏剧性活动。这些活动能够养成技能习惯，用以获得有形的结果。这种功利的价值是非常重要的，但是，如果它们和学生的欣赏脱离，那么它们的价值就不那么重要了。直接从事的行为，如果我们没有同时运用想象力，就没法获取从直接活动到符号代表的知识。因为只有通过想象符号才能使人了解直接意义，并和比较狭隘的活动结合起来，使这种狭隘的活动得以扩大和丰富。如果代表性的创造性想象仅仅属于文学和神话的想象，那么所用的符号就成为只是指导言语器官和身体反应的手段。

3. 上面的讨论并没有明确交代文学和美术在课程中的重要地位，之所以没有讲到这一点是有意的。最初，在实用艺术或工艺美术和美术之间，并没有明显的界线。本书第十五章所提到的许多活动，它们本身都包含后来区分美术和工艺美术的因素。由于这些活动吸引住了情绪和想象，所以它们具有美术的特性。由于需要方法或技能来使工具适应不断完美的材料，它们便包含艺术生产所不可缺少的技术因素。从艺术产品或艺术作品的观点看，它们自然是有缺陷的，即便如此，只要它们包含真正的欣赏，通常是有其可爱之处的。作为经验，这些活动既有艺术的特性，又有审美的特性。如果它们形成各种活动，用活动的产品来检验它们的价值，当产品的社会实用价值受到重视时，这些活动就变成实用艺术或工艺美术了。如果这些活动的发展方向是提高适合审美性质的欣赏，那它们就成为美术。

英文的欣赏这个单词里面，有许多含义，其中一种含义与贬低价值相对立。欣赏表示扩大的、强化的估价，不仅仅是估值而已，当然更不会是降低了的估值或贬值。这些特性使任何平常的经验都变得吸引人，并且能被人全部吸收，使人愉快。提高这些特性便成为教育中文学、音乐、绘画等的主要目标。欣赏这个词最常指的意思并不是只能靠这些科目来完成，然而强化了的、增进了的欣赏主要是靠它们促成的。就这个科目本身而言，不仅在本质上直接使人愉快，而且还有超越它们本身的用途，即是逐步在一切鉴定行为中负责确定经验的价值标准，供以后的经验参考。它们对降低其标准的环境感到不满，它们要求把环境提高到它们自己的水平。原本可能是平庸的、不值得注意的经验，它们可以凸显其中意义的深度和广度，如果没有这种意义，这些经验会变得平庸和琐屑。就是说，它们能提供进行想象的工具。此外，只要施展得当，它们能把代表善的因素做浓缩而完满的表述。否则这种因素是分散而不完全的。它们能选择并聚集各种具有欣赏价值的元素，任何经验都因为有了这些元素而能够立即使人愉悦。这些科目不是教育的奢侈品，而是强化现实受教育之所以有意义的缘由。

课程的价值

教育价值的理论除了要讲欣赏的重要性——定下衡量价值的一个标准——也要讲衡量价值的明确方向。评价的含义首先是觉得东西可贵，其次就是进行估价。换句话说，评价就是一个喜欢一件东西的行动，爱护这个东西，还包含和别的东西比较，对它的价值性质和分量作出判断的行动。从后一种意义说，评价就是估量价值。这两种意义的区别有时等于内在价值和工具价值之间的区别。内在的价值不是判断的对象，作为内在的价值，不能和别的价值比较，不能说哪个大些哪个小些，哪个好些或哪个坏些。内在的价值是无价之宝。如果一个东西是无价之宝，它和任何其他无价之宝相比，不会有高下之分。但是，有时我们不得不有所选择，我们为了要一个东西必须放弃另一个东西。这样就建立起喜欢的顺序，价值大些和小些，好些和坏些。衡量的事物必须针对第三者进一步的目标来评估。就这个目标而言，被评估的内容就是手段，也就是使用价值。

我们可以想象，有个人在某个时刻会认为最大的乐事是与朋友聊天；而在另一个时间会以聆听交响乐为最大的乐事；再另一个时候，是喜欢进餐；再换个时候喜欢读书；再换个时候，是喜欢赚钱，等等。作为一种欣赏的实现，每一件事都有内在的价值。每一件事在生活中都占有特殊的位置。每一件事都有它自己的目的，没有别的东西可以替代。这里不存在比较价值的问题，所以也没有评价高低的问题。每一件事都有它特殊的好处，就是这么一回事。每一件事自身就是目的，没有一件事是达到另一件事的手段。但是，可能出现一种情境，就是当几件事发生竞争或冲突必须作出选择时，这时就要进行比较了。因为要作出选择，我们就要了解每一个竞争者的各自要求。每一个值得中选的理由何在？凭哪一点使得选它会强过选别的呢？有了这些问题，它本身特有的价值不足以构成目的，不再是固有价值。因为如果仍是，它的条件就应该是不可比较的，是非做不可的。这时候要考虑的是他能不能成为达到另一个目的的手段，那个目的才是这个情境之中的无价之宝。如果一个人刚吃过饭，或者如果他一般都吃得很好，听音乐的机会却很少，他可能更喜欢音乐。在这个特定的情境，音乐将作出更大的贡献。如果他正挨饿，或者如果暂时觉得音乐已经听得够多了，他就会判断食物更有价值。理论上而言，或一般而论，除了必须做出选择的特定情境之外，并没有不同程度的价值或价值顺序上的考虑。

据此我们可以归纳出一些教育价值方面的结论。学校科目彼此之间不可能有价值等级之分。如果企图把它们排列成序，从价值最小的科目开始，进而到具有最大价值的科目，这是枉费心机的。就任何科目在经验中都具有一个独特的或无可替代的功能来说，就任何科目都标志着生活所特有的丰富内容来说，各种科目的价值是内在的，或者是不能比较的。既然教育并不是谋生的手段，而是在经营一个活得更有收获、更有意义的生命，因此，我们可以定下的终极价值只在于生命过程的本身。这个价值并不表示，一切课程与活动都是为了达成合格目标而采用的工具；这个价值是一个整体，所有课程与活动都是组成要素。我们所说的欣赏的含义，也就是指每个科目都应在某一个方面具有这种终极意义。简而言之，无论是算术、诗词或任何科目，总得验证它的固有价值足以令人欣赏，即科目本身就是足以构成愉悦的经验。如果不是这样，一旦遇到用它为手段或工具的时候，它就发挥不出应有的作用。学生如果从未领会或欣赏某个科目本身的价值，也就无从发现它其实是达成另外目标的可用资源。

因此，如果我们要根据各种科目的价值对它们进行比较，即把这些科目看作达到它们自身以外的目的的手段，我们就要在必须使用这些科目的特殊情境中，寻找正确评价各种科目的手段。要使一个学生了解数学工具的价值，其方法不是向他讲解在遥远和不确定的将来数学会给他带来的好处，而是让他发现要在自己喜欢做的事情上获得成功，取决于他使用数字的能力。

此外还有一点，虽然近来费了大量时间企图把不同的价值分配给不同的科目，但是这种尝试是错误的。例如，以科学为例，可能因为运用到它的情况不同，而具有任何类型的价值。有些人可能会说，科学的价值是军事方面的，强化防御与攻击都用得着科学。科学可以有技术方面的价值，作为工程的工具；科学也可以有商业方面的价值，作为成功经商的助手；在其他情况下，科学的价值可以是慈善性质的，它的作用在于减轻人类的痛苦；它还可以有十分传统的价值，用来树立一个人的社会地位，作为一个"博学"的人。事实上，科学为所有这些目的服务，要想确定其中一个作为科学的"真正"目的，难免太武断了。就教育而论，我们能确定的只有一点：科学知识在学生的生活中应该是本身就有价值的，因为它对于体验生活有独特的帮助而值得学习，应该是本身必须具有"欣赏价值"的。如果我们举一个好像和科学相反的东西，例如诗歌，上面的话也同样适用。目前，诗歌的主要价值可能是它对享受闲暇所作的贡献。但是这可能是一种退化的情况，不是必然。在历史上，诗歌是与宗教、道德联系在一起的，它曾经用于表述深奥难懂的意思。诗歌对于表达爱国精神也曾经有巨大的贡献。对希腊人来说，荷马的诗是一部圣经，是一部道德的教科书，是一部历史，也是希腊民族的灵感。无论如何，我们可以这样说，如果教育没有成功地使诗歌成为生活的一个资源和闲暇生活的手段，这种教育就是有缺陷的。否则诗歌只是矫揉造作的诗歌。

一个科目或这个科目的课题的主题内容，能否在激发兴趣方面有力量，也适用这个道理。负责制订教学计划和担任教学的人，应该有理由认为各个科目和其中所包括的课题既能提供直接的内容以丰富学生的生活，又能提供材料，用于其他具有直接兴趣的事情。因为课程常常装满纯属承袭的传统教材和少数有影响人物所喜爱的科目，所以要经常对课程进行检查、批评和修订以保证完成它的目的。此外，常常有一种可能性，就是课程代表成人的价值，而不是代表孩子和青少年的价值，或者只代表上一代学生的价值观而不是现在学生的。因此，还需要有批判的观点和考察。但是，这些考虑并不是说要使一个科目对学生具有激发动机的价值（不管是内在的价值，还是工具的价值），就要使学生认识到这种价值，或者能够说出这个科目的用处。

其实，无论什么科目，只要能引起人们的兴趣，就没有必要再问有没有用处。这种问题只能拿来问使用价值。有些有价值的东西，没有任何"用处"，就只是有价值。要再多想就是钻牛角尖了。使用价值是对别的事物有用的机制，如果它不曾在某一刻有它的固定价值，我们就老是要问它有没有用处。对一个饥饿的健康孩子来说，在这个情境中食物就是有用的，我们不必为了引起孩子吃的动机而教他明白事物有什么益处，食物和胃口联系起来，食物就是动机。精神上渴望学习的学生，对很多题目也有这种情形。学生自己和老师都不可能确切预知这么学习下去将来能达到什么目的；而且只要好学之心不中断，也没有必要明白以后会有什么好处。学生对课程内容作出反应，学生的反应就是使用。学生对材料的反应表明这个学科在他生活中起作用。例如，因为拉丁文这门课程本身有抽象的价值，它可以作为一个学科，并以此作为教拉丁文的足够理由，这是不合理的。但是，如果主张只有教师或学生能指出拉丁文将来有某种明确的用处，拉丁文才有其合理的价值，这也是荒谬的。如果学生真正关心学习拉丁文，这本身就证明拉丁文有价值。在这种情况下，我们最应该问的是，既然学习的时间有限，是否还有其他既具有固定价值又兼具有更大使用价值的科目可学。

这就把我们带到了工具价值的问题上。所谓工具价值，就是所学习的课题之所以有价值是因为课题以外的目的。假如一个孩子因为生病完全没有食欲，食物摆在前面他也不想吃，或者他的胃口反常，喜欢吃糖果而不喜欢吃肉和蔬菜，这时候就应该告诉他吃正餐的益处。就必须要指出吃与不吃的后果，以证实食物存在的积极的价值和消极的价值。假如情况虽属正常，但是有人并没有什么行动，因为他不知道自己必须主动投注心力才能够得到事物的固有益处，所以没有行动。在这种情况下，就需要运用点智慧来指明行动与益处的因果联系。一般地说，理想的教材应该做到的是立即呈现价值，而它具有内在价值无需证明，否则就要把它看作达到某种有内在价值事物的手段。由此可见，使用价值所具备的固有价值就是，可以当作达成目标的工具。

我们也许要问，目前教育上对各科目价值问题的兴趣是否放得太宽或太窄。有时候，有些科目的课题在学生生活中不再有任何直接或间接的价值可言，但人们似乎仍在竭力为保存这些课题辩护。在别的时候，人们对无用材料的反应似乎趋于极端，他们认为制订课程的人或者学生本人，不能够十分确定指出未来实用价值的学科和题目，一律应该剔除。显然，这些人并没有认识到生活自有它存在的理由，而明确的实用价值之所以能被指出认可，证实因为它们增加了生活本身的经验内容。

价值的划分和组织

要把生活上各种有价值的方面进行一般的分类，当然是可能的。为这样分类的优点是，便于评述教育的各种目标（见第八章最后），使教育事业有适当的广度和灵活性。但是，若把这些价值看作最终目标，而把经验的具体满足从属于这些目标却是一个大的错误。这样的分类不过是将实用的价值归纳出一个原则，只能差强人意。健康、财富、效率、社交、实用、文化和快乐，它们只是总结大量特殊事情的抽象名词。把以上这些东西看作具体课题和教育过程的评价标准，就是把具体事实从属于抽象名词，而抽象名词正是从具体事实派生出来的，它们并不是真正的评价标准。我们前面曾经讲过，在特殊的欣赏中可以发现评价的标准，这种欣赏形成鉴赏力和爱好的习惯。但是，上面所举的这些概念要从构成兴趣与爱好习惯的那些个别的领会经验中归纳出来。不过仍然属于重要的观点，因为超越了生活细节的着眼点，根据这些着眼点而考察整个领域，看它的构成细节是如何分配的，这些成分是否比例适当。

任何分类的效用都只是暂时的。我们不妨想一想，学校教育应当促成的经验具有哪些特征。执行能力，面对资源或障碍时能处理得当；社交能力或直接和别人做伴的兴趣；审美能力，至少能欣赏某些古典艺术珍品的能力；受过训练的智力活动的方法或对某种科学成就的兴趣；对他的权利和要求的敏感性——真心诚意。虽然这些考虑并不是价值的标准，却是考察、批评和更好组织现行教学方法和教材的有用标准。

由于不同行业的隔阂导致教育价值有分离的趋势，我们更需要有一般性的评价观点。有一种流行观点认为，不同的科目代表不同的价值。因此，必须集合各种科目来构成课程以照顾到许多独立的价值。下面的这一段引文没有用到"价值"这个词，表达的概念却是，制订课程表应该以多种不同的目标之考虑为依据，而且，各种科目可以按每一科各自的目的进行评价。"要训练记忆力，可以通过许多科目，但是最好是用语言和历史；训练欣赏力，可以通过高级语言的学习，但最好是用英国文学；训练想象力，可以通过所有高级的语言教学，但是主要用希腊文和拉丁文诗歌；训练观察力，通过实验室的科学工作，有些训练能从早期拉丁文和希腊文的学习中获得；对于表达能力的训练，首先是用希腊文和拉丁文作文；对于抽象推理能力的训练，几乎只有数学；对于具体的推理能力，首先是科学，然后是几何；对于社会的推理能力，首先是希腊和罗马历史学家和雄辩家，其次是普通的读诵史。所以，以完整自诩的教育再不济也应包括拉丁文、一种近代语、一些历史、一些英国文学和一门科学。"

上面这一段文字的很多措辞与我们的论点不相关，我们必须予以排除，才能够看清其中的要旨。从其中的用词，可以看出作者所处的特定地方的传统背景的迹象。作者毫不怀疑地假设人有许多"官能"要受训练，并且非常注重古典语文，对于人类居住的地球和他们的身体却比较忽视。但是，如果我们撇开这些不看，我们在当代教育哲学中就会发现许多事情。这种教育哲学类似把特殊的价值划分为许多各自分离科目的基本思想。甚至有时仅举一个目的作为价值的标准，例如社会效率或文化修养，人们常常可以发现这不过是空洞的标题，在标题下面包含了许多不相连贯的因素。虽然一般倾向同意一门科目的价值应比前面引文包含得更多样一些，但是为每一科目罗列若干价值并且说明特定科目所有的每种价值分量，不言而喻，可见意见必然会有分歧。

事实上，诸如此类的科目价值表，大多是下意识地要为自己熟悉的课程表辩护。就绝大部分而言，他们接受现有课程的许多科目，然后把价值分配给各个科目，作为讲授这些科目的充足理由。例如数学具有训练价值，是使学生养成精准陈述与仔细推理的习惯；它的实用价值，在于使学生掌握商业和技艺中包含的计算技能；数学也有文化修养价值，在于扩大学生处理事物最一般关系的想象力；数学甚至还有宗教价值，表现在它无限的概念和相关的概念上。但是数学显然并不是因为赋有奇迹般的潜力即所谓价值而达到这些结果的，如果数学真能达到这些结果，它才具有这些价值，而不是有了这些价值，它才有这些结果。列举数学的价值，可以帮助教师从更宽广的角度来看数学教学可能成就的结果。但是，不幸的是许多人认为数学本来就有这些潜能，不论这些潜能是否能够发挥出来，数学都是一门有价值的课程。如果这些能力没有发生作用，不能责怪所教的科目，而只能责怪学生不肯好好学习。

这个态度，就像硬币一样，属于一体两面的概念的正面，它的反面是把经验或生活看作许多独立兴趣拼凑起来的东西，这些兴趣同时存在而又互相限制。学过政治学的人都很熟悉关于政治权力的牵制和平衡理论。政府有几种独立的职能，如立法、行政、司法、管理等，如果每一种职能牵制所有其他职能，从而创造一种理想的平衡，那么一切都会顺利进行。在哲学方面，也有一种哲学，可以称之为经验的牵制和平衡理论。生活有多种多样的兴趣。听任这些兴趣发展，不加控制，它们会互相侵犯。所以，理想的办法是给每一种兴趣划定一块专门的领地，彼此不可越界。政治、商业、娱乐、艺术、科学、学术专业、有礼貌的交往、闲暇等各种兴趣，每一项又有许多分支，例如商业，可以分成体力工作、行政工作、簿记、铁路运输、银行、农业、贸易和商业等。其他兴趣也可以分成许多分支。理想的教育就是提供各种手段，满足这些独立的分门别类的兴趣。

观察一下学校现在的运行，我们不难看出，它们接受这种看待成人生活性质的观点，并担负起满足这些需求的重任。成人生活的每一种兴趣都被认为是一种确定的制度，课程中必须有某种东西对应这个制度进行教学。课程中也必须有符合政治和爱国主义要求的公民课和历史；一些实用科目；一些科学；一些艺术（当然主要是文学）；一些娱乐设施；一些道德教育等。我们可以看到，现在有一大部分关于学校的宣传鼓动，其实大多数都是在争吵每一种兴趣应该受到多大的重视，并极力争取它们在课程中占据的分量；如果在现行的学校制度中行不通，那么就要设法创造一种新的学校教育以满足这个需要，结果就是在众多的教育争论之中，反而把教育遗忘了。

激烈的争论造成的明显可见的后果是，课程太密集，学生的负担过重而不能集中注意力，以及狭隘的专门化的教学对教育的重心思想造成了重创。但是这些不良的后果，通常使人增加一些同样的东西作为补救。当他们认识到完全生活经验的要求终究不能满足时，他们仍不认为问题出在科目教育既狭隘又孤立。重整学校系统的作为便是以这种态度为基础：这样既有疏漏，就该再添科目来补足，要不然，必要时再开办别的学校。至于反对课程拥挤、学习肤浅和学生精神涣散的人，通常也会在"量"上做文章，他们的补救办法就是，把那些赶流行充点缀的科目都删掉，让初等教育回到读、写、算的老课程，高等教育回到古典文学和数学的老课程上去。

当然，这种情况有它的历史原因。过去的各个时代，都有它们自己特有的斗争和利益。每一个伟大的时代都留下了文化的沉淀，就像地质学中的地层。这些文化沉淀以科目的形式进入教育制度，表现为科目，特异的课程，特异的学校。随着十九世纪政治、科学和经济利益的迅速变化，必须为新价值的来临提供新的安排。虽然陈旧的课程进行反抗，但至少在美国它们不得不退出垄断地位，而且它们没有在内容和目的方面进行改造，仅仅是减少了分量。代表新价值利益的新科目没有用来改造所有教学方法和目标，它们只是被加进了课程，结果是和旧课程形成了一个大的混合体，而学校课程或时间表的排列，就是这个超大混合体的黏合剂。前面谈的价值规划和价值标准也由此产生。

教育的这种局面，反映了社会生活中存在的分歧和裂口。丰富和均衡经验中的各种各样的兴趣被撕得支离破碎，沉淀在各自分开的制度之中，各有各的独立的目的和方法。比如，商业就是商业，科学就是科学，艺术就是艺术，政治就是政治，社会交往就是社会交往，道德就是道德，娱乐就是娱乐等等。每一科目都有一个独立自主的领域，有自己的特定目标和推进形式，对别的领域，只是在外表上偶然对别的事有所贡献。所有这些事情通过并列、相加、集拢而构成生活的整体。一个人所期望的商业，除了提供金钱用来赚更多的钱维持自身家庭，用来购买书籍和图画，提供文化修养的音乐会门票，用来支付各种捐税，慈善捐赠，以及其他有社会价值和伦理价值的东西以外，还有什么其他希望呢？如果有人期望经商本身应该是有想象力的文化修养，经商应该不是通过它所提供的金钱，而是直接为它富有生命力的原则而服务社会，并为了社会组织而被当作一种事业来进行，这是多么不合情理啊！对于艺术、科学、政治或宗教也有类似误解。于是，每个领域都画地自限，不但各有自己的专门用具和必须花费的时间，在目标和驱策的精神上也都专门化了。学校课程与各科教育价值的理论，也不自觉地反映了这种兴趣的分割现象。

因此，教育价值在理论方面的争论点是经验的统一性或整体性问题。怎么使经验完备多样而又不失去精神的统一性呢？怎么使经验统一而又在统一性中又不狭隘和单调？归根结底，价值和价值标准的问题，是生活兴趣该如何安排的道德问题。从教育方面来说，这个问题关系到学校材料和方法的组织，使他们的运作能达到使经验富有广度和丰富多彩。我们应该怎样才能有远大的眼光而不牺牲实行的效率？我们怎样能使个人应用他的智力而不牺牲他的智力？我们应该怎样使兴趣多样化而不以孤立为代价？怎样使艺术、科学和政治在丰富的精神状态中相互增强它们的作用而不是牺牲别的事情来追求自己的目的？怎样能使生活兴趣和强化生活兴趣的科目丰富人们的共同经验而不使人们互相分开？我们将在以后各章讨论上面所提出的这些改造问题。

摘 要

前面讨论目标与兴趣的章节，已经从根本上谈过价值的问题。由于教育的价值一般都放在课程中各科目应占分量的话题中来讨论，所以本章只从特定科目的观点在谈目标与兴趣。"价值"这个名词有两种十分不同的意义。一方面，它指珍视一个事物的态度，觉得事物本身有价值。价值也是丰富或完整经验的别称。在这个意义上，评价就是欣赏。但是，评价也指一种有特色的理智行为——一种比较和判断行动，来估量事物的价值。当我们缺乏丰富的直接经验时，就要进行估量，这同时出现一个问题，就是在一个情境的各种可能性中，选择哪一个可能性才能达到完全的实现，或者获得重要经验。

然而，我们绝不能把课程的许多科目分成欣赏的科目与实用的科目，即有内在价值的科目和工具的科目，即在它们本身以外有价值或有目的的科目。在任何科目中形成适当的标准决定于这个科目对经验的直接意义所作出的贡献，应该取决于能否引起直接的欣赏。文学和美术具有特殊的价值，因为它们代表最好的欣赏，通过选择和集中更深刻地体会其中的意义。但是，每门科目在它发展的某个阶段，对和它有关的人来说，应该是具有审美价值的。

　　各种科目的实用价值和衍生价值的评定，要看它们对于经验中各种不同经验的内在价值是否有帮助。给每门科目指定独立的价值，同时把整个课程看作由各种独立价值聚集而成的混合体，这种趋势是社会团体和阶级隔离孤立的结果。所以，民主的社会团体的教育任务在于和这种隔离孤立的现象作斗争，使各种利益能相互支援和相互影响。

第十九章　劳动和休闲

对立的起源

前面说过的教育目的和教育价值的分离导致目的和价值之间的对立。在教育史上出现的根深蒂固的对立也许就是为有用劳动做准备的教育和为休闲生活做准备的教育。"有用劳动"和"休闲"这两个名词足以证实我们提出过的一个论点，那就是：各种价值的分离和冲突并不是孤立现象，它们反映着社会生活内部的分裂。如果通过劳动自谋生计和有教养地享用休闲机会可以平等地分配给社会的各个成员，那么就不会想到各种教育机构和所包含的目的彼此之间有任何冲突。问题在于教育怎样能最有效地为这两种功能作出贡献，这才是最重要的。虽然有些教材主要达到一种结果，另一些教材达到另一种结果，但是必须注意在条件许可时尽可能使两种结果彼此重叠，就是说直接以休闲作为目标的教育应该尽可能间接地加强效率和培养工作兴趣，而以效率和培养工作兴趣为目的的教育应该培养感情和智能的习惯，促进有意义的休闲生活。

上述的目标冲突，教育哲学的历史发展足以充分证明。早在古希腊时期，通才教育就是与专业工艺教育分开的。它是以把社会阶级分成必须为谋生而劳动的阶级和可以免予劳动的阶级为基础而提出的，认为适合后一个阶级人的自由教育在本质上高于前一个阶级的奴役训练。这种想法也反映了当时的社会自由阶级与受奴役的阶级之间的差别。受奴役的阶级不仅要为维持自己的生计而劳动，而且还要为上等阶级生活的享用而劳动，使他们不必亲自从事那些一刻都不得空闲的、不需要运用智能的、不能增长智能的工作。

人总得劳动，这是毋庸置疑的。人类必须生活，就必须要去工作，为生活提供来源。即使我们强调与谋生有关的兴趣只是物质方面的兴趣，所以在本质上就不如与休闲相关的兴趣；即使我们强调，物质方面的兴趣有些霸道，可以侵占属于高级理想利益的地位，但是，如果不是区分社会阶级这个事实，就不会使我们轻视训练人们从事实用职业的教育，反倒应该使我们谨慎处理，让学生们既学到实用才能，又不一味追逐物质兴趣；教育必须使我们避免由于忽视而产生的不良后果。因为只有当这些利益的区分和社会分成低贱阶级和高贵阶级相一致时，为有用的劳动做准备才会受到轻视。我们能认清这一点，就不会再认为工作等于物质兴趣，休闲等于理想兴趣了。

两千多年前社会状况所形成的教育思想，会有那么大的影响，它那么明确、合乎逻辑地认识社会分成劳动阶级和有闲阶级的定义，使我们不得不特别探究一下。按照这种思想，人类居于万物的最高地位。人和动植物具有部分相同的构造和功能，例如营养功能，生死功能，运动或实践功能。人所特有的功能是理性，它的存在是为了见识宇宙之美妙。所以，人类真正的目的在于充分发展这种人类特性的可能性。作为目的本身而进行的观察、反省、沉思和推测的生活就是人的正当生活。此外，理性可以适当控制人类天性的低级要素——例如嗜好和主动的冲动。这些低级要素本身只在自身的满足，如贪婪、反抗、暴行，但是当它们服从理性驾驭时，它们就奉行节制，遵守中庸之道，为良好的目的服务。

这就是亚里士多德论述得清清楚楚的类似理论心理学的情景。但是，实际情况却表现在人的阶级差异上，也表现在社会的组织组成上。只有在少数人中，理性才能发挥作用，像生活的规定一样。在广大群众中，植物性和动物性的功能起着主导作用。他们的智能力量软弱无力，变化无常，常为肉体的情欲所压倒。这种人不能真正为自己而活，因为只有理性能够成就最终的目的。他们像植物、动物和有形工具一样，是达到别人目的的手段和工具，虽然他们和植物、动物和物质的工具不同，他们有足够的智力，在完成交给他们的任务时，也进行一定的判断力。所以，不只是受社会传统的安排，有些人天生就要做奴隶，要成为别人用来达成目标的工具，而大多数的技艺工匠从某一方面来说，处境比奴隶还差。他们像奴隶一样为别人的目的服务，但是，因为他们和自由的高层阶级之间并不享受家庭奴隶所带来的亲密联系，他们仍处于较低的地位。此外，妇女与奴隶和工人同属一个阶级，是自由或理性的生命用来实现生产与生殖目的而使用的工具。

不论是从个人还是从集体而言，只是活着和活得有价值都有极大的区别。一个人为了过有价值的生活，他首先必须活着。个人如此，集体的社会也是如此。为单纯谋生所花费的时间和精力减少了他们从事具有内在理性价值活动的时间和精力，他们也不适宜于这些活动。供人使唤是低贱的，让别人拿来用的人是奴性的。只有不经努力和无需注意就能获得物质需要的人，才能真正活出生命的价值。所以，奴隶、工人和妇女是用来提供生活必需品的，使那些具有适当智能的人才可以过有闲的生活，从事有内在价值的事情。

上述的两种生活模式——听命于人的与自由的活动，对应了教育的两种类型：一种是卑下或机械的教育，一种是自由或理智的教育。有些人接受合适的实际训练，培养做事的能力，以及利用机械工具的能力，制造商品，提供个人服务。这种训练只是使人养成机械的习惯和技能，这种训练的实施只是通过反复练习和勤奋应用，无需唤起思考的能力。自由教育的目的在于训练智能，正当地运用智能，获得知识。这种知识与实际事务的关系愈少，与制造或生产的关系愈少，就愈能适当地运用智能。亚里士多德划清卑下教育和自由教育十分彻底，甚至把我们现在所谓美术、音乐、绘画和雕塑的实践方面与卑贱的技艺归为一类。它们都包括物质的工具、勤奋地练习和外部的结果。例如，亚里士多德在讨论音乐教育时提出一个问题，孩子们练习乐器应达到什么水平。他的回答是，孩子练习乐器的熟练程度可以达到能欣赏音乐的水平。也就是说，能够欣赏和享受奴隶或专业人员所演奏的音乐就能分辨好坏、懂得享受的程度。如果想要练习到和专业演奏的人一样，音乐就从自由的水平下降到谋生的水平。亚里士多德说，要是这样，我们教烹饪也是一样。甚至像美术创作这种自由的业务，也有赖于匠人阶级把专门技巧学好，把他们的人格发展从属于获得机械绘画的技能方面。活动越高尚，与物质的东西或身体的关系就越少，就越是纯粹的智能活动，越是独立的或自给自足的活动。

从上面最后几句话可以看出，亚里士多德甚至认为在过理性生活的人内部也有高等与低等之分。他认为，目的和自由行为都是有层次差异的，有的人的生活有时仅仅有理性伴随，有的人却生活在理性之中。也就是说，自由的公民他们献身于社会的共同生活，参与社会事务的管理，赢得个人的荣誉和名声，过着有理性伴随的生活。但是，一个思想家，一个献身于科学研究和哲学思考的人，可以说不仅用理性工作而是在理性中工作。换言之，一般公民在公共关系方面的活动仍有某些实践的色彩和表面的或仅属工具性的工作色彩。这种影响，表现在公民的活动或成就都需要他人的帮助。一个人不能独自从事公共的生活。但是，按亚里士多德的哲学，一切需要，一切愿望，都意味着物质条件的使用。一切需要和欲望都含有缺乏的意思，它们依赖它们自身以外的东西才能完成。但是，一个人能独自过纯粹理智的生活，他也可能需要从别人那里得到帮助，但是这种帮助是偶然的，不是本质固有的。在认知的过程中、在理论的生活中，理想才得以完整地彰显；唯有为了知而求知，不考虑是否运用，才是完全自主的，是自给自足的。因此，教育必须只以认知能力为目的，不考虑使用功能，甚至不考虑公民职责的实践，才是真正的自由教育。

现行状况

假设上面所说的亚里士多德的概念只是他个人的观点，那么上面这些概念不过是一桩值得一读的历史趣闻。这种概念可以作为缺乏同情心或者特异天才卖弄学问的例子，不必多么在意。可是，亚里士多德描述的是他当时实际所处的社会生活，他说得简明清楚，也没有因思想混乱而产生的不诚实态度。自亚里士多德的时代以来，实际的社会情况已经发生了巨大变化，这是无需说明的。但是，尽管社会变了，尽管法定农奴制被废除，民主思想得到广泛传播，以及科学和普通教育（包括书籍、报纸、旅行、社交以及学校）的推广，社会上仍旧分成有学问的阶级和未受教育的阶级，休闲阶级和劳动阶级，使得亚里士多德的观点成为批判目前教育上文化与实用分离的最有启发性的观点。在教育学所讨论的知性与抽象的差别这个题目背后，还有一个社会差别的阴影，即有的人从事的工作只有最低限度的自主思想和审美欣赏，有的人从事的工作偏重直接运用智能并控制他人的活动。

亚里士多德曾说："任何事物、艺术或学习，如果它使自由人的身体、精神或智慧不适于优秀才能的发挥和实践，就应该被称作机械的事物、艺术或学习。"这当然是正确无误的。如果我们在名义上这样主张，认定不仅少数人是自由的，人人都是自由的，那么亚里士多德这番话的力量就无限地增加了。因为，只要当时的社会认为大多数男子和所有妇女身心上本来就是不自由的，只把他们训练成操作呆板机能，不考虑这么做会不会断绝他们将来过有价值生活之路，也就不算出尔反尔和道德上的虚伪了。当然亚里士多德的另一番话也说得准确无误，他说："所有为金钱而从事的职业和降低身体状况的职业都是机械性的，因为这种职业剥夺智能的休闲和尊严。"这番话永远是正确的。说它永远正确，还有一个条件，就是说，有金钱收入的职业事实上剥夺了使用智能的条件，因而也就剥夺了智能的尊严。如果亚里士多德的话是错误的，是错在误把社会习俗的一方面当作本来的必然。但是，如果我们采取不同的观点对待精神与物质、心理和身体、智能和社会服务的关系，那么只有当这种观点能使旧的观念在事实上，即在实际生活和教育中已被废弃时，才能说是优于亚里士多德的观点。

亚里士多德的正确论点是，只懂得做事技巧、只会累积有形的产品，是下等的劳动，不如有理解能力、欣赏的共鸣和观念的自由运用那么高级。他的论点如果有错，就错在他认为这两个方面必然是一分为二的：在生产商品和提供服务中的效率，与自我指导的思想之间，在重要的知识和实际的成就之间，彼此自然分离。如果我们只纠正他在理论上的错误，而容忍产生和支持他观点的社会状况，纠正的意义又在哪里呢？如果变革的最可贵结果仅是增加人类生产工具的技术效率，从奴役制度转变到自由公民制度，那变了还不如不变。如果我们仅仅满足于那些直接利用自然仍处于冒昧和不自由状况的人，而把控制自然的智能让相隔很远的科学家和工业界的巨头所独占，那么我们把智能看作通过行动控制自然的力量，也会弊大于利。只有在教育实践中持续不断地训练多数人从事包含单纯生产技能的职业，训练少数人获得那些修饰过的文化知识时，我们才能批评把生活划分为彼此分离的许多功能，批评把社会划分成彼此隔离的若干阶级。总之，有没有能耐超越希腊人生哲学和教育哲学的能力，不是通过仅仅以自由、理性和有价值等理论符号进行欺骗就能获得的。也不能只凭态度看待劳动的尊严，认为替他效力比冷漠的自足的独立生活优越，就能超越希腊的人生哲学和教育哲学。这些理论上和感情上的变化固然重要，但是它们之所以重要在于它们被用来发展真正的民主社会，在这种社会中，大家都参与有用的服务，大家都享用有价值的休闲。我们要改造教育，并不仅仅因为文化概念或自由思维的概念和服务社会的概念改变。教育改造之所以重要是因为要给社会生活的变革以充分和明显的影响。"平民大众"逐渐获得政治上和经济上的自由，已经可以从教育上看出来；它不但促成公立的小学教育制度的建立，也打破了受教育是少数人特权的旧观念。但是，这个革命还没有完全成功。现在还有许多人认为，真正的文化修养或自由教育和工业事务没有任何直接共同的东西，认为适合于平民大众的教育必须是一种有用的或实际的教育，而这种教育，把有用的和实际的教育与培养欣赏能力和解放思想对立起来。

因此，我们现行的教育制度其实是一个前后矛盾的混合物。有些科目和方法被保存下来，因为假定这些科目和方法认可特殊的自由性质，而所谓自由，主要是指没有实用的益处。这种情况主要表现在高等教育中，即大学教育和预备升大学的教育。但是，这种现象已渗透到初等教育，基本上控制着初等教育的过程和目的。但是，另一方面，在现代生活中，对必须谋生的群众和经济活动所起的越来越大的作用已经作了一定让步。这些让步表现在各专业、工程、手工训练和商业的专门学校和课程上，表现在职业教育和职前教育课程中以及读、写、算等，而在小学课程的教学精神方面，也形成了一种制度，"文化"科目和"实用"科目并存于一个缺乏有机结构的混合物之中，其中"文化"科目的主要目的不在于社会服务，"实用"科目不注重解放思想或思考能力。

另外还有一个结果，就是一个科目中两种观念并存，既采纳了使用考虑，又保存了原来全部属于为休闲做准备的遗迹。"实用"因素表现在科目的动机方面，"自由"因素表现在教学的方法方面。混合的结果也许比在两个原则之中纯粹坚持任何一个原则的结果更难令人满意。例如，学校前四五年的科目几乎全是阅读、拼法、书写和算术，通常认为，准确读、写、算的能力是进一步学习所不可缺少的。这些科目仅仅被看作是进一步发展必备的条件。初期的课程成了工具，只是为学生随后要找个薪水高的工作或继续攻读学业做准备，所以特别注重操演练习，培养成不经思考就能做好的机能。如果我们考察希腊的学校教育，就可以发现，从孩子早期开始，技能的练习尽可能处于审美的、道德的文学内容的学习之后的位置。他们强调的不是学会机能以便日后使用，而是学会眼前的教材内容。但是，如今的教育如果使这些科目脱离实际的运用，浓缩成纯粹象征的工具，显然是把自由思想教育与实用分离的旧观念残余。如果完全采取实用的想法，也许能使教学把各种科目和直接需要这些科目以及使这些科目立即有用的情境结合起来。在这两个相反的观念中采取折中办法所产生的不良后果是所有科目都不可避免的。例如，自然科学是根据实用的原则而设置的课程，但是教学时却把它作为特殊的成就脱离了应用的实际。至于音乐和文学，在理论上是根据它的文化价值而被引进的课程，但在教学中却主要强调养成专门的技能。

假如我们能少用些折中的办法，少一些折中所造成的混乱，如果我们更审慎地分析文化和实用的不同意义，我们就可能比较容易地制订一种课程，它既是有用的，又是自由的。只有迷信的人会认为这两个方面是必然对立的，即一个科目既然是有用的，就不会自由。实用的科目必然是狭隘的，文化性的科目必然无用。我们常见的情况是：以实用为目的的教学牺牲了想象的发展、审美能力的改进和理智见识的加深，这些最后也局限了实用技术的发挥空间。这些实用技术并非完全派不上用场，而是只能够在别人监管之下做固定不变的动作时应用。太狭隘的机能不可能有充分地发挥；如果在教学过程中能强化知识、训练判断力，这样学到的技能就可以轻易运用到不同的情境中，也是随个人自己控制的。有些活动在希腊人看来具有奴役的性质，并不完全因为这些活动具有社会和经济的效用，而是因为是直接和谋生有联系的活动，不是由于个人欣赏活动的意义而从事这些活动，在希腊时代，都是没有受过智能训练活动的表现。只要务农经商的人所做的仍然只是依葫芦画瓢，只要农工机械工的工作为的仍然只是与他们的思维无关的结果，那么这些职业就是没有文化修养价值的，就是呆板狭隘的。现在，理智的和社会的背景已经改变了。在大多数有关经济的职业中，工业中的许多要素在过去不过是依葫芦画瓢，而现在却都来自科学研究。今天最主要的职业都要依靠应用数学、物理和化学。受经济生产的影响和人类世界领域的无限扩大，地理上和政治上考虑的范围也无限扩大了。柏拉图会贬低为具有实用目的的学习几何和算术，这是很自然的。因为那个时候它们的实际用处是很少的，内容很浅，大多时候是为了数钱。但是随着它们社会用途的增加和扩大，它们的自由的或"理智的"价值和它们的实用价值达到了同样的高度。

我们之所以不能完全认识和运用自由价值和实用价值的一致性，主要原因出在环境条件上。机器发明以后，休闲的时间变长了，一个人就是在工作时也可以有休闲。掌握技能成为习惯，可使脑子得到自由，从事高级的思维活动，这是一种常识。工业中开始有了机械自动运作之后，也出现了这种情形，工作的人可以把脑袋空出来想想别的事情。但是，如果我们使用手劳动的人所受的教育限制在几年学校教育之中，而他们只是获得了使用基本符号的能力，那么就会妨碍他们在科学、文学和历史的学习，等于没有帮他们做好准备，即使有运用思考的机会，他们也无从利用。更为根本的是大部分工人不了解他们职业的社会目的，对他们的职业没有直接的个人兴趣。他们实际上得到的结果不是他们行动的目的，而只是他们雇主的目的。他们不是自由明智地在工作，只是为获得工资而工作。正是由于这个事实，他们的行动是不自由的，任何教育如果只是为了传授这样的技能，这种教育就是不自由的、不道德的。因为做的人不是自愿的，所以是不自由的工作。

只要谨记工作的这些明显特征，教育制度就可以把握改革的良机，协调自由培养和社会服务的训练，把自由培养和有效愉快地参与生产性作业的能力协调起来，这种教育本身将逐步消除现在经济情境的缺陷。人们主动地关心他们活动的目的，在这个背景内，即使行为的物质方面仍然是一样的，他们的活动就会失去它外部强加的和奴役的性质，变成自由或自愿的。在我们所谓的"政治"领域中，民主的社会组织会安排人们直接参与管理；但在经济领域，管理还是外面强加的，独断独行的。所以，内部精神活动和外部身体活动之间的割裂，历来的自由教育和功利教育之间的区别，就是这种割裂的反映。一种应该统一社会成员性情的教育，将尽力统一社会本身。

摘　要

在上一章讨论的有关教育价值的许多割裂现象中，文化和实用之间的割裂也许是最基本的。虽然这种区分常常被认为是内在的和绝对的，但是事实上它是由历史的和社会的原因造成的。就有意识地形成这种区分而言，这种区分起源于希腊，论述的事实根据是，只有极少数人过着真正人过的生活，这生活是他们依靠别人的劳动成果维持的。这个事实影响了智能和欲望、理论和实际关系的心理学理论。这个事实在政治理论中的体现是，永远把人类划分为两种，一种人能够过理性的生活，因而他们有自己的目标，另一种人只能过欲望和劳动的生活，需要别人给他们提供生活和行动的目的。心理学和政治学上的两种区隔转到教育上，就形成通才教育与实用教育之分，通才教育教导专心为知而求知的自负而休闲的生活，实用教育则训练人们投入只有呆板工作而没有知性思维与审美的生活。虽然目前情况在理论上出现了根本的多样化，在事实上也有了很大的变化，但是旧时代历史情况的因素仍旧继续存在，导致教育上因循维持分歧的存在，还有很多折中妥协的办法，常常降低教育措施的功效，民主社会的教育问题在于消除教育上的二元论，制订一种课程，使思想成为每个人自由实践的指导，并使休闲成为接受服务责任的报偿，而不是豁免服务责任的状态。

第二十章　知性科目和实用科目

经验和真知识的对立

生机与休闲是对立的。同样，理论和实践、智力和实行、知识和活动都是相对立的。这后面几组对立与第一组，无疑是同一种社会环境中产生的；因为这牵涉到教育上的一些特定问题，我们应该好好讨论一下知与行的关系和所谓的知与行的分离问题。

有人认为知识比实际活动有更高的来源，并且具有较高的和偏于精神方面的价值，这种见解有着悠久的历史。就可以的讨论而言，这种优劣比较的历史可以追溯到柏拉图和亚里士多德提出的有关经验和理性的概念里。这两位思想家在很多方面的看法并不一致，但是他们都主张经验是纯粹属于实际的事情，因此都同意经验的目的是物质的兴趣，经验的器官是肉体。反观知识，它为自己而存在，与实用无关，知识的来源和器官都在纯粹非物质的心灵，知识与精神或理想的兴趣有关。不仅如此，经验总包含缺乏、需要、欲望，经验永远不是自给自足的。另一方面，理性的知识本身却是完全的、全面的，无所不包的。因此，实际生活处于永远流动的状态，而理智的知识才是真正关注永恒的真理。

经验和理性认识的这种尖锐的对立，和雅典哲学思想的发展有关。雅典哲学是从批判风俗和传统作为知识和行为标准开始的。雅典哲学在寻找代替这些标准的东西时，找到理性作为信仰和活动的唯一适当指引，既然风俗和传统与经验是一件事，结果就是理性比经验优越。此外，经验不满足于它所处的次等地位，成为承认理性权威的大敌。由于风俗和传统的观念是束缚人的，理性若要在争取合理地位的战斗中获胜，就必须证明经验本质上就是不稳定的、不够格的。

柏拉图认为，哲学家应该做王。这句话的意思是说，不应该由风俗、欲望、冲动和情感来管理事情，而应该以从理性智能的方式来管理。理性智能使人获得统一、秩序和法律，而风俗、欲望、冲动和情感则表示多样性和不一致，从一种情况到另一种情况，不合理的频繁变化。

经验为什么等于令人不安的现状，等于只听命于习俗的情势，理由不难找出来。那时候，因为通商和旅行日益频繁，开拓殖民地，移民和战争，扩大了人们的知识领域。人们发现不同社会的风俗和信念彼此都很不相同。在雅典，国内的动乱成为习惯，城市的财富似乎都交托给派系的纷争。人们知识领域拓宽的同时，休闲也增加了，自然界的许多事实开始进入人们的视野，并且激发了他们的好奇心和思索。这种情境，使人们不禁要问，在自然界和人类社会中，是否存在什么是永恒和放之四海皆准的？我们要领悟普世的道理和价值，需要的是理性；感官则是用来体会改变的这些不定、多变的。后者是不稳定的，多种多样的，而前者则是永久性的，始终如一的。感官活动的结果保存在记忆和想象中，应用于由习惯形成的技能，从而构成经验。

因此，经验再优秀也只能表现在各种不同的手艺上，表现在和平与战争时期的技能上。补鞋匠、吹笛的人、士兵，他们都经过经验的训练才获得所有技能。这就是说，身体器官，特别是感官，反复和事物接触，这些接触的结果得到保存和巩固，最后获得预见和实践的能力。这就是"经验的"这个词的主要意义，这样得来的知识和能力不是因为洞悉了什么道理，不过是不同的尝试汇成的后果。"凭经验"的意思就等于我们现在所说的"尝试错误法"，而且特别强调尝试的碰运气成分。就其控制和管理的能力来说，这种方法相当于常规方法。如果新旧情境相似，这种方法可以行得通；如果新旧情境不同，很可能就会失败。即使在今天，要是说一个医生是经验主义者，就是说他缺乏科学的训练，他所进行的治疗工作只是根据他从过去经验中偶然获得的方法。正是因为"经验"中缺乏科学或理性，所以难以使它保持最好的状态。单凭经验的医生容易蜕化为骗人的江湖医生。这种医生根本不知道他的知识从哪里开始或到哪里终止，所以，当他碰到超越常规的情况时，就开始作假，作出不合理的判断，靠碰运气和骗人吓唬人。此外，他以为他学会了一件事，就能知道其他许多事，正如雅典的历史告诉我们，普通的手艺工人认为他们已经学会做他们行业的专门事情，他们就有政治家、教育和从政的本领。所以说，经验总是徘徊在自我吹嘘、假冒哄骗、假象惑人的边沿，与理性所掌握的现实完全不同。

哲学家们随即按这个道理归纳出一些推论。感官是和嗜好相关联的，是和需要与欲望相关联的。它们不是掌握现实的事物，而是掌握事物和我们苦乐的关系，掌握事物和满足身体需要和福利的关系。感官之所以重要，只是为了身体的生活，而生活仅仅是崇高生活的底层。所以，经验具有明确的物质性质，它和与身体有关的具体事物有关。相反，理性或科学则掌握非物质的、理想的和精神的东西。因此，经验的物质性是必然的，涉及的都是与肉体相关的有形事物。而纯粹的理性和科学就与经验相反，它们掌握的是无形的、理念的、精神的事物。就道德而言，经验是欠安全的，有类似感官的、肉欲的、物质的世俗的和利益的意思。纯理性和精神却则意味着道德上某些值得赞扬的东西。此外，经验总是和变化中的东西、和无法解释的变幻莫测以及形形色色变化多端的东西有着根深蒂固无法根除的联系。经验的材料本来就是变化无常和不可信赖的。经验是混乱的，因为它是不稳定的。一个凭经验行事的人是不可能有把握的，因为不同的人经验会不同，不同的国家里当然经验更不一样。经验和"众多"有联系，和很多不同的特殊有联系，这种情况有同样的结果，也带来不少冲突。

只有单一的、一成不变的，可以保证连贯与和谐。经验会导致个人自己的、个人与个人之间意见和行为的冲突。凭经验不能产生堪为准则的信念标准，因为，看各地风俗不同就可以证明，经验本质上就是煽动各种相对想法的。如果相信经验，可想而知的后果是，在某时某地一个人的经验只要使他相信一件事物在是好的、真的，这件事物对他而言就是好的、真的。

最后，实践必然在经验范围以内。做事总是从需要出发，目的在于产生变化。生产或制作东西就是要改变某种东西，消费东西也是要改变这种东西。因此，变化和多样性的一切，使人引起反感的性质都和做事联系起来，而认知则和认知的对象一样永久。认知，是用智能来理解、从理论上掌握，是超出变化无常、偶然和多样的领域的。而真理是无所缺的，它是没有受到感官世界的纷扰触动的。真理涉及永恒和普遍的东西。经验世界只有服从理性的规律才能使它得到控制、稳定和有序。

我们当然不能说以上的这些区分全部丝毫不改地传给了后代，但是这些区别深刻地影响了人们后来的思想和他们的教育观念。轻视自然科学而重视数学和逻辑学，轻视感官和感官观察；认为知识论述理想符号而不论述具体事物才是高尚的和有价值的；藐视特殊的事物，除非它们是从普遍推论出来的；漠视身体；轻视艺术和手艺作为理智的工具，凡此种种，都是认为经验不如理性的价值观，后来再演变为实用不如理智的价值观。中世纪的哲学继续强化了这种传统。了解现实就是与最高的现实或上帝交融，并享受由于这种关系所得到的永恒幸福。人生的终极目标是沉思默祷至高的真实，行为只是次要的。现实才是人的最终目的，他的行动服从这个目的。经验必须和世俗的、非宗教的事务有关，这些事务实际上很有必要，但是和超自然的知识对象相比，就无关紧要。如果我们除这个动机以外，加上从罗马教育和希腊哲学传统的偏重文字性质中所得到的力量，再结合对那些明显区分贵族阶级和下层阶级科目的偏爱，我们就容易理解在各派教育哲学和高级学校中偏爱"知识"科目而轻视"实用"科目所产生的巨大力量。

近代有关经验和知识的理论

我们后面将会谈到，实验成为一种认知方法以后，上面所说的这种观念才有可能、也不得不产生彻底的改变。但是，在讲这个问题以前，我们必须先提一下十七世纪和十八世纪发展起来的有关经验和知识的理论。一般地说，这个理论几乎与有关经验和理性关系的古典理论相反。在柏拉图看来，经验指的是习以为常或者把过去很多偶然尝试的结果保存下来。理性指的是改革的原理，进步的原理，增加控制的原理。忠于理性的事业指的是打破习俗的限制，了解事物的真相。对近代改革家来说，情况正好相反。所谓理性，所谓普通原理，所谓先验观念，要么是一些空白的表格，必须用经验去填载，用感官观察去填载，才有意义，才有确切的内容；要么就是一些顽固的偏见，由权威强加的教条，用冠冕堂皇的名称，乔装打扮，借以保护。所以，最大的需要是要打破培根所说的"期待自然"和仅仅把人的意见强加给自然概念的束缚，凭借经验发现自然的真理。诉诸经验，标志着突破权威。这就意味着对新的印象开放，热衷于发现和发明，而不是专注于排列和整理所接受的观念，并且各观念互相支持的关系"证明"这些观念。这是以事物的真面目映入心灵，打开加在事物身上先入之见的帷幕。

经验产生了两个变化。第一，经验丧失了从柏拉图时代以来所产生的实用意义。经验不再指行动和受行动影响的途径而变成一个有理智意义和认知意义的名词。经验指能够理解阻碍推理的材料。在近代哲学的经验论者及其反对者看来，经验就是一种求知的途径。唯一的问题就是这个途径好到什么程度。结果产生了甚至比古代哲学中更大的"理智主义"，如果这个名词是指对孤立知识具有极大的和几乎专有的兴趣，那么实践与其说是从属于知识，不如说是知识的尾巴。教育方面的结果不过是进一步肯定学校可以排除主动作业，除非为了纯粹实利的目的，即通过练习获得某种习惯，学校才可以采用主动作业。第二，对经验的兴趣，把经验作为在实物和自然的基础上建立真理的手段，导致了把心灵看作纯粹接受的一方。他们认为，心灵越是被动，实物越能真正让客体留下印象。可以这么说，心灵要是主动，它将在求知的过程中毁坏真正的知识，反而不能达到它自己的目的。接受性越大是越理想的。

实物对心灵产生的印象通常称为感觉，所以，经验主义就变成感觉主义，这种学说认为，把认识和感觉印象的受纳与联合视为一件事。洛克是最有影响的经验主义者。洛克的感觉主义认为，因为肯定有一些心智官能较为缓和，例如辨别、比较、抽象和概括等能力，这些官能能把感觉材料加工成为明确的和有组织的形式，这些能力甚至能自行推论新的观念，例如有关道德和数学的基本概念（见第五章第二节）。但是，一部分洛克的后继者，特别是十八世纪末叶的法国，把洛克的理论引到极端，他们把辨别和判断的能力看作特殊官能，是由其他感觉联合而成的。洛克认为，心灵好像一张白纸或一块生来没有刻画什么东西的蜡版，但是对它接受的素材有各式作用。他的法国后辈却抹煞了这些能力，说这种能力也都是从所接受的对象得来的。

前面说过，因为当时人们开始认为教育是社会改革的一个方法，所以助长了这种观念的形成（见第七章第五节）。心智在开始时越空无所有，就越能通过施加正确的影响把心智培养成我们所希望的样子。所以，一位也许是最极端和最一贯的感觉主义者爱尔维修曾经声称，教育能做任何事情——教育是万能的。在学校教学领域内，经验主义在反对只重书本知识方面起了直接有益的作用。如果知识来自自然界的实物对我们所留的印象，我们不利用使我们心智发生印象的实物，我们就不可能获得真正的知识。我们所用的文字，一切语言符号，如果不先呈现和它们有联系的实物，除了有关它们形状和颜色的感觉外，对我们来说没有任何意义，而这些感觉肯定不会是很有教育意义的知识。感觉主义曾是非常便利的武器，可用来打击完全仰仗传统与权威而立足的那些教条和主张。对于这一类主张，感觉主义都设计了一个测验：接受这些观念和信念的真正实物在何处？如果不能出示这种实物，那么观念不过是错误联想和结合的结果。经验主义也要求有第一手的条件，印象必须是亲自体验的，与直接的、第一手的知识来源越远，谬误的来源就越多，形成的观念就越模糊。

但是，可以预料到的是，哲学在积极方面是有缺陷的。当然，自然界的实物和直接知识并不决定于这个理论真理。把实物和直接知识引进学校，即使有关实物和直接知识怎样起作用的感觉理论非常错误，它们仍然能发挥作用。这样看来没有什么毛病可挑。但是强调感觉主义也足以影响运用实物的方式，不能让学生充分受益。"直观教学"往往把感觉活动孤立起来，把它当作学习的目的本身。实物愈孤立，感觉的性质也愈孤立，感觉印象作为知识单位也愈清楚。这个理论不仅使教学向机械孤立的方向发展，把教学降为感觉器官的体操（用处就像任何身体器官的操练，但只有这种用处），而且忽视了思维的作用。根据这个理论，感官观察无需和思维联系，事实上，按严格的理论来说，这种思考只可能在之后发生，因为，思考就是对未曾做过任何判断就接受下来的单元加以结合、区分。

所以，纯粹凭感觉的教育方法几乎从来没有按计划地试行过，至少过了婴儿早期就没有过了。因为这种方法有明显的缺点，所以只能用于灌输"理性的"知识（就是说，通过符号传达关于定义、规则、分类和应用模式的知识），并作为一种方法使人对毫无意义的符号比较有"兴趣"一些。感觉主义的经验论引用到教育的认知理论上，至少有三个缺点。

1. 这个理论的历史价值是它的批判精神。它是破坏关于世界和政治制度的利器，是批判僵化教条的破坏性工具。但是，教育的工作是建设性的，不是批判性的。教育并不承担消除和修正旧观念的任务，但是它必须从一开始就尽可能正确地把新经验建成理智的习惯。感觉主义很不适宜于这个建设性任务。心智，理解，表明对于意义的反应，而不是对于直接物质刺激的反应。事物能够呈现意义，是从参照其背景关联而来。如果说把任何知识和感觉印象结合等同起来，那么意义根本无从存在。感觉主义在教育上的应用，不过是夸大单纯物质刺激的作用，要不然就是单纯堆积了孤立实物的特性。

2. 直接获取印象虽然有第一手的长处，但也有范围狭隘的短处。孩子对家庭环境及自然周围的直接认识，确实有益于了解个人感官不能直接触及的地方，而且可以唤起他们理智的好奇心，这是一件事。如果把这种直接认识作为地理知识的最高目标，那就是作茧自缚了。以此类推，豆子、鞋钉和筹码对了解数量关系可能是有用的辅助，但是，如果不用来作为思维即理解意义的辅助，那么它们就会变成发展数学理解力的障碍。道理是完全一样的，这些辅助的东西会把理解力固定在特定的有形符号的低级水平上。人类发明了特殊的符号，把它们作为计算和数学推理的工具，是因为使用手指作为数量符号阻碍了进步，所以，学习的人必须从具体的符号进入抽象符号的层次，抽象符号的意义必须借概念思考才可理解，而学习早期如果太过专注在实物的感觉上，会妨碍概念思考的成长。

3. 感觉主义的经验论基础是完全错误的心理学的发展。经验实际上是本能和冲动的活动与事物的相互作用。即使是一个幼儿，他所经历的东西也并不是被动接受一个事物所铭刻的特性，而是通过摸拿、投掷、敲打、撕扯等活动对客体造成的影响，以及客体因而对动作的方向形成的影响（见第十一章）。从根本上说，古人认为经验是"行"的想法是比较正确的，后来的观点认为经验是借助感觉而"知"的模式却有问题。经验本身有非常重要的主动及肌肉运动因素，经验主义哲学忽视这一点，是传统经验哲学的致命缺点。通过尝试用实物有所作为和使用实物的方法学习实物特性，这是自然的趋势。如果实物教学计划忽视甚至排除这种自然趋势，那么，没有比这种计划更加乏味和机械性的了。

所以，显而易见，近代经验主义所代表的经验哲学在理论上比在实际上得到了更广泛的赞同，但是它不能提供一个令人满意的学习过程的哲学。它在教育上的影响仅仅局限于对旧时课程注入一个新的因素，偶尔改变一下旧时的科目和方法。它更多地重视直接观察事物和图画、图表的描绘说明，而减轻了使用文字符号的重要性。但是，经验主义自己的范围很小，不得不借助官能直觉以外事物的信息和直接诉诸思维的事物。因此，它并没有削弱知识性的和抽象的或"理性的"科目范围。

经验即实验

前文已经表明，感觉主义的经验论既不代表近代心理学认为正确的经验观念，也不代表近代科学方法所提出的知识观念。就前者而言，感觉主义的经验论忽视最主要的主动性反应。人以主动的反应使用东西，因发现使用的结果而理解东西的性质。大概只有不怀偏见地观察婴儿五分钟，就可以推翻感觉注意的论点。因为我们可以看到婴儿通过摸拿、伸手等活动对刺激做出反应，看到对感觉刺激的肌肉运动反应会产生什么结果；我们还可以看到，婴儿学到的不是一个个独立的特质，而是他的动作会对被他抓去的事物造成什么影响，带来什么变化。也就是说，婴儿学到的是种种行为和事物之间的联系。甚至像红色、高音等特性，也必须根据它们引起的活动和这些活动所造成的后果来进行区别。我们会知道什么东西是坚硬的，什么东西是柔软的，这些东西能做些什么，不能用它们做什么。小孩子们也一样，能够了解别人，也是通过发现这些人要求做出什么样的行为，以及对自己的行为会有什么反应而学习来的。事物在改变我们的活动，推动其中一些活动和抵制与制止其他一些活动（不是把特性铭刻在被动的心灵上），我们能对它们做些什么以产生新的变化，这两方面的结合就构成了经验。

从十七世纪开始，彻底改变我们认知的科学方法，也给了我们同样的教训。因为这些方法只不过是在谨慎控制的条件下所进行的实验。对希腊人来说，如果就像鞋匠在皮革上打孔，或者使用蜡、针和线这种活动一样，就能使我们获得适当的关于世界的知识的话，那就太荒谬了。在他们看来，必须求助于来自经验形成的理性概念，才能获得真正的知识，这似乎才是定理。但是，实验方法的引用精确地表明，在控制条件下所进行的这种活动，正是获得和检验关于自然各种有效观念的途径。换句话说，只要是在以取得知识为目的的前提下，不是为了做生活，做一个例如将酸液倒在一块金属上的活动，就可以获得自然科学可依据的原则。感官官能确实是不可缺少的，但是，和旧时的科学相比，这个时代的科学依赖自然的、习惯性的感官官能，已经不像古时候那么多了。感官官能已不再被认为是在感觉的伪装下包含某种普遍性质的"形式"或"种类"，我们可以用理性思维剥去这种伪装。相反，第一件事是改变和扩充感性知觉的资料，用望远镜和显微镜以及其他各种实验工具，来帮助感官来应对观察的实物。如果要用能激发新想法（如假设和理论）的方法达到这个目的，就必须有比古代科学所知道的更多的普遍概念（如数学的观念）。但是，这些普遍的概念本身不能给我们知识。它们是建立、进行和解释实验研究以及整理实验结果的工具。

由此产生的合理结果就是新的经验哲学和知识哲学，这派哲学不再把经验与理性知识和解释对立起来。经验不再仅仅是总结概括过去多少用偶然方法做的事情，而是对我们所做事情的谨慎控制，使我们自身发生的事情和我们对事物所做的事情尽可能带来联想的意义，而经验也是测试这些联想正确与否的工具。当尝试或实验不再为冲动或习俗所蒙蔽，当它受到目标的指引，进行时还有措施和方法，试验就变成合理的了。当我们认为事物的结果不再是偶然的事情，当这种结果转变为我们自己先前有目标的活动后果时，它就变成合理的、有意义的、具有启发和教育意义的事了。经验主义和理性主义的对立丧失了一度使这种对立有意义和得到证明的人类情境的支持。

这种变化对纯实用和纯知识性的科目对立造成的影响，也是不言而喻的。这两类科目的区别不再是固有的，而是根据条件而定，而这些条件是可以调节的。实际活动在知识方面可能是狭隘的和无价值可言的。只要实际活动是常规性的，是在权威的命令下进行，并且只以某种外部结果为目标，那么这种活动将会变得狭隘和琐碎。但是，孩子和青少年时期，正是接受学校教育的时期，这正是可以用不同的精神进行教导活动的时期。前文已经讨论和思考过从幼儿时期工作游戏形态到有逻辑形态的教材，这里就不再重复了。但是本章和前一章的讨论加深了那些讨论的意义。

1. 经验本身，主要是包括存在于人与其自然环境以及社会环境之间的主动关系。有时候主动力量在环境这边，人的努力遭受某种制止和偏转；而在另外一些时候，周围的事物和人的行为使个人的主动力量占据上风，所以，最后这个人所承受的结果就是他自己本来就想要做到的。一个人所碰到的事和他所做出的反应之间建立了联系，他对环境所做的事和环境对他做出的反应之间建立了联系，正是在这种过程中，他的行为和他周围的事物才真正获得了意义。他学会了解自己和人与事物的世界。有目标的教育或学校教育应该设置这样一种环境，使这种相互之间的联系和作用增强，而获得更多的意义，这些意义太重要了，以至于回去反过来成为孩子们进一步学习的工具（见第十一章）。前面的文章里面，我们一再说过，校外活动不是为促进了解和形成有效的智能倾向而进行的。校外活动的结果，在它们所能达到的范围内是重要的和真实的，但是，这些结果受到各种情况的限制。有些能力没有得到发展和指导；有些能力只是受到偶尔的心血来潮的刺激；有些才能被养成固定一套的习惯，却牺牲了目的、机智的主动性和发明能力。学校的任务不在于把青少年从一个活动环境转移到死记硬背别人学问的环境中，而在于把他们从相对偶然的活动（他们和领悟、和思维的关系是偶然的）环境转移到按学习指导选择的活动环境中去。稍微回顾一下教育上曾被证明有效的改良方法就可以发现，它们多少都已经有意识地掌握了一个事实，即"知识"科目不但不和主动的作业对立，而且代表了理智化的实际作业。这种原则掌握必须更加稳固。

2. 社会生活的内容正在改变，大大有益于选择可以将学校作业与游戏智能化的活动。如果我们记得希腊人和中世纪人民的社会环境，就会知道，他们能够成功进行的实际活动大多都属于呆板和表面的，甚至是奴役性的活动。因此教育家认为那个时候的环境不适宜培养智能，而且也完全放弃了培养，有这样的想法和做法也就不足为奇了。但是现在的情况就大不相同了，甚至家务事、农业制造和运输以及交际等作业中都充满着应用科学。当然，很多从事这些事情的人并不了解他们个人活动所依靠的知识内容具体是什么。正因为如此，学校教育更应该纳入这些作业，使未来一代获得如今普遍比较欠缺的领悟，从而使他们以后做事不再是盲目地做，而是运用智能地去做。

3. 传统的行与知的分离和纯粹的"知识"科目的威望，遭到的最直接的打击，是由实验科学的进步带来的。实验科学的进步表明，只有作为"行"的产物，而没有所谓的真正的知识和有效的理解的产物。必须懂得如何分析和重组事实，才能获得知识上的增长以及解释与分类能力的增进，然而，这种分析和重组不是纯粹在心理方面的，而是只有在人的头脑里才能达到的。人们想发现某种东西，就必须对事物做一点什么事，他们必须改变环境，才能引来结果。这是实验室方法给我们的教训，一切教育都必须学习这个教训。实验室的发现改善了这种条件，使劳动也可能增进智能，不再只是制造看得见的成果。就目前看来，实验室的很多成果不过是获得一些专门技能，那是因为实验室仍然不过是一种孤立的资源，没有趁早让学生运用，大多是等到学生年龄变得越来越大，不能充分利用其优点的时候才用。甚至到那时还被许多其他科目所围绕，在这些科目中传统的方法把理智和活动分离开来。

摘　要

引发希腊人哲学思考的，是因为他们的传统习俗和信仰越来越调节不了人们的生活。所以他们抨击习俗，要从生活与观念中找出别的权威来源。由于他们希望生活和信仰有一个合理的标准，并且把不满意的习俗和旧的经验画上等号，于是他们便把理性和经验断然对立了起来。理性越被重视，经验就越被贬低。因为经验就是人们在特定的和变化中的生活环境中所做的事和受到的遭遇，行动也就在哲学上受到蔑视。在高等教育中，最用不着感官观察和身体活动的教学法和课题的价值被夸大。近代是反对这种观点的，除了诉诸于经验，抨击所谓的纯粹理性概念。理由是，理性的概念不能没有具体的经验的结果作为基础，否则就只是表达偏见与制度化的阶级利益，所谓理性之说不过也就是幌子。但是，不同的环境条件又导向把经验视为纯粹的认知，忽略了经验固有的主动与情绪的方面，把经验看作被动接受的、孤立的"感觉"。因此，新理论所促成的教育改革，主要只是提出了旧教学法中的一些迂腐气息，并没有完成彻底的改造。

心理学的进展，工业方法的进步以及科学中实验方法的发展进步的情况，使另一个经验的概念成为明显可取和可能的概念。这个理论恢复了古人的观念，即认为经验首先是实际的，不是认知的——是行动和承受行动的后果。但是，这个理论也对古代的理论进行了改造，既认识到行动可加以指导并吸收思维所提出的一切，把这些变为自己的内容，又形成了牢固的经过检验的知识。于是"经验"不再是经验性的，而变成实验性的了。理性不再是遥远理想的官能而是活动具有丰富意义的一切资源。在教育方面，这种变化指向前文仔细论述过的那种学习科目与教学方法的方案。

第二十一章　自然学科与社会学科：自然主义和人文主义

自然学科和文学学科在课程中的地位的冲突，前文已经谈过。至今解决的办法主要是机械地妥协，把整个领域划分为以自然为主题的学科和以人为主题的学科。这种情况乃是外力调整教育价值观的一个例子，注意重点放在自然与人事相关联的哲学思考上。我们也可以大体上这样说，教育上的二元论哲学划分，是这些分歧的反映。心理和物质世界被看作两个独立的生存领域，彼此有某种接触点。根据这个观点，每一个生存领域应各有和它相联系的一群独立科目，这是自然的事。更为自然的是，自然科学学科的发展被以怀疑的态度看作是唯物主义哲学对精神领域的侵犯。任何教育理论要想制订一个比现在更为统一的教育计划，必须面临人和自然关系的问题。

人文科学的历史背景

古希腊哲学并不是像现代这样呈现这个问题，这一点必须注意。苏格拉底似乎曾经认为，自然科学既不可能成立，也不怎么重要。我们要认识的主要东西是人的性质和目的。一切具有深刻意义的东西——一切道德的和社会的成就都有赖于这种认识。但是，柏拉图认为对于人和社会的正确认识，决定于对自然本质特征的认识。他的主要著作《理想国》既是论道德的著作又是论社会组织的著作，同时又是论形而上学和自然科学的著作。既然柏拉图接受苏格拉底关于道德上的正确成就，依靠理性知识的主张，他就不得不讨论知识的性质。因为他接受认识的最终目的在于发现善或人的目的这一思想，而不满足于苏格拉底所认为的一切我们所知道的就是我们自己的无知这一观点。所以柏拉图便把有关人的善的讨论和考虑自然自身的善或目的联系了起来。要想离开自然的法则和其统一的主导目的去讨论和定义人类的目的到底是什么，这是不可能的。也因此，他把文学学科（称为音乐）排列在数学、物理以及逻辑和形而上学之后，这和他的哲学是完全一致的。但是，另一方面，对自然的认识本身不是一个目的，它是认识存在的最高目的，作为人类（集体和个人）行动法则的一个必要阶段，用现代术语来说，针对自然学科的学习是不可缺少的，它们才是真正能够实现人文主义的和理想目的方式和途径。

要说各种观念之间有什么区别的话，我们可以说亚里士多德在自然主义的科目方面的研究和理念，甚至比柏拉图走得更远。亚里斯多德认为认知生活才是最重要的，而公民之间的关系的重要性应该置于它之下（见第十九章第一节）。他认为人的最高目标是神圣的事，而不是人类具体的某些事情，而所谓神圣的事，就是参与构成神圣的生活和纯粹的认识。这种纯粹的认识对应的是普遍的和必然的事物，所以，能在最佳状态的自然界，而不是在人生短暂的事物中，找到最强大的学习材料。如果我们根据这两位哲学家在希腊生活中所代表的东西，而不根据他们所说的话，我们可以概要地说，希腊人太注意对自然事实的自由研究和对自然审美的分享，过分深刻地认识到了社会根植于自然和服从自然法则，以至于认为人和自然是彼此不冲突的。然而，到了后期，有两个因素合谋，把文学科目和人文科目推上了崇高的地位。一个因素是当时的文化越来越具有回忆和仿古的性质；另一个因素是罗马生活的政治和修辞学的倾向。

古希腊人的文明成就是发生在本土的，亚历山大文化和罗马文化却都是从异域继承来的，所以，亚历山大人和罗马人要寻找灵感的时候，总是向后看它所吸收的前人记录，而不直接向自然和社会寻找材料和灵感。这对教育的理论和实际所产生的影响，哈奇的理论说得再清楚不过："希腊一方面已经丧失政治权力，另一方面，在她的灿烂文学中拥有不可剥夺的遗产……希腊致力于文学，是自然的事。而文学的研究又反映在演说言辞上，也是自然的事。……希腊世界的大多数人，倾向于过往时代的文学、养成的言语优雅的习惯，从那个时候起就一直存在，通常他们把这种演说习惯称作为教育。……我们自己的教育就是直接从那个传统而来的。它开创了一种风尚，直到最近还在整个文明世界普遍流行。我们研究文学而不研究自然，是因为希腊人就是这么做的，而为什么罗马人和罗马的外省人在教育他们的子弟的时候，用的也是这种方法，是因为他们雇用的也是希腊教师，而希腊教师们也是沿着希腊的轨迹走的。"[①]

所谓罗马人的喜好务实，也都朝着和希腊相同的方向在走。他们在求助于希腊人记录下来的思想时，不仅走了一条文化发展的捷径，而且还获得了适合他们发挥管理才能的数据和方法。他们并不把它们务实天才的才能和智慧运用到征服自然上，而是用来导向征服和控制他人。

哈奇先生在前面的一段引文中说，我们之所以学习文学而不学习自然是因为希腊人有这样的传统，他们教罗马人也是这样做的，这是把大段历史用理所当然的态度来对待。从那个时候起到现在，间隔这么远的不同世纪是怎么联合起来的呢？这个问题暗示，野蛮时期的欧洲也在重演罗马时代的情景，在规模和程度上有过之而无不及。中世纪的欧洲只是在模仿和借鉴希腊罗马的文明，却没有对它们进行发展。未开化的欧洲不仅在普通观念及艺术表现方面是从别的民族的历史典籍里面借鉴而来的，就连法律的模式方面也是。它对传统的依赖，加剧了那个时期居于支配地位的神学利益，因为教会引证的著作都是外国文字写的。每件事情都集中指向认为学习就是语言训练，把有学问人的语言作为文学的语言，而不是把祖国语言作为文学语言。

这个时期的教材，还非得用辩证法学习不可，我们必须明白这一点，才知道情况严重到什么程度。文艺复兴以来，经院主义这个名词常常被人用作

---

① 来自《希腊思想和习俗对基督教会的影响》一书。

骂人的词语。其实，经院主义的意思不过是指中世纪学院中的哲学、神学教授们所采用的教学方法。本质上，这种方法不过是一种高度有效的系统化的教学方法和学习方法，适合于传授权威性的真理。如果所提供的学习材料是典籍文献，而不是当代的自然和社会，那么所采用的方法必须是专门用来界定、陈述和解释说明典籍材料的，而不是去探究、发现和发明的。实际上，所谓经院主义，不过是当教材是现成的而不是要求学生自己去发现的东西时，全神贯注和始终如一地制订和应用适合于教学的种种方法，只要学校仍旧按教科书进行教学，并且依赖权威性的典籍和获得知识的原则，而不是依赖发现和探究的原则，这种学校所用的方法就是经院主义性质的，充其量只不过是缺乏经院主义所有的逻辑上的精确性的经院哲学。除了还不够严谨之外，现代的学校教育与经院方法的唯一区别是，学生必须学习的全文文献，增加了地理、历史、植物学和天文学等相关的科目知识。

结果是，希腊的传统不再了。在希腊的传统里面，对自然知识的追求是以人文的兴趣为出发点的，认知自然乃是确定人性的生活目标的基础。中世纪的人却一直把权威看作是标准，并不借助于自然，自然知识进而成为受人怀疑的东西。探讨自然是危险的，因为这可能使人们不再依赖那些已经包含了生活规则的典籍。还有就是，只有观察才可能认识自然，观察是要依靠感觉官能的，而感觉是物质层次方面的东西，与纯精神上的思维是相对立的。

此外，自然知识带来的效益纯粹是有形的、世俗的，都是和肉体与一时的享受有关的，而传统文献却是关系着人的精神生活与永恒幸福的。

近代对自然科学的重视

十五世纪的欧洲有一个运动，这个运动被称为学术复兴或文艺复兴。这个运动的特征是重新关注人们的现实生活，因而对人和自然之间的关系重新萌生兴趣。这个运动是自然主义的，它反对当时居于优势的超自然主义兴趣，如果说，这个立场的改变，是为了回归一种对古典的、不信教的希腊文学所造成的，这无疑会对人们的思想产生影响，但是，这种影响也许被估计过高了，因为它主要是当时环境的产物。但是，毫无疑问，当时受教育的人们，在充满了新观点的情况下，为了获得志趣相投的支持和加强，他们热切地求助于希腊文学，这种对希腊思想的兴趣，在相当程度上，不在于为文学而文学，而在于被这种文学所表现的精神所吸引。

思想的自由，对于自然秩序和美的感受，激励着希腊人的表现手法，也再度唤起人们自由自在的思维与观察。十六世纪的科学史表明，渐露端倪的自然科学，主要以重拾对希腊文学的兴趣而来。正如温德班所说，新的自然科学是人文主义的女儿。当时特别流行的观念是，人是小宇宙，而世界是大宇宙。

这个事实使人们再度想起一个老问题：自然和人后来是怎样又分离开的，语言文学与自然科学之间是怎样产生了明显的分裂的。关于这个问题的原因可能有四个。（1）旧的传统在各种制度中占有牢固地位。政治、法律和外交不可避免地仍旧是权威文献的一些分支，因为社会科学的发展，是在物理学、化学和生物学的科学方法有很大前进之后。历史学基本上也是这种情况。此外，有效的语言教学所采用的方法已得到发展，学术上的惯有惰性又支持这种方法，正如从前对于文学，特别是希腊文学的新兴趣，开始时没能在经院式的大学中找到立足点，所以当新学术设法走进大学的时候，和旧学术携起手来，合力把实验科学的影响降到最低。担任教学的人基本上都没有学过科学，有科学能力的人在私人实验室或者在能够促进科研的学院工作，但是这些学院并不是教学的机构。结果就是，轻视物质的东西和轻视感官和双手的贵族传统仍然有很大的力量。

（2）宗教革命大大引发了人们对神学的讨论和争议。争议的双方都诉诸文学典籍，每一方都不得不训练人才，培养他们研究和解释所依靠的档案资料的能力。要求训练人们，使他们能保卫所选择的信仰，反对对方，能进行宣传和防御对方的侵犯。当时这种需要非常殷切。我们可以不夸张地说，在十七世纪中叶，中学和大学里面的语言教学几乎都被复活的神学兴趣所占领，用作宗教教育和基督教会争论的工具。所以，如今语言在教育中的处境来源，不是追溯到文艺复兴时代，而是适应神学用途的结果。

（3）自然科学产生的方式也加剧了人和自然的对立。弗朗西斯·培根的观点，就是自然主义兴趣和人文主义兴趣结合的完美例子。他认为，科学既然采用了观察和实验的方法，就应该抛弃把先入之见强加于自然的企图，而要成为自然的谦逊解释者。人在理智方面服从自然，就能在实际方面学会指挥自然。"知识就是力量"这句格言的意思是说，人要通过科学来达到控制自然的目的，把自然能量用来实现自己的目标。培根攻击旧学和逻辑学，认为它们纯粹就是为了争吵而争吵，想要压倒对方而不是探求和发现未知。通过培根新的逻辑学所提出的新的思想方法，一个辽阔的发现时代就要出现，这些发现将会结出众多发明的果实，为人类服务。人们终将放下他们毫无结果、永无休止互相压制，改为致力于合作驾驭自然，为全人类谋福利的任务。

培根大致已经预言了未来前进的方向，但是，他超前预料了这一进步。他没有认识到新的科学在长时期内将为人类剥削的旧目的服务，他认为新的科学很快会给人新的目标。与事实却与之相反，新的科学为一个阶级所用，作为牺牲另一个阶级以达到他们旧的扩张目的的手段。他预见到科学方法的革命以后将引来工业革命，但是，这个革命经过几个世纪才产生新的思想。封建主义由于新科学的应用而覆亡，因为新科学的应用把势力从土地贵族手中，转移到了制造业中心。但是，替代封建主义的是资本主义而不是社会人文主义。人们利用新科学从事生产和商业，似乎并没有关于道德的教训，只有关于生产节约和为私利利用储蓄技术方面的教训。自然，物理科学的应用（物理科学的应用最为明显可见）加强了自称人文主义者的主张，认为科学的趋势是实利主义的。科学只管赚钱、省钱、花钱，人文关注方面却是一片空白；语言与文学就把对人类道德与理念的关注揽为自己所有。

（4）有些哲学思想自称建立在科学基础之上，自认是科学精义的合格代表的哲学，但在性质上却主张思维与构造自然界的物质严格地二分，表示人特性的心灵和构成自然物质之间的截然划分，要不然它就是公然行机械论之实，把人类生活的明显特征贬为幻想。在前一种情况下，这种哲学容许某种科目专有精神价值，间接地加强了这些科目的优越地位，因为人类倾向于把人类事务看作至少对他们自己是头等重要的。在后一种情况下，这种哲学引起了一种反应，即对自然科学的价值产生疑虑，并把自然科学看作是人类最高层次知识的敌人。

古希腊和中世纪的知识接受世界本质的多样性，认为自然界的各种过程都是有目的的，或者用专门术语来说，是符合目的论的。新的科学否定一切特性在现实中的客观存在。声音、色彩、目的以及善和恶，被认为都是纯主观的，都不过是心理的一种感觉。于是客观存在被认为只有数量的方面——例如有多少质量的运动，区别旨在于空间上聚集的质量比另一个空间的大，在某些点比另一些点有着更大的运动速度。自然界缺乏质量的区别，就缺乏意义的变异。新科学被强调的是统一性而不是多样性。理想应该是发现一个通用全宇宙的数学公式，一切外观上的看起来不一样的现象都可由此引申出来，这就是机械论哲学的涵义。

这种哲学并不代表科学的真正含义。它把技术当作事物本身，把所用的器械和专门术语当作现实，把方法当作它的材料。科学的陈述只限于提供条件，以便我们预测并掌握事情的发生，而忽视事件的性质方面。所以，它具有机械的和数量的性质。但是，虽然科学不考虑事物的性质，但也并没有把它们排除在现实之外，也并不把它们归属于纯粹的精神领域，科学不过给我们提供对目的有用处的手段而已。因此，虽然事实上科学的进步正在增加人对自然的控制能力，使人更能够达成自己以往不能达成的目标，而且几乎随心所欲地使他的活动可以呈现多样化的特征，但是，自称表述科学成就的哲学，却把世界缩小为对空间物质进行无结果和单调的重新分配。所以，近代科学的直接影响，可能是更加凸显物质和精神的二元性，从而建立自然学科和人文学科这两个学科互不相涉的局面。既然较好和较坏之间的差异和经验的性质有密切联系，那么任何科学的哲学，如果把经验的性质排除在现实的真正内容之外，这种哲学就必然排除了对人类最有兴趣和最为重要的东西。

现今的教育问题

事实上，经验并不知道，在人类事务和纯粹机械的物质世界之间哪些是人类所关注的，哪些是人类不关注的。人的本源是自然界，人要实现他的目的，就要依靠自然条件。离开这种条件，他的目的就变成了空想和没有根据的幻想。因此，从人类经验的观点来看，也是从教育事业的观点来看，要在自然和人之间公正地作出区分，那就是在实现我们实际目的所必须考虑的条件与这些实际目的本身之间的区分。这种哲学是生物发展的原理所证明的。这一原理表明，人和自然是连续一体的，人不是从外面介入自然运作的外人。科学的实验方法证明了这一点。这种方法表明，知识的增长，要求按照社会对付自然界物体的思想来指导物质力量的利用。社会科学，例如历史学、经济学、政治学、社会学等科目，每向前进一步，都在证明，只有用自然科学典型的搜集资料、形成假说并在行动中加以检验的方法，只有在为促进社会福利利用物理和化学所确定的专门知识的时候，我们才能明智地应付许多社会问题，才是正确处理社会问题之道。在处理诸如精神病、酗酒、贫穷、公共卫生、城市规划、自然资源保存、建设性地运用政府机构以促进公共福利而不削弱个人主动性等错综复杂问题的先进方法上，都证明我们许多重要的社会问题，都直接依赖自然科学的方法和成果。

所以，教育应该从人文学科和自然学科这两者密切的相互依存关系出发。教育不应把研究自然的科学和记录人类事业的文学隔离开来，而应以自然科学和历史、文学、经济学和政治学等各种人文学科交互影响为目标。就教学法的角度看，这种做法是比较简单的，不必把科学看作仅仅是专门的知识和专门的物质操作方式，也不必把人文学科的教学放在孤立的科目上。上面这种方法在学生的经验中造成人为的分割。学生在校外碰到很多自然的事实和原则，都是和人类行动的各种方式相联系的（见第三章第二节）。在他们参与的所有社会活动中，他们必须了解这些活动所用的材料和过程。如果学生在学校时就断绝了与社会的密切联系，就会破坏学生心理发展的连续性，使学生对他的学习感到非常的不真实，以至于使他丧失了应有的学习动机。

教育提供的机会，本来应该为使所有对科学具有专门能力倾向的人都可以伸展志趣，使他们投入各自喜爱的职业中去。但是，在目前，学生往往只能在以下两种情况中作出抉择，要么一开始就学习先前专门研究的成果，这种材料脱离他们的日常经验；要么就是学习内容五花八门的自然学科，教材内容是随意采用的，没有什么特殊宗旨和目标。

大学里习惯于使学生学习与日常经验割裂的科学教材，其实，这种教法只适用于希望成为一个特定领域专家的人。但这种习惯又带到了中学的学习中。中学的学生学习和大学们相同的东西，只是在程度上较低一些，去掉一些难点，把内容降低到假定中学生们能够接受的水平范围内。之所以采用这种方法，是因为要遵循传统，而不是有意识地坚持二元论哲学。但后果是一样的，正如目的是要反复灌输一种思想，就是研究自然的科学和人无关，研究人的科学和自然无关。对那些绝不会成为科学专家的人进行科学教育，教学效率之所以比较低，主要是把科学和人事隔离开来的结果。教科学的时候，一开始就采用有组织的教材，这种隔离现象是不可避免的，即使所有学生从一开始都是奔着成为科学专家的目标而去，这种方法是否最有效，也仍然令人怀疑。如果我们认为多数学生学习科学只是因为它对心理习惯的影响——使他们更加机灵，更加坦率，更加倾向暂时接受和检验所提出的观点——只是为了更好地了解他们的日常环境，这样的做法肯定是不明智的，培养出来的学生往往只是知道了一点皮毛，肤浅得连科学也算不上。

若要利用平常的经验来取得科学材料和科学方法的进步，同时使科学材料和科学方法与熟悉人类感兴趣的事联系起来，这一点今天要比过去容易多了。如今文明社会所有人的通常经验，都与工业上的许多工序和结果有着紧密联系，这些工序和结果反过来又是很多科学起作用的实际案例。例如固定式蒸汽机和牵引式蒸汽机、汽油机、机动车、电报和电话、电动机等直接进入大多数人的生活。学生在童年时实际上就熟悉这些东西。不仅他们的家长所从事的职业依靠科学的应用，就是家务、保健、街道上的景色都体现了科学成就，并激发人们对有关科学原理的兴趣。科学教育的新出发点，显然不是教一些贴有科学标签的东西，而是要教人们利用熟悉的作业和工具指导观察和实验，使人们在它们实际的运转中了解它们，从而获得一些基本原则的知识。

有人认为，在科学的具体事业中学习科学而不是在理论的抽象中学习科学，有损科学的"纯洁性"，这是一种误解。事实上，任何科目如果在它最广阔的意义范围内理解它，就具有文化价值。了解各种意义要依靠了解各种联系，以及了解事物的背景才能办到。我们学习科学事实或科学法则，如果注意科学事实与物质和技术的联系，也注意科学事实与人的联系，就能扩大科学事实的含义，给予科学事实更大的文化价值。科学事实直接应用于经济，如果所谓经济是指有金钱的价值，那么这种应用就是偶然的，是第二位的，它只是科学事实实际联系的一部分。重要的问题是，要从科学事实的社会联系着眼，从它在生活中的作用着眼来理解科学事实。

至于"人文主义"，基本上是指对人类的兴趣充满智慧的领悟。社会兴趣的最深刻意义就是道德兴趣，对人来说，社会兴趣必然是至高无上的。要了解一个人，了解他的过去，熟悉他过去的知识，熟悉他的文献记录，可能和积累有关物质的知识一样具有价值。人类忙于各种事务，有各种不同的途径，有的忙于赚钱，有的在实验室操作，获得熟练技能，有的则积累了大量有关语言方面的事情或文学作品的年表。除非这种活动能扩大生活的想象力，否则它就和小孩子瞎忙一样没有什么两样，只有表象，没有实际精神。

这样的活动容易流于守财奴式的行为，做的人只为自己得到的东西而得意，而不是为他在生活的事务中找到意义而感到高兴。任何科目的学习，只要能够增加对生活价值的关心，只要能够使人对社会福祉更多关注、更有能力来促进社会福祉，都是具有人文精神的学习。

古希腊人的人文主义精神是本土的，而且是很强烈的。但是，这种精神范围是狭隘的，因为他们认为，在希腊文化圈以外的任何人都是不文明的，无足轻重的，就像一个可能的敌人一样。尽管古希腊思想家的社会观察和思索很敏锐，但是在他们的著作中，没有一个词表明希腊文明不是自我封闭和自给自足的。显然，他们自己完全没有料到未来的自己要听命于被他们鄙视的外人的支配。在希腊社会内部，虽然有强烈的社会精神，但这种精神却受制于社会结构的事实，因为希腊的高度文化是建立在奴隶制度和经济上农奴制的基础上的。正如亚里士多德所说，这些阶级是国家生存所必需的但又不是国家纯正的一分子。科学的发展促成了工业革命，使不同的人通过殖民化和不同商业贸易而彼此紧密接触，尽管有些民族可能仍轻视其他民族，但没有一个国家能幻想它的前途完全是由自己内部决定的。工业革命废除了农奴制，产生了一个或多或少有组织的工厂劳动者阶级，他们具有公认的政治权力，他们要求自己能在工业管理方面起负责作用，这种要求得到很多富有者的同情和关注，因为通过破除阶级障碍，他们已经和贫苦阶级建立了更为密切的联系。

会有这种形式，是因为旧的人文主义没有正视经济和工业条件，所以旧的人文主义是片面的。在这种情况下，文化不可避免地代表直接控制社会阶级的理智和道德观点。正如我们前面说过（见第十九章末），这种文化传统是贵族的文化传统，它强调阶级之间的划分，而不强调基本的共同利益。它是以过去为标准的，因为它的目标在于保存已经得到的，而不在于将文化的领域广泛扩大。

工业以及一切与谋生有关的因素受到重视之后带来的各种变革，常常被谴责成是对旧文化的攻击，其实，广阔一点的教育观，会把工业活动设想为便利一般大众获取知识资源的中介，它使智力资源更易为群众所享用，并使具有优秀资源的阶级文化更完整。总之，如果我们一方面考虑科学和工业发展的紧密联系，另一方面考虑文学和审美修养与贵族社会组织的紧密联系，我们就能理解科学科目和优雅文学科目对立的原因了。如果社会要成为真正的民主社会，我们就必须克服教育上这两种科目的分离现象。

摘　要

人和自然对立的二元哲学，反映在自然主义科目和人文主义科目的划分上，具有使人文主义科目变成过去文学记录的倾向。这种二元哲学并非希腊思想的特征，和我们所说过的其他二元论一样，二元论的产生部分是因为罗马文化和未开化的欧洲文化都不是本土产物，因为他们都直接或间接地来自古希腊。部分原因是因为政治的与教育的环境都强调依靠文献传递下来的过去的权威知识。

近代科学从兴起开始，就预言要恢复自然和人性的紧密联系，因为近代科学把自然知识看作是取得人类进步和幸福的手段。但是，科学比较直接的应用却是符合一个阶级的利益，而不是符合人类共同的利益。主流的哲学论点多半把科学划为纯物质性，与精神性绝非物质的观点界限分明，要不然就是把人的思维简化成主观的幻想。所以教育观点也多半把科学当作另外一套科目，内容都是关于物质世界的专门知识，却把保存承袭来的旧的文学科目，看作是截然不同的人文主义科目。前文讨论的知识演变，以及基于这种演变而做的课程安排，目的都是要克服这两方面的分离，承认自然科学教材在人类事务中所占的位置。

第二十二章　个人与世界

纯属个人的思维世界

在前面，我们讨论过工作与休闲、行与知、人与自然分离所带来的影响。这些影响就直接导致了教材分裂成互不相干的一些科目。许多的哲学都有这些影响，因为他们也存在将身与心、理论知识与实践、有形作用与理念目的相互对立的情况。就哲学而言，各种不同的二元论的发展结果就是，个人、思考与外在世界之间被划出了非常鲜明的界线，而个人与他人之间的界线也是异常分明的。这种哲学的见解与教育常规的关系，虽然不像前面三章讨论的要点与教育的关系那么明显，但有些教育观念却是与它相符的。比如教材（对应世界）和教学方法（对应思维）之间是对立的，把兴趣当作纯粹私人的东西，与学习的教材没有关系等等。

在这一章里面，除了要谈到教育带来的影响，还要额外说明思考与外在世界的二元论哲学是错误的，其关于知识与社会利益的关系、个别性或自由与社会控制及权威之间的关系的概念也是错误的。

思考都是非常自我的东西，而个人的思维就是自己私人的智能意识，这种说法是在比较晚的时候才有的。在古希腊和中世纪，人普遍被认为是宇宙智慧和神圣智慧的连接体。一个人自己并不是具有"知"性的个体，真正让人具有智慧的是人内在的"理性"。对于一个人来说，理性的增长是不可阻挠的，一旦阻碍一个人理性的生长，就会损害其个体的真实性。如果一个人不是通过理性而获得知识的话，那么他就越不会获得知识，那么他就只会是自大、错误和自以为是的。古希腊人可以灵敏地观察，自由地思考，他们简直自由到了不负责任的地步了。

所以，理论导致的结果都只是欠缺实验方法证明的推论。因为没有实验的方法，也就没办法验证，也不可能和他人探讨结果的检验。既然没有受他人检验的负担，那么人的思维就不可能在智能上负起责任；"知"的结果到底是可信的还是不可信的，就只能是看其中的审美连贯性、适宜人的特质，或者是作者的威望了。在欧洲知识未开的时期，人们对于真理的追求，仍然怀有非常谦卑和渴望的态度，认为重要的知识是神揭示的，人的思考能做的不过是钻研神赐予的知识。既然想法都是以风俗的形式在进行往下传播，那么除了比较刻意表达哲学的思想方面，没有谁会想到把思维和个人的自我看作同一件事。

中世纪曾经非常流行宗教的个人主义。这种主义认为对生命最深切的关注就是使个人灵魂得到救赎。到了中世纪的晚期，这种隐性的个人主义在唯名论哲学（nominalism）中有了确切系统的表述。按唯名论的观点，知识的架构是个人从自己的行为和心理状态在内部建立起来的。十六世纪以后，由于经济的、政治的相关的个人主义的兴起，加上基督教新教的不断发展，强调个人有权利义务自己追求知识的时机才成熟。这才导致另一个观点：知识完全是凭个人私下经验获得的。于是，思考知识的起源与持有者被当作纯属个人的东西。教育方面的改革家们，例如蒙田、培根、洛克，从此激烈地驳斥一切道听途说的知识。他们都主张，就算是某些想法即便恰好是真实的，也不算是真正的知识，除非这种知识是在个人亲身经验中产生的，并且受个人经验的检验，只有被检验过的，才算是真正的知识。生活的各个层面都在反抗权威，争取行为与探讨自由的努力中不懈奋斗，这导致个人的观察与想法十分受重视，结果是将思维孤立，与它要认知的世界隔开了。

这种孤立表现在认识论这一派哲学的盛大发展上。认为思维就是自我，树立自我是独立自主的观念，都造成思维的心和外在世界之间隔阂愈深，人们甚至要质疑是否真的可能认知。既然主体（认知者）和客体（被认知之事物）是彼此完全隔离的，就必须拟出一套理论来解释双方是如何真正产生联系的，再因关联而产生有效的知识。这个问题，加上相关的另一个问题：外在世界与思考的心有没有彼此相互作用的可能性？这个问题几乎变成当时哲学思考的唯一大课题。钻研这个题目得来的结论包括，我们不可能认识世界的全貌，只可能得到世界留在心中的一些印象；除了个人的思维以外没有别的世界；知识只是思维本身的不同状态的某种联结。

这些理论到底是对还是错，不是本书要讨论的重点，但是这些各种的解答都曾在一定程度上被大众所接受，可见思维凌驾于真实世界之上的情况到了什么程度。直接用"意识"表示思维的用法越来越多，这种用法是假定人的内在有一个意识状态与变化过程的世界，与自然及社会完全是隔离开来的，没有任何的关联，人对于这个内在世界的认知是最真切、最直接的。这是思维凌驾于真实世界之上的又一证明。也就是说，实践的个人主义的由来，是因为它要为自己争取行为思想上更大程度的自由，结果最后变成了哲学的主观主义。

个人思维是改造的力量

显而易见，这种哲学动向误解了实践运动的意义，不但不是实践的文字记录，反而是一种歪曲。没有人真正会努力去摆脱与自然和其他人的关系，因为那是非常荒谬的举动。人们要争取的是在自然与社会之中更大的自由，就是想要有更大的力量，在人与事物的世界里推动改变，有更大行动的空间，在观察和付诸行动的观念上有更多自由。他们要的不是孤立于世界之外，而是要和世界更密切地联系。他们通过亲身体验，来形成自己的看法，而不是听从传统的教导。他们愿和他人有更为密切的连接，以便更有效地彼此影响，并且为共同的目标联合行动。

他们觉得，就当时存在的观念而言，大量被当作知识的东西其实只是过去时代意见的累积，其中许多是荒谬的。至于正确的部分，也只是听从权威人士而欠缺自己理解的东西，而人们应当自己来观察，形成自己的理论，自己来检验这些理念到底是对还是错。必须用这个求知的方法来取代拿教条当真理的方法，教条式的那种用外力施加的认知，其实是把思维压缩成形式上的一种默认模式。而所谓的用归纳实验的认知方法取代演绎的方法，也是这个意思。我们大致上可以说，人类在切身实务上一向是用归纳法来进行处理的。例如，建筑、农业、制造业等等，必须以观察自然事物作为行动的基本前提和依据，这样形成的看法也多少要受结果的检验。然而，即使是在这些事务之中也有过度依赖习俗的情形，就是盲目遵从习俗而没有自己的理解。而且，观察实验的方法也只限于这些"实用"事物，实践与理论知识（或真理）之间仍然有非常清晰的区别（见第二十章）。中世纪自由城市的兴起，旅行、探险和商业的发展，制造货物与经商都有了新的方法，都迫使人们在关于知识方面，有新的进展，以跟上社会环境的变化和发展。伽利略、笛卡儿等科学改革家，以及他们的后继者，都把"实用"事务的观察实验方法运用到了求证自然事实上。求知者们对于发现新知的兴趣，超越和取代了对于整理并"证明"已有信念的兴趣。

当我们从哲学角度正确地解释这些发展趋向时，当然会强调，个人有权利获取知识并亲自检验这种知识的真伪，不论知识有什么权威依据。但不会把个人与世界分离，所以也不会（理论上也不会）把人与他人分离。这样我们可以看出，这样的分离，这样的隔断连续性，就是提前否定了求知成功的可能性。事实是，人人都是在社会环境中成长起来的，也必须在社会环境中成长。个人的生活与行为都处于存在公认意义与价值的环境里，他的反应才会变得聪明，变得有意义（见第三章第二节）。个人积极参与社会交往，借参与体现想法的活动，渐渐有了自己的思维意向。如果把思维设想成自我的一个与外界绝不相涉的所有物，那就完全与事实相反了。自我能否有思维意向，要看他对于事物的认知是否和周围的生活相联系和相融合。自我不是一个与世隔绝的思维，就单单靠自己一个人就能构建知识的体系。

客观而非个人的知识，主观而个人的思想，这两者的区别是非常明确的。知识可以说是我们视为理所当然的事，是尘埃落定的、已经处理完毕的、确立的、不会再生枝节的事。我们已经完全清楚的事，是不需要去想它的。用更直白点的话说，这种事是没问题的、完全能确定的。这里想要表达的意思，不只是说知识是有确定感的，也并不是表示一种情绪，而是一种实际的态度，是指准备好要行动而没有顾虑或模棱两可。当然，我们的态度也可能是错的。因为，在某一时间认定是知识，就是我们所认定的世界的事实和真相，也未必就是真知识。凡是假定没有疑问的，在某个时间与他人和自然互动时是视为当然的，就叫作知识。思考却与这种情形恰恰相反。前面我们说过，思考的开始，源于怀疑或不确定。思考表示一种询问的、追查的、找寻的态度，不是通晓的、胸有成竹的态度。经过思考的批判过程，真正的知识可以修改、扩大，我们对于事态的把握也会重新进行修订和整理。

过去的几个世纪，相关的信念想法，不断地重新被修正重整。但是人们并没有把承袭来的种种信念一股脑抛弃，他们并没有凭个人独有的感受和想法，从头再建立一套和生活事实相关的信念。即便他们想这么做，也是不可能的。因为如果真的这么做了，只会造成遍地傻瓜的结果。而他们的做法是，从已经算是知识的角度入手，严格检查这些概念的来由；他们注意到其中有例外，于是采用新的工具设备凸显与旧想法不连贯的论据；他们发挥想象，架构出与前辈先人笃信的不一样的世界。这是逐个零星进行的求证的工作，一次解决一个问题。一个个修正累积的结果，却形成了概念上的革命。先前的认知习惯被重新修正和整理之后，后来采用的方法远远比一刀切开所有关联的这种思维，有效太多了。

从这种发展态势，我们隐约可以看出个人（自我）在"知"之中的角色定位；换句话说，可以看出既有的信念和想法，都被重新定向或改造过了。每个新观念，每个不同于当前认知想法的概念构想，必然都是从个人开始的。新的观念会永远不断地出现，而习俗支配下的社会却是不鼓励新观念发展的。反之，社会的旧习俗往往会压制新观念的产生和发展，只因为新观念是和现有观念和想法是偏离的。在这种社会里拥有与他人不同想法的人，会受人猜疑；如果要坚持己见，通常会惹上杀身之祸。即便社会对于思想的压制不那么严厉，社会环境也不一定能提供让新观念充分发挥和自由生长的土壤，对于拥有新观念的人可能不会给予实质的支持和奖励。因此，在那种社会里兴起的新观念多半只会停留在幻想、空想的白日梦和漫无目的的臆测阶段。近代科学革命发扬的观察自由与想象自由，是得来不易的，是奋斗争取来的，许多人曾为认知的自主独立而受尽苦难。不过，就整体而论，近代欧洲社会对于偏离习俗规定的个人想法，起初是予以许可的，继而加以鼓励（至少在某些领域中是鼓励的）。终于，新观念的发现、研究和探求，以及新的发明，渐渐成为社会时尚，或是可以受到社会接纳和包容了。

我们在前文中说过，哲学的认识论并不会就此满意。把个人的思维设想成重建观念系统的轴心，从而维持个人与自然及他人世界的连续性，这还不够。哲学理论要把个人的思维当作孤立的个体，认为每个人内在是完整自足的，与自然世界隔离，所以也与别人不相干。以批判的态度修正以往旧有的观念，这是进步的必要条件，也是合理的知性个人主义，却被表述成为一种道德的和社会的个人主义。如果思维的活动从惯常的观念出发，努力做到把旧观念改造了，也使别人普遍相信改造过的观念，其中就没有个人与社会的对立情况了。每个人在观察、想象、判断和发明上的思考都不相同，那只是社会进步的动因，就好像遵循先例的行为会保存社会原状不变一样。然而，如果认为知识是从个人的内在发起，并在个人内在发展，就是忽视且否认人的心智生活是与他人的心智生活息息相关的事实。

个性化的心智运作本来就包括社会性，否认这一点，人与人的关系就找不到联结了。道德的个人主义，是凭刻意分隔生活重心而建立起来的。它能形成概念的原因是，每个人的意识都是完全私密的，如同一片自我封锁的大陆，本质上与所有其他人的想法、希望和目的都是互不相干的。可是，人的行为却是在共同的公众世界里发生的。如果偏要说有意识的思维是孤立自主的，那么问题来了：假如感情、观念和愿望是互不相干的，那么由它们所产生的行为又怎么能受社会的或公众的利益的考虑控制呢？如果意识是自我中心的，又怎么会做出顾虑他人的行为呢？

从这个概念前提出发的道德哲学，对上述的疑问已经列出了四个典型的对策。

（1）一种方法显示早先的以权威为根据的立场仍然存在，只是迫于情势不得不做出一些让步和妥协。特立独行的个人仍然会受到他人的猜疑；按道理来说，是因为个人内在固有的不安、叛乱和腐化导致这种人偏离外在权威指示的正轨。不过，原则上虽不赞同偏离，仍能容忍某些领域的知识个人主义，包括数学、物理、天文，以及这些知识学问衍生的新发明。至于道德、社会、法律和政治方面的事，却不允许有异议，而要保持一体的适用性。因为这些方面都是教条至上的；启示、直觉、先人智能教给我们的一些不变的道理，已经定下不允许个人观察和推测超越的限度。个人的行为若是偏离正轨，超越了限度，就会危害社会。自然科学和精神科学两大领域之外，还有生活科学的中间地带，这个地带虽然非常反对自由的探索，但是迫于探索的结果却已经成为了事实。虽然历史已经证明，为了增进和稳固人类的利益，依赖探索过程中建立起来的责任才是上策。"权威"理论却划出一块不可侵犯的真理版图，异议思想也无可奈何。这个原则搬到教育上，重点也许不在不变的真理，而在于书本和老师的权威，个人的差别意见是不被鼓励的。

（2）另一种对策是所谓的理性主义或抽象的主知主义。按这种理念的观点，有一种形式逻辑的官能，与传统、历史和一切具体教材都不同。这个理性官能具有直接影响行为的禀赋。由于它处理的全部都是一般的、不涉及个人情感的形式，所以，只要是按照逻辑结论所进行的行为，就算不同的人去做，仍能有外在的形式上保持某种一贯性。这种哲学理论当然有其贡献。对于一些除了传统和阶级利益别无其他理由的理论来说，用这个理论发动否定的、推翻的抨击非常有效。这个理论使人习惯于自由讨论，习惯要求用理性的评判标准检验想法。它教人养成凭借辩理、讨论和说服的习惯，因此能使偏见、迷信和蛮力都站不住脚。这种哲学理论有助于说明与澄清条理。但是，它在打破旧谬说方面用处比较大，在人与人建立新联系方面的作用却不那么明显。这个理论本质上是拘于形式而空洞的（因为它认为理性是内在自足、与处理的题材分离），对于历史上的制度采取敌意对立的态度，又漠视习惯、本能和情绪等各种因素对于生活的影响，以至于提不出明确的目标和方法。逻辑在整理与批评既有的题材上不论多么重要，光凭逻辑却不能编造出新的题材。而在教育方面的相关对策是，交给一般现成的规则和原理去达成一致的意见，不管是否能使学生的想法彼此真正互不冲突。

（3）在上述的理性主义哲学在法国发展的同时，英国的思潮却诉诸于个人精明的私利，以谋求从外表上统一那些发自个别意识的行为。法律规章，尤其是刑责施行、管理的条例，都是为了防止只顾逞己之快而妨碍他人感受的行为。教育要做的就是灌输以下的观念：不干涉他人，对他人的福祉有一定程度的尊重，这是追求个人幸福必要的担保。然而，最主要的是，以交易为手段可促成人与人的言行和谐。在商业行为中，每个人的目的最主要的都是满足自己的需要，要得到利润的一方却必须提供他人想要的商品或服务。因此，为了增进自己私人的愉悦意识状态，个人对理解他人的意识也做出了贡献。这个观点无疑也说明，因为商业行为的促进，人们对于有意识生活的价值有了更多的理解。这也从另外一个层面肯定，制度上的安排是好是坏，最终还是要看它能否帮忙加深并扩大有意识经验的宽广度。曾在有闲阶级掌权的社会里受委屈的工作、工业和机械设备等，也靠这个观点得以解脱，就从这些方面来说，这种哲学是提倡社会关注要更广、更民主的，而缺点则是基本前提太狭隘了：每个人的行为只顾及自己的快乐与痛苦，所谓的慷慨及同情的表现，不过是间接地为一己的安逸着想。换句话说，不管是什么学说和主义，凡是把心智生活当作自我封闭的东西，而不是为谋求调整共同利害的心念，结果难免把人与人的聚合搞成算计私利的事。这种哲学正被卡莱尔的鄙夷说中了，说它是一种无政府主义加警察的教条主义，承认人与人只有"现金交易关系"。教育上的体现，就是奖励和处罚，这再明显不过了。

（4）典型的德国哲学走了另一条路，起点基本上是笛卡尔与其法国追随者的理性主义哲学。按法国的理论发展，个人的理性与宗教概念的神性思维是对立的。德国的哲学思想，例如黑格尔的哲学思想，却将两者综合。理性是绝对的，自然界是理性的形体化，历史是人之理性的逐步进展。个人必须吸收自然界和社会制度中的理性意义，才可能变成有理性。绝对的理性和理性主义所说的理性不同，它不是纯粹形式的、空虚的。既然是绝对的，就必须包含一切在内。因此，要点不在如何克制个人自由，以便形成些许社会秩序与协调。要点在于，如何促使个人认同国家这个客观"理性"组成所依据的普世法则，从而获得个人自由。

这套哲学通常被叫作绝对唯心主义或客观唯心主义，我们不妨称之为制度的理想主义，起码就教育目的而言是如此（见第五章第二节）。这种哲学把历史制度理想化了，说历史制度是内在绝对思维的形体化表现。十九世纪初期因为有这一派哲学的影响，法国和英国的哲学才不致走向孤立的个人主义。也由于有这个影响，国家的组成对于公共事务会更积极地关注。这一派哲学思想比较不碰运气，比较不会只凭个人的逻辑信念决定一切，也比较不会听个人私利的支配。它会依托于智能来影响处事行为；它强调教育政策有必要针对国家整体利益来制定。它认可并鼓励自由探讨一切自然现象与历史现象。但是，凡是涉及终极道德的问题，它都倾向回归权威。它比前面提过的其他哲学都更有组织效率，却没有预留空间给依照实验修改这个组织的自由。政治的民主所主张的是，个人的愿望和目的有权影响社会形成，甚至使社会调整其根本结构。这却是这一派哲学欠缺的。

教育方面的对应作风

以上四种哲学理论在教育上有哪些相对应的实践，我们就不必再一一讨论了。只要说，纯粹个人主义学习方法和社会行动之间、自由与社会控制之间，假定是有对立的，最凸显这种对立的机构向来都是学校。对立的反映包括欠缺学习的社会氛围和学习动机，因而导致学校实行的教学方法和管理方法各自分离、各自为政，以及学生表现个别差异的机会微乎其微。

如果学习是一种主动从事的行为，其中必然包含沟通交流，那么，社会控制自然而然就会在学习过程中发生。学习的行为中如果没有社会因素作用，学习就只是把看见的教材装进纯粹个人的意识里，这种学习也必然不能把个人心智的情感意向带到更社会化的路上。

学校里赞成与反对自由的人士不约而同地认为，自由就是没有社会导向的，有时候又认为自由就是行动不受约束。其实，需要自由就是需要一些社会环境条件，使个人能够自己为群体利益做一份贡献，并且因为参与群体行为而使社会的引导变成他自己的心态，不是外在权威在指挥他的举动。我们一般常说的纪律和"管理"都是专门针对看得见的行为而言，所以自由也带上了相同的意思。但是，实际上只要能看出每个观念都表示行为上流露出来的思维特质，两者之间可能的对立就会消失。自由其实是指个人的思考在学习中发生的作用，是指智能的主动进取，观察时能独立，发明时有远见，能预料后果并且巧妙地配合后果而进行适当的调适与修订。

但是这些都只是行为的心理层面上的，既然要让人有发挥个性的自由，就必须给身体自由行动的机会。强迫身体安静可能不利于学生认清问题的本质，不利于做必要的观察来认清和解决问题，不利于执行实验来检验疑问并引发新的想法。很多人都谈过"自发活动"在教育中的重要性，但是概念往往只限于内在，完全用不着感觉器官和运动器官。如果学生们出于借助符号进行学习的阶段，或是在做深入探讨之前的初步意义阐释，也许用不着多少明显可见的行动。但是，完整的自发活动一定得有进行研究与实验的机会，以便用实物来测试和验证自己的想法，并了解材料和器具可以怎么用。在这种情况下，严格限制身体活动就行不通了。

有人认为个别活动的意思就是放学生自己去行动，或独自去作业，不必顾虑别人在做什么。小孩子和大人一样，需要适量的独处时间。不过单独作业的时间、地点和做作业多少都是一些细枝末节的问题，不是大原则。和同伴一起做事与独自做事并不一定是冲突的。相反，个人的某些能力必须在与他人共处时才可能激发出来。如果说，为了让孩子自由而发展个性，所以必须让他独自作业而不参与团体活动，这就是用空间距离的方法来计量个性，把个性当成有形的物体了。

教育重视个性，原因有两个方面。第一，人必须有自己的目的、自己的疑难，能自己思考，心智上才算是个"人"。所谓"为自己思考"，其实只是一句废话。不为自己思考根本就不是思考。一个学生如果不凭自己观察、反思、架构想法和检验想法，就不可能把他已知的事加以详述和修整。思考和消化食物一样只能是个人自己的事。第二，观点、趣味点和处理问题的模式，都是因人而异的。如果为了所谓的水平整齐而抑制个别差异，而且要求学生遵守单一模式的学习方法和问答方法，结果必然造成思路不明或只知照本宣科。学生的原创力会逐渐消失，思考能力方面的自信心会动摇，于是学会乖乖听从他人的意见，要不然就是满脑子异想天开。这种伤害的严重程度，甚于整个社会被惯常想法控制，因为学校里的学习方法和学校外面通行的学习方法差距更大了。个人一旦可以——继而被鼓励——按各自的方法回应教材，科学发现也开始不断进步，这是不可否认的事实。如果有人提出反对意见，说小学生不可能有原创力，所以只该把有学问的人已经知道的东西记牢背熟，那我们可以从两个方面反驳这个观点。首先，我们在意的是心态上的原创力，是指发自个性未受外力强迫的反应方式，不是指按成果衡量的原创性。没有人会期望小孩子有独到的思考，发现自然科学的重要事实和人文科学的大道理。但是，学习的环境应该做到让学生自己觉得真正发现了新东西，这样期望并不过分，年幼的学生做不到程度高的学生心目中的真正新发现，但只要他们真正学到了东西，在他们自己眼中看来就是新发现。其次，学校的学习本来是在熟识别人已经知道的东西，但甚至在这个过程中，年幼的学生也会有出人意料的反应。他们会从什么角度探索课题，课题带给他们什么感想，经验最丰富的老师也不可能完全料中。这样的反应却多半被当作不必理会的题外琐事，学生只要逐字熟读人们设计的教材内容就行。这样的结果就是，个性里本来有的原创力，每个人之所以与别人不同的特色，都被闲置未用，也没有得到引导。这样的教学对于老师也不再有教育意义，老师顶多只能学会改进他既有的教学技术；他不会学到新观点，也不能体验教学相长的互动。于是教与学会变得墨守成规又呆板，师生双方都疲惫不堪。

等到学生大一点了，对于呈现新课题的背景也比较熟悉了，胡乱动作实验的成分也减少了，活动都纳入一定的方向。在别人看来，这个学生可能完全处于静态了，因为他的精力都限制在神经的方向，以及有联系的眼睛和发声器官的机能上。这种态度是训练有素的人心智高度专注时的表现，但不一定就是仍在摸索求知之路的学生该效仿的模样。况且成年人的心智活动通路还不仅止于此。这种态度是一个介于中间的时期，可能因为要对科目更熟练而延长，但毕竟是中间期，它的前面是比较一般性、比较惹眼的器官动作的时期，它的后面则是学以致用的时期。

只要教育承认求知是身心合一的行为，我们就不必过分强调外在的自由了。只要能够认定，教与学之中的自由就是能借思考把个人已知的、已信的加以扩展精练，也就足够了。假如注意重点能放在怎样提供必要的环境条件上，以便营造适应于有效思考的情境，够不够自由的问题也就迎刃而解。学生若有疑问，真正是他自己的疑问，能够因疑问而生出好奇心，又因好奇而急于探求答案，而且他也具备实践求知兴趣的智能，那么我们就可以说这个学生是有智能自由的。他的创见和想象力全部能启动，控制他的无谓冲动和既有习性，他的目的会引导他行动的方向。如果不能这样，他外表看来的专心、他的听话温顺、他对课业的滚瓜烂熟，都有智能奴性的意味。如果社会本来就期望大多数人没有各自的目的或主见，只需听从少数稳居权位者的命令，这样的智能奴性是必要的。如果社会要走向民主，这种方法就完全不合时宜了。

第二十三章　为就业而教育

职业的意义

　　各派哲学理论的冲突集中在职业教育应该居于什么地位，有什么功能。如果有人直说，基本哲学概念的重大分歧从这件事情上找到了主要的争议点，可能会引起人怀疑。因为用来阐述哲学观念惯用的是一些遥远而笼统的术语。这似乎和职业教育务实的特点相差太远了。教育上有种种对立，比如劳动与休闲的对立，理论与实践的对立，身体与精神的对立，心灵世界与物质世界的对立，回顾一下造成这些对立的背后的原因，就可以明白，这些对立的最终表现就是职业教育和文化教育的对立。按传统习惯，人们经常把自由教育和优秀、纯属沉思的知识以及不包括主动使用身体器官的精神活动等概念联系在一起。后来，谈到文化，也多半和纯属个人修养以及培养某种意识状态联系了起来，觉得文化既与社会指导分离，也与社会服务无关。文化修养已经成了社会指导的避风港，而就社会服务来说，它又成了不得不做社会服务的舒缓慰藉。

　　这些哲学上的二元论和职业教育的问题纠葛太深了，我们有必要把职业的本意界定清楚，以免造成错误的印象，以为以职业为中心的教育，是只顾实用性的，甚至是只顾赚钱的。一种职业只不过是人生活动所遵循的方向，并在活动中让个人感到有意义，同时也使他的朋友体会到好处。职业的对立面，既不是休闲也不是文化修养。它的对立面，在个人方面，无所事事、任性妄为、没有经验积累的成果，在群体中就是无聊的表现。在社会方面，是无根据地炫耀自己和依赖他人过寄生生活。职业是一个表示有连续性的具体名词。它既包括专业性和事务性的职业也包括任何一种艺术能力、特殊的科学能力以及有效的公民品德发展，当然也包括机械劳动或从事有收益的工作了。

我们必须避免的，不只是把职业的意义限定在立即可见的产品制造上，也应该避免以为职业的分配是排他的，一个人只能做一种职业。这种限制下的专门化是行不通的，没有比教育人们只着眼于一种活动更荒谬的了。其实每个人必然有多件他必须要投入的事，他会在每件事情上投入智能。这每一件事也不应该与他的兴趣隔离，否则就会变成没有意义的机械劳动。

（1）没有人会只是一个艺术家，其他什么都不做。要是他只是单一化地生活，就越不像是一个完整的人，他就越像个怪物。在他的一生中，他必定是家庭的一员。他必定有朋友和伴侣，他必定要么自己供养自己，或者受人供养，这样，他就得有个事业。他是某一有组织的政治团体的成员，或者其他身份等等。我们自然不会把他和别人所共同的许多职务称为他的职业，而是把他突出的一项职务称为他的职业。但是，当我们考虑教育的职业方面时，不应受名称字面的牵制，以致忽略并实际否认他在职业以外投入的事情。

（2）艺术家作为一个人的职业，只是他许多职业活动中特别专门的一个方面，所以，他在艺术活动中的效率的高低，从人文效率意义上讲，决定于他和其他许多职务的关系。一个艺术家的艺术才能，如果不只是技术上的成就，他就必须有经验，他就必须生活。他不可能在他的作品中找到他从事艺术的题材，题材必须是表达他在其他情感关系中的苦和乐的，而这些要靠他对各种兴趣是否有敏锐投契的反应。对于一个艺术家是这样，对于任何其他专门职业也是这样。按一般的原则，凡是有特色的职业都容易变得专门化，过于排斥一切，而全神贯注于它的一个方面。这就是注重技能或技术方法而牺牲所包含的意义。因此，教育的任务不是要助长这种倾向而是要预防这种倾向，使科学研究工作者不仅是科学家，教师不仅是教书匠，牧师不仅是穿着牧师服装的人，等等。

为就业而教育的目标

我们既然知道，职业有多种不同的内容和关联，职业有其广泛的背景，现在我们可以进而研究个人比较特异的活动教育了。

个人的特异才能和他对社会的帮助，只有靠职业才能使两者达到平衡。找出一个人适宜做的事业并且获得实行的机会，这是幸福的关键。天下最可悲的事，莫过于一个人不能发现一生的真正事业，或未能发现他自己兴趣的同时，他已随波逐流或为环境所迫选择了不合志趣的事业。所谓适当的职业，就是说一个人的能力倾向在这个职业里面获得了恰当的运用，工作时所做的事与个人志趣方面的摩擦最少。一个人能做他最胜任的事，社会的其他成员就得到了他所能提供的最佳服务。例如，人们通常相信，即使从纯经济的观点看，奴隶劳动终究还是一种浪费，因为奴隶的能量没有受到充分激励的引导。由于奴隶从事的工作只有那么几种，必定有许多天才被埋没，对社会来说，这是绝对的损失。如果一个人不能在工作中发挥自己的特长，奴隶制度不过是在某种程度对此进行说明的一个有效例子。如果社会轻视职业，又维持传统理想的单一文化标准，那么从事职业的人就不可能在工作中完全实现自我。柏拉图曾经说过（见第七章第三节），教育的任务在于发现各人的特长并且训练他尽量发展自己的特长，因为这种发展最能和谐地满足社会需要。在这里，柏拉图提出了教育哲学的基本原理。他的错误不在于他的定性原理，而在于他对社会所需要的职业范围的狭窄看法，使他看不到各个人的无限变异的能力。

职业是一种有目标的、持续不断的行为。所以在教育上，通过职业所结合进去的有利学习因素比任何其他方法都多。职业能唤起人的本能和习惯，使它们发挥作用，主动投入的工作是反对被动承受行为的。它既已经定好了目标，就要求达到结果。所以，从事职业促使人的思维得以发展，它要求稳定地保持目标的年头，使活动不致变得机械或心血来潮。既然活动必须是一种前进的运动，从一个阶段到另一个阶段，那么就要求活动在每一个阶段都需要观察和机灵，以克服困难，发现行动的方法，并使之适用。总之，从事职业时，只要不是以看得见的产品为目的，而是为了要了解行为的意义而做，就可以达到前文（第八、十和十二章）谈到目标、兴趣和思考时所说的各种要求。

职业也必须是把信息和想法组织起来的一个原则，因为知识和智力都是会增长的，职业如同一个轴心，它把大量变化多样的细节贯穿起来，它使种种经验、事实和信息的条目彼此井井有条。律师、医生、某一化学分支学科的实验室研究工作者、父母、热心本地公益的公民都受着某种持续作用的刺激影响，会留意与他们事业有关的事物。他们从自己的职业动机出发，在不自觉中搜集着一切有关的资料并且保存起来。职业好像磁铁一样吸收资料，又好像胶水一样保存资料。这样组织知识的方法是有生命力的，因为它是和需要联系起来的，它表现于行动，又在行动中重新调整，永远不会停滞。如果事实的分类、选择和整理是有意识地为了纯粹抽象的目的而进行，无论在可靠性和效果上都断然比不上迫于职业的需要而组织的知识。比较起来，前一种知识是拘泥于形式的、表面的、冷漠的。

就业教育的最恰当方法，就是用主动投入的作业来进行训练。前文说过（见第六章），教育的过程本身就是目的，只有尽量直接利用现在的生活，才可以为将来的任务做充分准备。这个原理可以完全有效地应用于职业教育方面。自古以来，人类的首要职业就是生活——就是智力的和道德的成长。这个事实在儿童期和青年期最显而易见，因为小孩子比较不会感受经济压力。如果预先决定未来的职业，再把教育严格地为这个职业做准备，这种办法就会损害现在发展的可能性，从而使为将来就业做的准备大打折扣。现在再把前面多次讲过的原理重复一遍，这种训练或许能培养呆板的机械技能（就是培养这种技能也毫无把握，因为它使人感到枯燥无味，使人厌恶，使人漫不经心），但是，同时它也会将使事业所必需的灵敏观察与连贯思考都荒废了。在一个专制的社会，阻碍自由与责任感的发展经常是有刻意的目的的，少数人制订计划，发号施令，其余的人不过服从指挥，并且被蓄意地限制在狭隘的和规定的努力范围内。这种制度无论可以怎样巩固一个阶级的威势和利益，都显然限制了统治阶级的发展，同时僵化和限制统治阶级通过经验学习的机会，所以对社会整体都有害无益（见第十九章末）。

此外的唯一可行的办法，就是使一切早期的职业预备都变成间接的，而不是直接的，也就是给学生布置目前他们所需要的和感兴趣的主动作业。只有这样做，教育者和受教育者才能真正发现个人的能力倾向，并且认识到他们可以在今后生活中选择何种专门职业。不但如此，只要生长在继续，能力和能力倾向的发展也在继续。如果有人设想他可以在成人后选择了一种工作之后就一劳永逸，这是一种传统而武断的看法。比方说，一个人发现自己对有关工程的事物非常有兴趣，而且表现出了擅长的倾向，也有对社会的兴趣，并且决定把工程当职业。他这样做，最多不过是画出一个将来发展方向的轮廓，这是一种用来指导将来活动的草图。这样发现的专业，就好像在哥伦布踏上美洲海岸时就说是发现了美洲。未来要详细广泛探索的事物多得数不清。如果教育者以为职业指导可使人对职业作出确定、无可改变和完全的抉择，那么教育和所选职业都很可能流于呆板，阻碍将来的发展。个人这样选定的职业会使他永远处于从属地位，执行别人的想法。而那些发号施令的人的职业，却容许他们更加灵活地活动和重新调整。我们一般讲起来，不会说这种重新调整的态度是选了新的职业走向，事实上却是的。如果连成人都必须要注意，那么教育者当然必须格外注意，青年的职业教育就是使他们能继续不断地重新组织自己的目标和方法。

目前的机会与危险

以往的教育虽然没有职业教育的名目，但实际上却是十分像职业教育的。

1. 一般大家受的教育，都是明显以实利为目的的。这种教育与其称为教育，不如称为学徒制度，再不然也可称为从经验中学习。学校专门教读、写、算三事，教人能读、能写、能算，这是一切劳动的共同要素。至于在别人的指导下从事某种特别的工作，那就是校外的教育了。这两方面的教育相互补充，学校中进行的狭隘的和形式的教育，正如明确地称为学徒制度一样，也是学徒制度的一部分。

2. 统治阶级受的教育在很大程度上也是职业教育，只不过他们从事的统治、享乐以前并不被称为职业。以前把只包含体力劳动的事情称为职业，这种工作只是为了糊口，或者得到相当的工资，或者对特殊的人们提供个人服务。例如，长期以来，内外科医生的专业几乎和仆役或理发师的职业一起被列入同一个等级。一部分是因为这种职业全是与肉体有关，另一部分是因为这种职业为获得报酬而给特定的人服务。但是，如果我们仔细研究一下就可以知道，统治阶级从事的社会事务，不论出于政治的或经济的考虑，不论战时的或者和平时期的，都和任何其他职业一样，也是一种职业；从前的高等教育，也是可以为从事这些事务在做准备。此外，炫示夸耀，个人修饰，显赫的社会交游和招待应酬，以及花费金钱，也都变成了一项项职业。高等教育机关在不知不觉中已为预备这类职业贡献出了力量。就是现在，所谓高等教育，仍然是在教学生日后如何在这些职业中驾轻就熟。

其他的职业教育，大约就是培养师资和专门的研究人才了。我们有一种奇怪的迷信，以为培养摆阔懒汉、教师、作家和领袖人物的有关教育都不算是职业教育，而且以为诸如此类都是文化教育。那种间接培养作家的文学训练，无论是著书、写社论，还是写期刊文章，尤其容易有这种迷信。很多教师或作家，他们写文章为文化修养和人道主义辩护，抵抗专门化的实用教育的侵入，他们称自己的教育为自由教育，但不承认这种教育主要就是为特定职业进行的训练。他们不过经习惯于把自己的职业看作本质上是文化修养性质的，而忽视其他职业也有文化修养的可能性。造成这种隔离的根源是传统观念在起作用，所以认为只有向特定雇主——负责的工作才算职业，对最终的雇主社会服务的却不算。

如今有意识地强调职业教育，把过去默认的职业教育的含义摊开来说、刻意去做，是有明显原因的。

（1）体力劳动、商业工作以及对社会具体有益的各种职业，在民主社会中越来越受到尊重。在理论上，我们都希望，现在不分男女都应该对社会给予的智能上、经济上的支持有所回报。如今劳动受人推崇，为社会服务是很受人赞赏的道德理想。虽然还有人非常羡慕能过懒散和炫耀生活的人，但正确的是非观却谴责这种生活。时间的运用和才能的施展都应该有社会责任的考虑，这已经渐渐成为公认的道理。

（2）属于工业领域之内的职业，在将近一百五十年来已经变得极其重要。制造业和商业不再局限于家庭和地方性质，或多或少随着形势的发展，已经变成世界范围的事业了。越来越多的人把精力投入其中。制造家、银行家和工业界巨头实际上已经替代了世袭的地方贵族，成为直接主管社会的人。这带来了社会角色如何重新适应的问题，这当然是工业造成的问题，是涉及劳资关系的问题。工业上很多引人注目的制作法，其社会重要性大大增加，不可避免地使学校教育与工业生活的关系问题重要起来。这样大规模的社会调整的发生，向从不同社会状况继承来的教育制度提出了挑战，对教育提出很多新的问题。

（3）前面一再说过，工业已经不是凭经验的、多做就会懂得、沿袭习惯的、比较粗糙的程序了。现在的工业技术是工艺学技术，也就是说，必须使用的机器，都是根据数学、物理学、化学和细菌学等科学的发现制造出来的。经济革命提出了许多问题要解决，对机械的应用产生了更大的理性尊重，从而激发了科学的发展。工业，也因科学的发展利上滚利。因此，工业领域的各种职业不论在知识内涵上，还是在文化的可能性上都比以往多太多了。这就需要一种教育，使工人了解他们职业的科学基础和社会基础以及他们的职业意义。现在这种教育的需要变得非常迫切，因为没有这种教育，工人就不可避免地降低到成为他们所操作机器的附属品的角色。在旧的社会制度下，一种行业的所有工人，他们的知识和观点大体相等。他们的个人知识和独创性至少在一个小范围内得到了发展，因为，他已适应于机器，而不是使工具适应于他自己的目的。工业的知性发展前景虽然大增，工业的环境条件却使工业对于一般大众教育的作用不如以前手工产品供应地方市场的时代。因此，如何实现工作中知性潜能的任务就交回给学校了。

（4）科学知识的探求已经更趋于实验性质，更少依靠书本、传统，更少用辩证的推理方法与符号。因此，工业职业所用的教材不但内涵比以往更丰富，而且使我们有更多的机会去熟悉产生知识的方法。工厂中的普通工人受当前经济的压力太大，当然不能和实验室的工人具有相同的产生知识的机会。但是，在学校，学生的主要任务是以增长知识为目的，在这种条件下，可以使学生接触机器和工业上的各种制作法。工厂车间和具备上述条件的实验室的分离主要是传统的习惯。而实验室的优点在于，只要疑问引起求知的兴趣，就可以一路探究下去。工厂车间的优点在于重视科学原理的社会意义，又能把学生的兴趣激发出来。

（5）学习心理学，特别是儿童心理学的进展，都与工业在生活中日趋重要相呼应。因为近代心理学特别强调探索、实验和尝试等原始的、不经学习的本能的重要性。近代心理学认为，学习并不是一种现成的叫作思维的工作，思维本身却是原始能力所构成的有意义活动的一种组织。我们在前面说过（见十五章第三节），工作对年龄较大的学生，和对于年幼的学生一样，都可以引导天生就会的活动往有教育意义的功能发展。从游戏过渡到作业应该是逐步的，不应该有心态的激烈改变，而是把游戏的成分带到作业中去，再加上不断调整，才能达到控制自如的目的。

读者会看出，上面的五点实际上是在重述本书前一部分的主要论点。无论在实际方面还是在哲学方面，解决目前教育状况的关键都在于逐步改造学校的教材和方法，以便利用代表社会各种典型职业的各种形式的作业，展现其中知识与道德的内涵。这种重建必须把纯粹书本式的方法——包括教科书——和辩证方法降格，使它们成为发展前后连贯、逐渐累积的智能发展活动的必要辅助工具。

我们的讨论中曾经强调，如果仅仅按照各种工业和专业现在的要求，然后给予学生在技术上的准备，那这样的教育改造肯定是不成功的。如果只在学校照样模仿现有的工业状况，教育改造更难成功。问题不在于使学校成为制造业和商业的附属机关，而在于利用工业的各种因素使学校生活更有生气，更富于现实意义，与校外经验有更密切的联系。这个问题是不容易解决的。我们仍然需要警惕教育延续少数精英的旧传统，对我们现在这种有缺陷、没有改革、没有合理化、没有社会化工业制度的各个方面，表示默许。说得具体点，就是我们要谨防职业教育在理论上实践上被误解成工艺教育，作为获得将来专门职业技术的一项手段。

那样的教育只会使现在的工业社会持续维持不变，而不会成为改革这种现有的工业秩序的手段。这并不难界定。转变后的社会秩序中，人人应该能同时可以使别人的生活更有价值，更能认识联结人们的纽带，能够打破人与人之间的隔阂。这种改造意味着一种最好的状态，那就是每个人对他工作的兴趣不是勉强的，而是自愿的、明智的，也就是说，每个人的工作都是和自己的能力倾向志趣相投的。显而易见，我们现在离这样的社会还非常遥远，若想丝毫不差达到这样的境界，我们或许永远也达不到。但是，就大体而言，我们已经在做的和已经完成的社会改革性质是符合这个方向的。若要实现这个目标，如今的社会资源比过去的时代更加丰富，是过去任何时候所不及的。如果我们真要实现这种社会，只要有智慧，有意志，没有什么是不可以克服的。

这种社会改革成败的关键，在于我们能不能采用可以实现这种改革的教育方法，其他方面还在其次。因为这种改革实质上是心智意向上的改革，这是一种教育意义的改变。这个意思并不是说，我们可以离开工业状况和政治状况进行我们想要的改革，用直接的教训和规劝改变性格和心理，以便达成目的。如果这样想，就是违背了我们所说的根本的概念：性格和思维是人们参与社会事务而产生的反应态度。我们可以在学校造成我们所要实现的一种社会的缩影，由此塑造青少年的心智，从而逐步修改成人社会的更庞大更不容易扭转的问题。

如果我们说现在社会制度的最大祸害不在于贫穷，或贫穷遗留的苦难，而在于事实上有许多人的职业不是他们所喜欢的，他们从事这些职业不过是为了获得金钱报酬。这种说法在感情上似乎有点苛刻，但这样的职业常常会不断令人厌恶，使人存恶意，玩忽职守，逃避职责，他们既不专心工作，又不愿意工作。另外还有一些人，他们不但物质条件比较好，而且还极度地、专横地控制着多数人的活动，他们自己与平等的、普遍的社会隔绝。这些人追求的是享乐与炫耀，他们企图通过权力和较多的财富与享受，给人留下印象，以缩短他们和别人的距离。

规划职业教育的眼界，如果不放宽，可能就会使职业教育计划永远延续这种僵化的隔离。职业教育如果主张宿命论之说，会假定某些人在现在这样的经济环境中应该继续靠工资维持生计，于是就只教会人接受所谓的工艺教育——就是使他们有更高的技术效率。技术的精熟度严重不足是非常常见的，能够增进自然是一举数得的好事情，不但可以改善产品、降低成本，也能提高工作乐趣。因为没有一个人愿意做他自己根本做不好的事情。但是，工作的效率不止限于眼前的工作，有的效率扩大到认识工作的社会意义，有的是执行别人计划的效率，有的是拟定自己计划的效率。这两方面有很大区别。目前，无论雇主阶级和被雇阶级，都在理智上和情感上受到限制。被雇阶级关心的是他们的职业，往往这种关注只限于能赚到多少钱；而雇主阶级的观点，也许局限于利润和权势。关注利润和权势的人，难免要多费点脑筋、多做点调查。因为这牵扯到许多不同因素应该如何搭配运用。至于对工资有兴趣的雇员阶级，需要做的就只限于某些直接的肌肉运动了。话虽如此，如果不想到工作的社会意义，只从技术的、非人本的和非自由的层次着眼，雇员阶级智能的挥发还是受限制的。如果他们的动机不过是谋求私利或个人权势，那么受限制是不可避免的。事实上，往往是经济上不幸的人，会具有直接的社会同情心和人道主义倾向等优点，因为他们并没有凭着一边倒的实力控制他人事务而变成无情的人。

不管是任何职业教育方案，凡是以现在的工业制度出发，都很可能表现并延续这个制度的阶级划分和缺陷，最后成为实现社会宿命论封建教条的工具。那些能达到自己欲望的人，可能会让自己的子女担任不受约束的、有文化气息的职业，而且要居于能施展指挥能力的地位。至于其他人，那些处境不那么幸运的人，就只能接受为特定行业做技能准备的教育。这样看起来，学校就是一个机关，把旧有的劳动与优秀的划分、文化修养与社会服务的划分转移到号称民主社会中去。这种职业教育忽视了所用材料和制作法与科学和人类历史的联系。狭隘的工艺教育不把这些东西包括进去，是怕浪费时间，因为这些是不"实际"的。这些要留给那些有充足闲暇，同时也可以自由支配的人——这种闲暇，是由于优越的经济力量而得来的。这些东西甚至很可能会危害统治阶级的利益，因为很可能引起那些听从他人指挥而工作的那些人心生不满，或存有"超越身份"的奢望。但是，如果一个教育制度能够承认职业的全部理智和社会的意义，这种教育就要包括有关历史背景的教学；包括科学的训练，给人以应付生产原料和生产机构的智慧和首创精神；包括学习经济学、公民和政治学，使未来的工人能接触当代的种种问题以及所提出的改进社会的各种方法。总之，这种教育制度将训练未来的工人有适应不断变化情况的能力，使他们不会盲目地听天由命。这个理想反对的不仅是现行老旧的种种教育制度的惰性，还有那些牢牢掌握工业机械操作权的人。那些人知道，这种理想教育制度一旦普遍推行，他们使唤别人以达到自己目的的能力就会受到威胁。

这个事实倒也预示了一个更为平等和更为开明的社会秩序，因为这个事实足以证明社会的改造要依靠教育改造来进行，因此，这个事实也能鼓励那些相信一个更好社会秩序的人从事促进职业的教育。这种职业教育并不使青年屈服于现今制度的要求和标准，而是要利用科学和社会因素发展他们的胆识，并且培养他们实际执行的智慧。

摘　要

职业泛指任何能服务他人的、能使个人为达到结果而付出能力的、持续不断的行为。职业与教育有什么关系？这个问题把一些前文谈过的话题再度放回讨论的焦点，关于思维和身体活动的关系；个人的有意识发展和共同生活的关系；理论的修养和具有具体结果的实际行为的关系；谋生和有意义的休闲的关系等问题。一般来说，人们之所以不肯承认教育的职业立场（小学教育中实利性质的读、写、算三种除外），通常都伴随固守旧时贵族统治的立场。但是，目前有一种所谓的职业训练的发展动向，是为了适应现有工业制度。这种发展会继续把传统的自由教育或文化修养授予少数在经济上能够享用的人，而把别人控制的预备各种特殊职业的狭隘工艺教育授予广大群众。当然，这种计划表明只是延续旧时的社会阶级区分，并且把理智和道德的二元论也保存下来。但是，在现在的社会条件下，这种计划已经没有继续存在的理由了。因为，现在的工业生活很依赖科学，并且科学密切地影响着各种形式的社会交往，因此，我们有机会利用工业生活来培养青少年的心理和性格。此外，工业生活在教育上的正确运用将影响人的智能和兴趣，再加上立法和行政方面的力量，就足以把工商业制度中有害于社会的部分改掉。工业生活在教育上的正确运用，将使日益深厚的社会同理心用于建设方面，而不让它成为盲目的慈善情感，将使那些从事工业职业的人有参与社会管理的愿望与能力，有变为主宰工业命运主人翁的能力，同时，还将使从事工业职业的人了解机器生产和分配制度所特有的技术和机械特点的意义，以上是对经济机会较差的人讲的。对于社会中享有特权的那部分人来说，把工业生活正确地运用在教育上，能增强他们对工人的同理心，使他们产生一种心理倾向，在有用的活动中发现文化修养所不能的因素，并提高他们的社会责任感。换句话说，今天职业教育的问题所以占有极其重要的位置，是因为它要集中全力解决两个基本问题：是离开人类利用自然的活动最能启发人的智能呢，还是在人类利用自然活动的范围内最能启发智能？个人的文化修养是在利己的自我环境条件下最容易获得呢，还是在社会的条件下最容易获得？本章没有详细讨论这一点，因为这个结论正是第十五章到第二十二章的内容总结。

第二十四章　教育哲学

简短的回顾

我们虽然一直在论述教育哲学方面的问题，但是我们却没有给哲学下个定义，也还没有明确地阐述过教育哲学的本质。我们现在谈的这个题目，要从简要交代前面讨论过的逻辑顺序开始，以便能凸显其中的哲学议题。之后，还会再从哲学角度大概谈一下，不同的教育理念当中必然包含的相关知识和道德是如何对教育的实践带来影响的。

前面各章节可以按逻辑的顺序分成三个部分。

1. 最前面的几章把教育看作社会的需求和社会职能。而这几章的目的在于要描绘出教育的一般特征，认为社会必须借助教育才能延续社会群体的生命。教育就是通过传递使经验意义得到更新的过程。在这种传递过程中，一部分的经验意义是在成人和青少年之间的沟通和交往中偶然产生的，而另外一部分则是通过深思熟虑建立的各种社会活动来延续的。这个过程包含不成熟的个人以及个人所在的社会群体的成长与管理。

以上这些考虑只是理出了模式，却还没有确切地专门研究有关社会群体的性质——哪一类的社会在借助教育达到自我延续和发展的目的。在这种一般性讨论之后，我们进而将范围确定在可以追求进步的社会群体，这种社会以社会成员的共同利益多样化为目标，不只是追求和保存已有的一些习俗。这种社会是具有民主性质的，因为它们允许社会成员有更大的自由，并且能够意识到社会的进步，有必要追求个人的利益社会化，而不是主要依靠在优势阶级的控制下让社会习俗来起作用。然后我们以适应民主社会发展的教育为准，进一步更详细地对教育进行分析。

2. 以民主标准为基础的教育分析，包含经验的、继续不断的改造或改组理想，这种改造性质一方面增加经验被公认的意义或社会内涵，也从另一方面增加了个人的能力，更能成为指导这种改造的保护人（见第六至七章）。然后根据教育的这种理念，分别概述教材和教学方法的性质。同时说明教材和教学方法的统一性，因为只有教材与教学方法达到统一，学习的方法才会是有意识、有指导性的。很多关于学习方法和学习材料的主要原则（见第十三章至十四章），都是根据这个观点来阐述的。

3. 这个部分的讨论，除了利用对比的方式来阐明原则而附带地进行一些批评以外，都是假定今天的社会生活已经是以民主为准则。在接下来的各章中（第十八章至二十三章），讨论了目前在实现民主标准中所遇到的各种限制。这种限制主要来自于把经验看作包括很多彼此分离的领域或事业，每个领域或事业都有它自己独立的价值、材料和方法，每个领域又互相牵制，如果每个领域都受到其他领域正当的约束，这样就形成了教育中的"均势"状态。这种不同领域相互隔离的观念，有哪些假定的依据，是我们随后要分析的问题。就实际面来看，这些分离现象的原因主要在于社会被分成截然不同的阶级和集团——换句话说，是由于社会之间的互动和交流受到了阻碍所造成的。社会上整体的一贯性被打破了，这种现象的知性表达，就是各种各样的二元论或对立学说，例如劳动和休闲的对立，实践活动与智力活动的对立，人与自然的对立，个性与人际互动的对立，文化与职业的对立。在讨论中我们发现，所有这些争论的问题，在各派古典哲学体系中都有相对应的观点和论述，它们基本上包括了哲学上的许多主要议题，包括精神与物质的问题，身与心的问题，心理与世界的问题，个人与他人的关系问题等等。这种一分为二的对立背后基本上都起源于一个观念，他们认为人的思维是独立存在的，与涉及物质环境、身体器官、用具以及自然物体的活动都是分离的。

因此，有一种哲学认为，思维的起源、地位和作用就在人控制环境的活动之中。而我们讨论完了一圈，发现我们又回到本书第一部分的许多概念上，如人类的冲动和本能，本能与自然力之间有物性的连续关系；思维有赖于参与具有共同目的的联合活动才能够成长；自然环境因为在社会环境中被利用而发生影响力；让个人表现意愿上和思考上的差异，是社会进步发展所必需的；教学方法与教材应该有基本的统一性；目的与手段的内在的连续性；思考能够理解并检验行为的含义，思维指的就是这种思考。这些概念与前面论述的二元论和相对论都是不相容的；上述这些概念的哲学思想认为，智能就是在行为之中按照特定的目标来调整经验的材料。

哲学的性质

我们现在要做的，就是把这些想法之中隐含的哲学概念找出来，再加以说明。虽然我们还没有给哲学下过确切的定义，但事实上，我们已经按照哲学所研究的问题对它的定义意义进行了描述。而且我们已经指出，这些问题都来源于社会生活中的冲突和困难。这些社会生活中的困难和冲突，主要包括如下几种关系：人与物的关系；身体与灵魂的关系；人性与自然的关系；个人与社会的关系；理论与实践或知与行的关系。分析这些问题的各种哲学思想和体系，都记录了当代社会实践中的主要现状和困难。这些哲学体系自身都明确地认识到，人们借助于他们现有的经验的特质，已经对自然界和自己有了一些想法，以及如何设想一种包含自己与自然界在内的事实，或是自己与自然界受何种事实的主宰。

可想而知，哲学的定义通常都不免在题材和方法上面具有一定的完整性、普遍性和终极性。从题材方面来说，哲学想要做到"包括"，就必须去搜集有关世界和生活千变万化的情况，构成一个单一的包罗万象的整体，这个整体必须或者是一个统一体，或者像在二元论的哲学体系中，必须把很多细节归结为少量终极的原理。至于哲学家与接受这种哲学理论的人所持有的态度，是力求达到一种统一的、前后一致的和完整的经验观。英文"哲学"的本意，是"爱智慧"，就表达了这一层意思。无论何时，凡是以严肃的态度理解哲学，必然会假定哲学代表的是某种能够影响人生方向的行为智慧。例如，几乎所有的古代哲学流派都是有组织的生活方式，那些承认各派哲学信条的人，都信守某些特定的行为方式。再看一下欧洲中世纪时哲学与罗马教会神学的密切联系，哲学与宗教利益的经常联系，以及在民族危急时刻哲学与政治斗争的联系，就是非常好的证明。

哲学因为与人生观的这种直接紧密的联系，明显地把哲学和科学区别开来。科学的某种事实和法则当然也会影响行为。这些事实和法则，会暗示什么事情应该做，什么事情并不应该做，并会提供执行的手段和方法。如果科学不仅指所发现的有关世界特殊事实的报道，而且指对于世界的一般态度——而不是要做特定的动作，这个时候科学就和哲学不分了。因为其中根本的意向不在于如何看待这件事或那件事的态度，也不在于对所知事物集合体的态度，而是在于对支配行为的想法所持的态度。

因此，我们不能仅从题材方面来定义哲学。基于这个原因，诸如普遍性、总体性和终极性等的含义，从这类概念所蕴含的对世界的倾向中最容易得到说明。若从数量上和字面上看，这些概念都不适用于知识相关的话题，因为知识没有完整性和终极性可言。经验是一个不断前进、不断变化的过程，经验的这个性质，不许有所谓完整性和终极性。这些名词在不很严格的意义上可用于科学，但不能用于哲学。因为，如果我们要发现世界的种种事实，我们必须求助于数学、物理学、化学、生物学、人类学、历史学等各种方面，而不是求助于哲学。有关世界的种种概括哪些是可以保持的，它们又是什么性质的概括，这都是科学要回答的问题。但是，当我们问，科学上的种种发现要求我们用哪种固定的行为意向响应时，这就是哲学问题了。

从这个观点看，所谓"总体性"并不是指没有希望的一件件事情数量上的累加。而是指对于发生的许多事件能按一贯的模式反应。所谓一致性，也不是指字面上的同一性，因为，既然同一件事不能发生两次，严格按照一样的方式反应就是适应不良了。总体性就是连续性——把从前的行动习惯继续下去，加以必要的调整，使它富有生气，不断发展。总体性的意思并不是说我们有一个现成完整的行动计划，而是指很多不同的行动保持着一种平衡，使各个行动的意义相互补充，形成整体。无论什么人，只要他对新观念感觉敏锐、虚心接受，又能集中注意，负责把新观念与现实中的行动联系起来，那么在这种程度上，可以说他有了哲学的意向了。哲学有一个通俗的意义，就是在困难和损失面前保持镇静和忍耐。甚至有人认为哲学就是忍受痛苦而毫无怨言的能力。这个意义与其说是对斯多葛派哲学影响的歌颂，这并不是哲学的一般属性。其实只要把哲学的整体性表达成一种学习能力，就是一种能从令人不愉快的经验变迁中学习或吸取有意义的能力，并能把所学到的东西体现在继续学习的能力上，那么这种理解在任何哲学思想构架中都是讲得通的。类似的解释也可用于哲学的普遍性和终极性方面。从字面上讲，这两点都是荒唐的要求，它们表明精神错乱。其实所谓终极性，并不是说经验终结了，枯竭了，而是指深入到事物更深层的意义——深入到表层以下，发现事物的联系，并且锲而不舍。同样，我们说哲学的哲学观念的通用型，是指反对孤立地对待事物，主张把行动放在它的关系脉络背景中来理解，这样从关系脉络中看出它的意义。

把哲学和思考联系起来，有助于我们区别哲学与知识的关系。知识，有确凿证据的知识，就是科学，它所代表的对象是根据理性决定、整理和处理了的。至于思考，是参照未来的。思考的发生是由于有未解决的事情，是未确定的事情引发的，思考的目的在于解除思维中发生的干扰。哲学就是对于可能有的事物所持的想法，不是已成事实的记录。因为哲学是假设性的、所有的思考都是如此。它提示我们有待解决的问题，一些有待去尝试的事情。思考的价值不在于提供解决问题的办法（这只能在行动中获得），而在于界定难题，并建议处理难题的方法。我们甚至可以说，哲学的思考已经变得自觉，对于自己在经验之中的地位、作用和价值，都有了概念。

我们之所以特别要求哲学观点必须有"全面"的态度，是因为在人生许多互相冲突的兴趣中，需要一体的行动。如果都只是表面上的利益，很容易不分彼此，或者是欠缺条理而不至于形成冲突，就不会有明显用得着哲学的地方。但是，如果说科学的兴趣和宗教的兴趣发生冲突，或者经济的兴趣和科学的或审美的兴趣发生冲突，或者对于秩序的保守的关切和求得自由的进步的兴趣发生对抗，或者制度主义和个性彼此抵触，在这种时候，我们就需要找出一种更全面的观点，让彼此之间的歧义接近，并恢复经验的一致性和连续性。不同目标的冲突范围有限，个人常能自行解决。这种朴素的哲学是真的哲学，而且在现实生活中常常非常管用。但是，它们不能形成各种思维体系。如果不同行为理念的分歧影响到整个社会的时候，并且普遍需要调整的时候，那么哲学体系就会产生。

按照上述这些哲学的特性，可以解决通常反对哲学的几个问题，比如，个人推测在哲学中所起的作用，各派哲学之间争论的多样性以及哲学似乎总是反复研究相同的问题，这些问题只是表述有所不同，实质上是相同的。毫无疑问，这些问题多少能表明历史上各派哲学的特征。但是，这些问题与其说是在反对哲学，不如说是在反对人性，甚至不如说是在反对塑造人性的世界。如果生活中有许多真正不确定的事情，各派哲学必须反映这种不确定性。如果对于产生困难的原因有各种不同的诊断，又有各种不同的应付困难的建议，也就是说，如果兴趣的冲突多少体现在不同的人群中，那么就必然产生背道而驰、互相对抗的哲学派别。假如争论的题目是已经发生的事情，只要有足够的证据就能取得看法的一致和确定性。事情本身是确定的，但如果题目是，在复杂的情况中，怎样做才算明智，这不免要经过讨论才能确定，原因正是因为事情本身还是不确定的。我们并不指望养尊处优的统治阶级和为生存而艰苦斗争的人会有同样的人生哲学。如果占有者和被剥夺者以同样的立场看到世界，这就表明他们提出的理由不是伪善就是不够严肃的。一个致力于工业、积极经营商业的社会，和具有高度审美文化、很少把自然力变为机械力量的国家，这两个国家的社会肯定也是不一样的。一个具有相当连续历史的社会群体，和经受过突然中断的社会群体，他们在面对危机时的反应是很不一样的。即使有同样的数据在眼前，两者也会做出不同的评估和判断。但是，不同类型的生活方式带来的经验也不一样，所以不可能有完全一样的数据论据，评估的框架和体系也不会一样。至于哲学上许多类似的问题往往都是表面现象，这是因为人们对旧时的讨论方式已经换上当代疑问的新内容。但是，在某些基本方面，生活中某些因素的困境本来就是一再出现的，即便因为一些社会关系的变动而发生的改变，也只限于社会大环境（包括科学发展）改变带来的部分，根本核心没有变。

哲学问题之所以产生，是因为在社会实践中有许多令人感到的困惑。我们很难看出这样的事实，是因为哲学家依然成了一个专门的特殊阶层，他们使用一套专门的语言，和表述亲身经历的困惑的语言不一样。但是，在一种哲学体系占优势的地方，经常可以发现其中关系着有待社会改变来解决的利益的冲突，这种利益的冲突要求实行某种社会调整的计划来解决，在这一点上，哲学和教育的密切联系就表现出来了。事实上，教育为我们提供了一个优势，从教育的角度可以切入哲学讨论中的人性意义层面，这是和哲学讨论的专门意义不同的。研究哲学"本身"的学者往往容易犯的毛病是，以为哲学是纯粹在磨练灵活的或严谨的智能思考，是哲学家们所说的东西，而且仅仅只和哲学家有关。但是，如果我们从与哲学争论相应的心理倾向出发，或者从这些争论在教育实践中所引起的分歧出发来研究哲学问题，那就不难看到哲学问题谈的都是生活处境问题。如果一种哲学理论对教育上的努力毫无影响，这种理论必然是虚伪不实的。从教育的观点看哲学，使我们能正视问题从哪儿产生，在哪里蔓延，就在哪里研究它们；哲学问题在哪里立足安家，就在哪里研究它们；对哲学问题的承认或否认在哪里产生了实际影响，就在哪里研究它们。研究他们会有什么不同的结果。

如果我们愿意把教育看作是塑造人们对于自然，和他人的基本理智或情感倾向的过程，那么哲学简直可以定义为教育的一般理论。只要哲学不停留在符号式的或是字面上的，或者仍然是少数人沉溺于情感的东西，或者仅仅是专断的教条，那么哲学对过去经验的审查，它的价值规划，都必然会影响到人们的言行。

公众的鼓动、宣传、立法和行政的设施，对产生哲学上所认为的良好心理倾向的变化都是有效果的。但是，这些方法必须具有教育意义才能做到这一点。换句话说，它们必须能改变人们理智的和道德的态度。不过，这些方法要是用于行为习惯已经大概成形的人，不免需要一些妥协的方法，如果是教育青少年，则需要更开明自由的运作空间。从另一方面看，学校教育如果不能放宽眼界体察自己在当代生活中的地位，在目标和方法上富有生气，那就容易沦陷为只凭经验行事的例行老套。而放宽眼界的自觉正是哲学应该提供的。

实证的科学，实际上总包含社会想要达到的种种目的。无论社会要把科学的发现用来医治疾病，还是用来传播疾病；无论是用来增加维持生活的资料，还是制造军火以消灭生命，如果脱离了实际的社会目的，这些都会成为无关紧要的事。社会只要对某个目的有兴趣，就会想出达到这个目的的方法。所以，哲学是具有双重任务的：一方面要根据科学现状评判社会上现有的种种目的，指出哪些价值观念由于掌握了新的资料已经过时，哪些价值观念因为没有实现的方法，只能算是感情用事；另一方面还要解释专门的科学成果与将来社会事业的关系。这两方面的任务要有所成就，如果没有教育上的配合，指出什么是该做的，什么是不该做的，以上的任务都不可能达成。因为哲学理论毕竟不是实现人们愿望的阿拉丁神灯，不可以一瞬间就奠定它构思的种种价值观。在机械艺术方面，科学成为控制事物、利用物力以达到被认可的目的的方法。凭借教育的艺术，哲学可以利用人力创造严肃的、考虑周到的生活概念方法。教育是一个实验室，哲学理念的分歧可以在这里实实在在地接受检验。

欧洲哲学的起源（即古雅典哲学）是在教育问题的直接压力下产生的。早期哲学是古希腊人在小亚细亚和意大利所阐发的早期哲学史中发展而来的，就它所研究的题目范围来看，与其说是今天所理解的哲学，不如说是一段科学史。它们讲述的题目是自然，研究的是事物是怎样造成的又是怎样变化的。后来，云游的讲学者，也是我们所称为的诡辩家们才运用自然哲学家的推论和方法去探讨人的行为。

诡辩家可以称之为欧洲的第一批教育工作者，他们把德行、政治艺术、城市和家政管理的相关内容教授给青年，于是哲学开始处理个人和宇宙的关系，个人和某种全面阶级的关系，以及个人和某一群体的关系；研究人和自然的关系，传统和反省的关系，以及知识和行动的关系。他们曾经问：品德或公认的卓越是可以学来的吗？什么是学习？学习和知识有什么关系？那么，什么又是知识呢？知识是怎样获得的？是通过感官，还是通过在某种工作中当学徒，还是通过受过初步逻辑训练的理性得来的呢？既然学习是从不知道到知道，那么肯定包含了从愚昧到明智、从缺乏到充足的过渡，从缺陷到完善的过渡，以及希腊人说的，从无生命到有生命的过渡，这种过渡是怎么可能发生的？变化、形成、发展真的可能吗？如果可能，怎样才能做到？假使这些问题都回答了，那么，什么又是教学和德行、知识和德行的关系呢？

无疑，品德是从行为上表现的，上面的最后一个问题又引出另外一个问题：理性思考和行为有什么关系，理论和实践的关系又是什么？认识，即理性的活动，是不是人类最崇高的属性？纯粹智能的活动本身是不是一切优点中最崇高的优点？而睦邻和公民生活等德行和纯粹的智能活动相比，是不是居于次要地位？或者，从另一方面说，自吹自擂的理性知识是不是空洞虚浮的装腔作势，是徒然败坏道德，破坏团结人们的社会纽带？是否顺从社会风俗的行事习惯才是唯一真的生活，因为这才是唯一道德的生活？新的教育制度是不是在和良好的公民品行作对，因为它树立的一套标准是与现存的确立的社会传统相互竞争的？

经历两三代的时间，这些问题最初与教育实践的关系被切断了，变成了单独讨论的题目；也就是说，就哲学而言，这些问题变成了另外一个独立的名目，成了一个独立的研究部门。但是，欧洲哲学思潮作为教育过程的理论兴起，这一事实仍然是哲学与教育有密切联系的有力见证。"教育哲学"不是拿一套现成的观念用在另外一个起源与目的毫不相干的行事体制上，教育哲学不过是把培养正确的理智习惯和道德习惯的过程中遭遇当代社会生活困境而产生的问题——说清楚。因此，如果我们能给哲学下的最深刻的定义就是，哲学就是最广义的教育学说。

所以哲学、教育和社会理想与方法的改造是携手并进的。如果现在特别需要教育的改造，如果这一需要迫切要求重新考虑传统哲学体系的基本思想，这是因为随着科学的进步，工业革命和民主主义的发展，社会生活已经发生了彻底的变革。这种实际变革的发生必然使人要问：这些社会变革包含着什么观念和理想？它们要求对旧的、不同的文化所继承下来的观念和理想进行哪些修正？我们已经在本书前面的很多章节中偶尔讨论过这些问题，在前面几章也明白地讨论了它们，因为它们影响到精神和肉体、理论和实践、人和自然、个人和社会等的关系。在本书最后两章，我们将先从认识的哲学角度谈，然后从道德的哲学角度，再对前面的讨论作一番总结。

摘 要

本章先回顾了前面讨论的哲学议题，继而定义哲学是广义教育的理论。哲学是思考的一种形式，它和一切思考一样，是因为对所经历的事物有不确定性才引起的，它的目的是要找出困惑点，然后制订出检验困惑的方法，最后消除困惑。哲学思考和一般思考不一样的是，要解决的不确定就在普遍的社会环境和社会目的之中，就是有组织的利益和制度多定的目标之间的冲突。要促成冲突的意向重新调整，唯一的方法是通过改变情绪和理智的倾向。所以，哲学可以身兼二职，既能把生活中多种不同的利害交代清楚，也能接着检视观点和做法来达到利害间较好的平衡。既然我们可以借助教育的过程来达到思维心性的必要改变，使这些必要的改变不再停留在假设的期望之中，那么，我们说哲学是教育的理论，就是言之成理的。

第二十五章 知识论

连续性与二元论

在前面我们已经论述过一些关于"知"的理论。这些理论虽然稍微有些差异，却在一个基础点上都与我们主张的理论相对。我们主张的理论假定连续性，而其他理论却认为事物都是分别、隔离和对立的，也就是我们正式术语所说的二元论。形成二元论的起源，在于人们被严格地划分成不同的阶级和群体：例如划分富人与穷人的、划分男人与女人的、划分贵族与出身卑贱者的、划分统治者与被统治者的。这些界限简直就是对自由交流的一种阻碍。欠缺交流，就等于各自都被圈在自己独立的一个生活经验的小圈子里面。如果哲学就是经验的真实论述，像这样划分的社会环境必定会形成二元论的哲学。如果要超越二元论（许多哲学在形式上是超越二元论），也必须借着诉诸凌驾于一切经验之上的东西，让我们的认识升华到某种先验的层次。这种理论看起来是在反对二元性，其实还是二元论的另外一种表现形式，因为最后的结论还是二分的，一边是仅属现象的现世事物，另一边是遥不可及的真实本质。

这样的划分越是非常的顽固，还加上新的划分，教育制度就越会看出这种划分的痕迹，直到整个教育事业变成各种不同宗旨与方针的堆积。这导致的结果是，前文谈过的各种相互隔离的作用力和价值观彼此牵制（见第十八章）。本章主要讨论的是以哲学术语逐一说明"知"的理论涉及的那些对立的观念。

第一种是经验主义和理性主义的对立。经验主义与日常的事务相关，对于那些没有什么特殊知性目标的一般人来说，经验主义是有用的，这种人所期望的事物和他亲身所处的环境之间，相处非常融洽，环境和他们是相互有效用的关系。这样的"知"是纯功利的，没有文化意义在里面，所以即便不受鄙夷，也是没有什么价值的。理性的知识却应该是触及终极知性真实的东西；值得为求知而求知，求知的结果应当是纯理论的现实，不会降格到应用行为上去。从社会的角度看，这种看起来像工人阶级的智能与有学问的、不为生计操心的阶级运用的智能的区别。

在哲学上的这种差别，主要体现在以个人与普世的为中心的差别。经验是由一些大致孤立的个体组成的，必须一个个分别体会。理性思考处理的是凌驾于纷乱细节之上的普世道理、通用原则和法则。这种分别思想都沉淀到了教育里之后，学生们一方面必须学习一大堆单个的特定知识，因为每个学科都是独立的专门项目，另一方面还要学会一些法则和通用的相对关系。通常教学法讲授的地理相关的知识，就是属于前者，而教授的基础算术之类的知识，就属于后者。两者其实是两个不同的世界。

另一种对立来自于各家对"learning"这个词的理解。这个词被当作"学问"来讲时，是指已知的所有东西，是指书本和有学问的人传授的东西。这是外在的，是认知的累积，就好像把有形的货物储存在仓库里一样，知识真理就像是现成的放在那儿的东西。人在求学的过程中汲取已经储存在那儿的知识。如果把这个词当作"学习"来理解，指的是人在求学过程中的行为，是一种自己主动去做的事。这里的二元论是把外在的知识（一般多称为客观的知识），与纯粹内在的、主观的、智能的"知"看成是对立的。一边是整套的现成知识，另一边是配备了认知官能的现成的悟性和思考，这悟性只要愿意就能使用感官官能，但很多时候我们偏偏就没有使用它们。我们经常说到的学校使用的教材与教学方法的分离，就是教育中的这种二元论。在社会生活方面，一部分这样的区分都是由权威控制造成的，还有一部分是由个人的自由发展带来的。

认知的主动性与被动性，也是一种二元论。很多人认为，纯粹凭借经验的有形的事物是靠着感受印象而认知的。有形的事物似乎可以借助人的知觉器官把这些有形的事物自己印在人的脑海中，或带给人以意识。理性的认知和关于精神层次的知识却不一样了，一般认为它们是从悟性内在引发的活动产生，这种主动的活动要远离知觉和外在事物的干扰，才能进行得更顺利。按教育中的这种二分法，一边是感觉训练、实物教学和实验室作业，另一边是书本内容的那种模糊混沌理念——据说书本上的那种模糊理念得靠心智能量的某种神奇的发挥才能领会得清楚。而在社会生活上的反应，就是有的人受制于自己直接牵涉的事情，有的人却可以自由陶冶文化相关的兴趣。

另外一种对立的流行，是所谓智与情的相对。各种情绪都是纯粹私下的、个人的，与理解事实和真理时用到的纯智能毫不相干，或许这只是有知性的好奇情绪带来的，可能是唯一的例外。智是纯粹的光，情是扰人的热。思维能力向外探求真理，情绪向内思虑个人得失。把这个道理搬到教育上，任何个人兴趣的流露大多都受到了贬抑，而且要加上外在的赏罚，为的就是诱使那些有头脑的人（恰似衣服之有口袋）用这个头脑来学习该学的知识。于是就在教育里造成了这样的一种结果：专业的教育者公开谴责重视兴趣的主张，却极威严地鼓吹仰仗考试、评分、升留级、奖状，以及由来已久的各式各样赏罚手段的必要性。这种伤害老师们的幽默感的局面，并未受到应有的重视。

以上这些二元隔离的终极表现就是知与行、理论与实践的一分为二，都认为心是行为之目的与精神，身是行为的工具和手段。是什么原因造成社会的二元划分呢，是因为劳动阶级必须以劳力换取物质生活条件，而有闲阶级没有经济压力，可以全心投入文艺表现与社会治理。在这里我们不必重复再述。我们也不必再说这种划分最终导致了哪些教育上的恶果。我们只要总结一下可以凸显二元论不合理的诸多因素，但求能够用连续性来取代二元对立的划分。

（1）有关生理学和心理学的相关发展已经证明，心智活动是与神经系统相连的。而相关联的确认却往往就到此为止了；旧的身心二元论虽然已经不在了，却被大脑与身体其余部分的二元论取而代之。其实，神经系统只是负责协调身体活动的一个功能机制，不但不能和身体的活动区分和隔离开来（所谓知的器官和动作反应器官是两回事），而且是促成各个动作彼此呼应的器官。大脑基本上是指挥交互适应的器官，当人从环境得来相关的刺激，对环境做出的反应，两者互相调适就是大脑促成的。注意，调整适应是互相的；大脑不但会在感官受刺激时，促成身体的活动从而回应环境中的事物，而且会通过反应来决定接下来的刺激是什么。我们以在木板上作业的木工师傅为例，再看看在金属板上作业的雕刻师，或任何连续进行的其他行为，就可以看出刺激源和反应的关系。每个运动反应虽然在适应知觉器官指示的现况，一个个反应也在调整下一个感官刺激。由此我们可以看出，大脑这套装置系统是在不断重组行为，以维持行为的连续性。也就是说，因为已经做出的反应而把未来的动作做了必要的调整。木工师傅作业有连续性，所以既不是在重复一成不变的死板动作，也不是不能累积结果的胡乱动作。这种作业中每个先做的动作都为后做的动作开路，后做的动作又会考虑或估量前面已经达到的效果，所以是连续的、连贯的和聚焦的。认知是与神经系统有关系的，神经系统会不断调整行为以配合新的环境条件，凡是能理解这些事实的全部含义的人，就不会以为认知是孤立在一切行为动作之外的自立自足的东西，而会确定认知是与调整行为有关的。

（2）生物学进步到发现进化论，确定了这一点。因为，进化论的哲学意义正在于强调连续性：生物体简单的构造渐趋复杂，直到进化为人。生物体在发展最初的那种构造时，环境与生物体的适应作用显而易见，能够称之为"心智"的部分微乎其微。活动趋于复杂以后，时间和空间相关的因素需要协调的更多了，智能的作用才越来越明显，这也是因为需要预测规划的未来所跨越的范围更大了。这些事实对于知的理论造成的影响是推翻旧观念，认知不再是一种旁观者的行为，不再是自行就能完成的事。因为，按生物体发展的论点，生物是它生存的这个世界的一部分，和外面的物质世界一同经历诸多变化，凭着与周围事物合为一体而能安于不稳定的依赖关系，并且按照预测眼前行为的未来后果来调整自己的行动。活着的、感受经验的生命如果能密切参与他所属的这个世界里发生的事，那么，知识就是一种参与行为，知识的价值高低也取决于参与行为的效果如何。知识绝不可能是不相干的旁观者所有的无所谓的看法。

（3）实验方法上的进步，使知识成为能彻底改变社会的重要力量。凭借实验方法可以获得知识，并确定得到的是知识，而不是某种意见而已。实验方法含有两层意义：第一，除非我们的行为确实造成事物上的改变，这些改变与我们原有的想法一致，而且证明这样的想法无误，否则我们就没有资格说任何事就是知识。如果没有这些改变，我们的想法就仅仅是假设、理论、建议和猜测，只能试探性地认为，只能当作应该用实验来测试真伪的题目。第二，思考运用了实验的方法，显示思考是有效用；思考越能根据透彻观察现状而预期未来，效用也越高。换句话来说，实验并不等于盲目的反应。就已观察到的与正在预期的后果而言，胡乱反应是多余的，虽然这是我们所有的行为中难以避免的部分，却不是实验。如果我们能把胡乱反应的后果放到未来类似的情景中去做参考，其实也算得上是实验了。我们越理解实验方法意义，在面对有形的环境和障碍时，才越能在试用处理方法中优先运用我们的智慧。我们所谓的魔法，多半是针对过去落后社会使用的那些实验方法而言的；那时的实验是试运气，不是在检验自己的想法。科学的实验方法却是检验想法的，因此，即便实际上试不出什么结果，或没有立即得到结果，仍然是属于智能活动的范畴，是有成果的；因为，只要我们做之前是认真思考过的，就可以从任何失败中学到东西。

作为一项有系统的知识工具，实验法是新进的科学资源。就实用的手段而言，实验法是自有人类以来就存在的。但是人类却从来没有全面地认识和运用过这种方法，以为实验的方法只对某些专门的领域和有形的事物来说才是重要的。显然仍需经过相当长的时间，人们才会认清，实验法也适用于检验社会观念和道德思想。但人们仍想依赖教条和权威定下的信念，不想承担思考的辛苦和让思考指示行为的责任。

一般的思考大多局限于要或不要接受某一派的教条上。所以哲学家弥尔说，学校擅长调教信徒，却不擅长培养探究者。不过，实验方法的影响力每进一步，都有助于排除以往学校奉行的那些文字的、辩证逻辑的和权威专断的方法，把这些建立信念的方法原有的地位转交给新方法。因为实验法能引起对于事与人的主动关注，目标的时间范围拉长，调度的事物空间也更广。迟早会有一天，知的理论必须从最能顺利形成知识的做法而来，这样得来的理论又可以用来改进效果比较不好的方法。

各方采用的方法

各种不同的哲学系统对于认知方法都有自己的一套概念，包括经院哲学、感觉主义、理性主义、唯心论、实在论、经验主义、先验论和实效主义，等等。其中很多已经在前面讨论教育问题时提过。现在要谈的是，这些方法是如何偏离已确定的最有效的认知方法的。因为，从偏离的角度来看，可以把知识在经验中的地位讲得更明白。简而言之，知识的作用就是使一个经验能够自由地在其他经验中引用。"自由"点出知识与习惯在原则上的差异。习惯是指个人因某一次经验而遭受某种改变，这种改变使人倾向在未来为自己行动的便利和有效而采取同样的行动。因此，习惯也可以使一个经验在以后的经验中被引用。习惯的这种作用在一定的范围内是非常有效的。但是，习惯之中如果没有知识，是不可能留出余地来接受条件改变或创新的。习惯没有前瞻的眼界，因为习惯会提前假定新旧情境基本上都是差不多的。所以习惯往往会误导人，或构成妨碍人，使人成不了事。技术工人操作机器如果完全靠习惯，一旦出了意外状况，就会应付不了。理解机器的人则不同，他知道设什么方法在什么情况和条件下是有用的，于是也能在条件发生改变时，及时调整自己的习惯行为。

换句话说，能够看清一件事物在某个情况中是否适用的各种决定因素，就是知识。举一个极端的例子，原始社会的人看见冒火焰的彗星，会和他们面对其他危及他们生命安全的事物时有同样的反应。他们会习惯性做出尖叫、敲锣和挥武器作势等举动吓退野兽或敌人，所以会用同样的方式来把彗星吓跑。在我们看来，这些方法简直荒谬。因为觉得太荒谬，以至于我们都没注意到，他们这样的习惯正好凸显了习惯的缺陷。我们之所以不会做出相似的反应，是因为我们不把彗星看成没有因果关系的孤立事件，我们会把它放在天文知识的架构里去看。我们看到彗星的时候，会联想起和彗星相关的各种因素，不单单是眼前的这一个现象。所以我们看彗星时的态度是比较自由的，可以从任何一个因果关联的角度着眼。我们也可以按自己的判断，引出适用于任何一个关系面的行事习惯。因此，我们理解新的事件不是立即地，而是间接地，借着发挥创意巧思和随机应变而达成理解的。完整知识的最理想状态是一个具有交互关系的网络，每一个过去的经验都可以成为一个优势，使个人能够从这个地位来理解新经验中呈现的问题。总之，欠缺知识的习惯只能给我们一个着手点，知识给予的着手点范围却远远大于习惯。

之前的经验被后面的经验加以吸收和引用的情形，可以从两方面加以区分（见第六章第三节）。（1）比较实际的一面是，控制力增加了。不能立即处理的，也能间接地应付，或可阻挡不想要的后果到来，对于无法克服的问题甚至可以回避。不论如何，真正的知识具备习惯附带的一切实用效能。（2）附属在经验中的意义，个人体验得来的意义，也增加了。我们对某个情境的反应如果是任性而为的或遵循旧的传统习惯的，能够意识到的意义简直少得可怜，我们不会有心智上的领会。然而，只要知识影响新经验的定位，就会产生智能，就会在心智上有收获。即便我们不能实际上得到需要的控制力，仍然可以得到事实意义上的智能体验，并不只是得到了身体动作上的反应而已。

知识的内容虽然是过去已经发生的事，是认定已经结束的，是确定的东西，但是，知识多半都涉及了未来的或期望中的事物。这是因为，有了知识，我们才有办法理解或解读正在进行的事情和决定什么是该去做的事。医生拥有的知识是他从亲身体会的、研读别人已经确证且记录下来的事实中得来的。因此，这些事实成为他可用的资源，他能借这些资源来处理他医生工作中实际出现的一些问题，并用联想到的相关现象来补足仍有部分不明的事实，预测它们未来可能的发展，并且按预测的情形安排计划。要能做到这样，这些事实才算是他的知识。知识如果不能用来解释看不明的、困惑人的事，就完全脱离意识思考了，要不然就是沦为美学沉思的对象。

检查所拥有知识的条理层次，会有很大的快慰感，这种快慰是理所当然的。但这种沉思心态是美感范畴的，却不是知性的。这与观看一幅完成的图画或组构完善的景观时产生的喜悦是类似的。沉思的题材换成完全不一样东西也无所谓，只要其中的和谐条理不变就可以了。甚至内容完全是无中生有，是天马行空的幻想，也都无妨。我们所说的知识可以应用，不是指应用到已经过去的事物，这样的运用肯定没办法进行的。我们所说的应用是指运用到仍在进行中的事、尚未尘埃落定的事上，是指应用在与人相关的、正在进行的行为场景中。我们很容易忽略这个特点，都认为已经过去的、我们不能再回头参与其中的一些事物的表述就是知识，那是因为我们假定过去与未来是连贯的。过去的知识竟然不能用来推测未来、解释未来，这样的世界是我们无法想象的。正是因为知识必然可以为后来的人起借鉴作用，我们才会忽视这个事实。

但是我们前文谈过的许多哲学门派的方法，却把不自觉的忽视变成实质上的否认，他们认为知识是已经完整无缺的东西，与能不能引用到未来事物上是没有关系的。就是受这种观点的拖累，使他们成为正确知识概念不能苟同的那些教育方法的鼓吹者。我们只需回想一下学校里的一些学习知识的方法，就会发现那与学生正在感受的经验之间，欠缺了非常多有意义的关联，那些方法显然都以为，记住那些储存在书本里的教材就等于得到知识。这些内容对于当初发现它的人不论多么真实，对于亲身经验过它的人不论多么贴切，都不足以成为学生的知识。除非它在学生自己的生活中能够得到实际的运用，并能对学生的生活带来正面的影响，引发学生能对此进行总结，产生思考和智慧，否则这些知识就和火星上的故事或幻想王国的那些描述没什么两样。

经院哲学方法的发展，和当时的社会环境是密切相关的。这套方法是为了把权威阶级需要传达的观念的条理传递下去，并且为这些观念的理由辩护，因为辩驳的题材太重要了，所以这些解释意义，说理的方法也都至关重要。如现在的社会环境里，对大多数人而言，经院哲学的这套认知方法并不会和现在社会中的任何现实环境题材有什么特别的关系，其中包括做区别、定义和分类等，都是为了工作本身而工作，没有经验上的目的。把思考当作有一套固定形式的纯粹的身体活动，就像印戳可以按在任何材料上一样，是可以应用在任何题材上的，这是这种观点最基本的形式逻辑，本质上却是泛论化了的经院哲学方法。教育上的经院方法代表，自然就是正规训练的相关学说了。

我们一般所说的感觉论和理性主义，都是这两家认知方法理论呈鲜明对比的状态，分别都是独尊个别性与普遍性，也就是，感觉论只重视单纯的事实，而理性主义只重视相对的关系。真正的认知是个别举例与普遍类推的功能一同起作用的结果。凡是有不明白的地方，就必须解释，必须分解成细目，而且定义也必须要清晰明了才行。把事实和特性阐释清楚了，就构成一个待解的问题，明确陈述是我们用知觉器官完成的事。这些事项，就呈现问题而言，可以说是个别的，因为事实都是零碎的。我们要做的既然是找出这些事项之间的关联性，把它们重新合并起来，而此刻我们眼中的这些事项都只是部分。我们要解读它们的意义，所以，在未解读之前，它们是以欠缺意义的状态呈现在我们面前的。凡是有认知的事物，凡是意义尚待辨明的事物，都是以个别的状态呈现。但是，只要认知的过程中曾经有意要应用这个个别来理解其他个别，已认知的事物在功能上就具有了普遍性。它的普遍性在于能使本来不相关的事物产生关联。任何事实，只要是可以用来解释新经验的含义，就是普遍事实。有"道理"，不过就是能够运用先前经验的题材来理解后来经验的题材，越懂得这个道理的人，越不会轻易地把知觉的第一感受当作单一的特例，越习惯看出它与人类共同经验的联系。

如果没有知觉器官的主动反应，把个别点一一辨明，我们就看不见需要认知的问题，也不会在智能上有所长进。如果不能把个别点放在过往经验形成的意义架构里来看，如果不引用相关的道理和知识来应用于思考，那么眼前的个别事物都只是一些刺激或扰动。感觉论与理性主义相同的毛病是，都不明白感官刺激和思考的功能都与重组经验有关。将经验重组了，旧的经验可以引用到新的经验上了，才能够维持生活的连贯性和一致性。

以上我们阐述的认知方法和理论，可以称为实用主义的认识论。其根本特质就是借着故意修改环境的行为来维持认知的连续性。这个理论概念，认为我们对知识最严格的定义，就是我们拥有的、智能资源组成的东西，包含一切能使我们言行有智慧的习惯。智能资源必须结合到我们的现实生活的情景中，并调动个人的思考意向，使我们能让环境配合自己的需求，让目标与愿望适应我们生活的情境，这才算是真正的知识。知识并不只是我们现在知道的事，而是包含我们在理解现在发生的事情时，刻意运用过去的知识和经验知道现在和未来行为的意向。从行为的角度看，我们为了要解开困惑，按照我们设想自己与所生活的世界之间的关系，把意向化为有意识的举措，这就是知识。

摘　要

社会的划分如果阻挠了自由而全面的交流，就会导致不同阶级成员的智能和认知变得片面。有些人的经验所涉及的益处，是与他们大有裨益的目标截断的，他们就是讲实际的经验主义者。有些人虽然以沉思某些意义为乐，却没有参与创造这个意义领域，他们就是实践的理性主义者。有些人直接触及了事物，且必须使自己的行为立即适应这些事物，于是成为现实主义者。有些人把自己触及的事物的含义孤立起来，放进超脱实物的宗教信仰的世界或所谓的精神世界，于是成为唯心论者。有些人想求进步，努力要改变已被普遍接受的想法，他们强调的是认知中的个人因素。有些人专门反对改变，以保存传统习惯的想法为最重要的事，他们重视的是有普世性的固定不变的东西。另外还有其他派别的观点。由于交流上的障碍阻断了立场不同的经验互补，不同的哲学体系提出的知识理论都是上述那些不相连的、片面的对经验的详尽陈述。

与此相同的，既然民主制度原则上代表自由交流，代表社会的连贯一体，那么它所阐述的知识论就应该在知识中包含引用经验的方法，使经验可以指引其他经验的方向、凸显出其他经验的意义。形成这样一种理论所必需的明确工具，可以从近年来的生理学、生物学、实验科学逻辑的进步发展中提取。民主所阐述的知识论应用到教育上，就是使学校的课业学习与社会生活环境中活动或作业连贯起来。

第二十六章　道德论

内部和外部

　　既然道德和行为有关，理智和活动之间形成的任何二元论必然会在道德论中有所体现。哲学的道德论中，有许多关于分离对立的观点，常常都会被人引用来为道德训练的相关做法做辩护，让人认为那是对的。因此，在这里批判性讨论道德论相关的问题是非常必要的。品行的培养，是学校教育和训练的重要目标之一，品行教育也是教育理论最常涉及的话题。所以，我们更加应该警惕那些要阻碍实现这个目的的有关智能和性格相关的一些概念，同时要注意为了成功地实行这个目的所必须提供的条件。

　　流行的道德观念把活动过程划分为两个对立的因素，这是我们碰到的第一个障碍。这两个因素往往分别被称为内部因素和外部因素，或精神因素和身体因素。这种划分是心灵与世界、灵魂与身体、目的与手段等二元论发展到极点的表现。在道德方面，这种划分依据的是行动动机和后果截然划分，性格和行为截然划分。主张这种划分的人认为，动机和性格是纯粹"内部的"东西，完全存在于意识之中，而后果和行为则是在心智之外的东西。行为是和人们实现行为的动机有关，但主要还是和行动有关，而后果则和发生的结果有关。不同的学派要么认为道德和心智包含的内部东西是一致的，要么就认为道德和外部的行动和结果一致，并不认为彼此是相互关联的。

　　一般来说，有目标的行为都是经过深思熟虑的，它包含有意识的对结果的意见，以及预测可能出现的好的结果和坏的结果，并对这两种结果的心理权衡和考量。它也包含渴望达到目的的有意识的积极心态。谨慎选择一个目标和谨慎选择稳定的预期目标，这中间的过程是需要时间的。在这段时间内，完全外显的行动暂时停止了。一个没有下决心的人是不会知道下一步该做什么的。因此，他尽可能推迟自己明确的行动。他这时的状态，和准备跳跃一个水沟的人的状态非常类似。如果他肯定能够跳过这个水沟，或肯定跳不过这条水沟，他都会有非常明确的可能的行为。但是，如果他还在考虑，感到怀疑，他就会犹豫不决。就在进一步的行动悬而未决的时候，他的活动就仅仅被限在有机体内部力量的重新分配上，时刻准备可能确定的行动进程。他用眼睛仔细观察水沟的宽度；他使自己身体处于一种紧张状态，让他身体的力量全部集中在一起；他到处寻找跳越水沟的其他方法，考虑跳水沟的重要性，等等。所有这一切的动作和思考，都是为了跳跃水沟而使意识高度集中，也就是他对自己的态度、力量、愿望等各方面的思考和衡量。

但是，很显然，这种个人因素涌进有意识的认识理念，只是整个活动向前发展的一部分，并不会是首先有一个纯粹的心理发展过程，然后突然来了一个和这个心理过程完全不相干的身体行为过程。只要一个继续不断的行为从比较不确定、分开和犹豫不决的状态，发展到一个比较明显、决定或完全的状态，就必然包括前期的心理活动过程和后期的身体行动过程。这个活动最初主要是有机体内部有些紧张，进行一些调节后，当这些紧张的状态和调节作用经过协调成为统一的态度时，整个有机体就采取一个明确的后续行动。当然，我们可以把这个继续不断的活动的意识方面区别出来，称之为心理状态。但是，我们这里只是把心理的状态理解为活动的、尚未决定的、还在形成的状态，当这种状态成熟时，就要付诸明显的行为和力量，改变环境。

在对待事物的进程中，人的有意识的思维、观察、愿望和厌恶的各种情绪都是非常重要的，因为它们代表早期的、尚未成熟的活动。经过这些心理活动后，后续会引出特殊的和看得见的行动，以便完成行动的命运。而那些不成熟的、处于萌芽状态的有机体的调节作用也是非常重要的，因为它们是我们摆脱成规旧习和盲目冲动支配的唯一出路。这些调整是事情发展过程中又会延伸出新的活动意义。一般地说，只有当我们的本能和已经形成的习惯受到新情况的阻塞时，个人意识才会加强，因为我们需要依靠个人的意识和做出的行为，来处理阻碍我们行为的新情况。于是，我们在采取明确和不再撤回的活动进程以前，我们只有依靠自己，让我们的心智在经过权衡后，做出符合事情发展的后续行为。除非我们想全凭武力强行通过，否则就必须改变我们有机体的应变能力，使它们能适应我们所处情境的现状和特点。所以，在采取直接行动以前的有意识地考虑和期望，是在不确定情境中的活动所包含的有条理的、个人行为的重新评估和调整。

但是，在持续不断的活动中，心智的作用并不是时刻都能保持，并起作用的。要想获得某种不同的东西，由于在行动中遭遇挫折，然后对事情产生厌恶的情绪，这种期望和厌恶的情绪，在一定程度上可以刺激人们的想象。事物的不同状态并不总是能发挥作用的，并有助于机灵地观察和回想，找到出路，向前推进事态的发展的。除了经过特定倾向训练的人，才会让自己的一般心理趋势朝着让想象自由奔放的方向发展。他们并不根据事情的实际情况，按照在实行中的可行性，对想象的对象进行核查，而是任由它们发展，以得到自己情感上的一种满足。当我们发现不良的自然和社会环境妨碍我们力量的顺利发挥和施展的时候，最容易采取的行为就是在想象中我们已经坚决了遭遇到的各种问题，让想象替代实际的行为，因为我们知道实际的行为肯定会遇到诸多的问题和难题，让我们产生各种厌恶痛苦的情绪。所以，在外部的活动中，我们默然同意并在心中建立了一个想象的世界，以便让我们的心智在一定程度上获得满足和安抚。思考和行为之间的这种分裂主要反应在把心灵作为内部的，而把行为与后果仅仅作为外部的这种截然划分的理论中。

这种划分不仅仅是一个人的行为经验中偶然才会出现的现象。有的社会环境也许使习惯于清晰反省的阶级回到他们自己的思维和愿望中，而没有提供任何手段，使这些观念和期望能用来改变周围的环境，促使行为的顺利发展。在这种情况下，人们一般采取的方法就是抱怨和那些妨碍自己行为的事情，并厌恶这种环境，认为那些妨碍自己行为的东西，都是错的，不应该存在的。而他们的内心，在自己建议的虚幻的想象和期望中，寻找庇护和安慰。他们认为想象和期望是最美好的事情，因为比起让自己受到蔑视和阻碍的外部世界来说，想象的世界更加理想。

这种时期在历史上反复出现过很多次。在基督教时代的最初几个世纪，有影响的斯多葛派哲学道德体系，修道院和一般人所接受的基督教道德体系，以及当时其他宗教运动的道德体系，就是在这种条件的影响下形成的，可以表达的流行理想的行动越受制止，人们就越把内心所拥有和想要培养发展的理想视为自给自足的东西——视为道德的本质，而对活动所属的外部世界，则认为在道德上是无关紧要的。一切事情都在于有正确的动机，即使这个动机并非世界上的动力也没有关系。十八世纪后期和十九世纪早期，这种情况在德国也一再发生，导致康德派坚持善意是唯一道德上的善，意志是自身完成的东西，与行动和世界上造成的变化和后果无关。后来，这种情况又导致把现存的制度理想化，认为这些制度本身就是理性的体现。

这种不顾任何后果，认为纯粹"善良"的内在德性才是真正善良的性情，自然会引起一种反动，这种反动就是通常我们所说的享乐主义，或者称为功利主义。这种概念的主张实际上就是说在道德方面，重要的问题不在于一个人自己的内心自我意识到他是什么样的人，而是在他到底做了什么——产生了什么后果，他实际上造成了什么变化。他们抨击内在的道德，认为内在的道德是感情用事的，武断的，教条式的，主观的，他们认为这种道德保护合于他们自身利益的任何教条，或想象中所发生的称之为直觉或良心理想的任何奇怪的想象，他们认为，只有结果和行为是重要的，结果和行为提供唯一的道德标准。

通常我们所说的道德，也是学校里的道德，很可能是这两种观点相互冲突达成妥协的结果。一方面，人的某些感情状态受到重视，一个人必须怀有好意，如果他的出发点是好的，如果他有正确的情感意识，他就可以不对行为的全部结果负责。但是，另一方面，因为人的行为都对别人或环境带来影响，以满足别人的需求或者为别人提供方便，以及要求同时满足一般社会秩序的便利和要求，所以他们坚决要求一个人必须做某些事情，不管他是否关心这些事情，是否有做这些事情的智慧。这是这个人必须严守的规则。他必须埋头从事辛苦的劳动；他必须服从；他必须养成有用的习惯；他必须学会自我控制——对所有这些要求，只是理解为强调目前确实做到的事情，而不顾做这事情的人所应有的思想和愿望，所以也不顾这种行为对其他事情带来的附加的、不明显的影响。

前面的讨论已经充分说明了我们能避免这两种流弊的方法。每一个人无论老幼，如果不能在吸引他们兴趣并要求他们思考的情况下循序渐进、累积性地进行工作，就会发生这两种弊端中的一种或两种情况。因为只有在这种循序渐进、吸引兴趣和需要思考的事例中，才有可能说愿望和思考的倾向应该是外部的或明显行为中的有机因素。假如想要让一个连续活动体现学生自己的兴趣，并必须在那里获得明确的结果，那么，那里的环境无论是陈规旧习，或听从别人的意志，或反复无常的临时拼凑在一起都是无济于事的，学生必然要有有意识的目标，有意识的愿望和深思熟虑的思考才能达成。有意识的目标、有意识的愿望和深思熟虑的思考之所以是必须的，是因为只有具有特殊后果的活动精神和品质，才能形成一个人内心的意识。

义务和兴趣的对立

有关道德的讨论，可能没有一种对立比按"原则"行动和按"兴趣"行动之间的对立更常发生了。按原则行动就是无私地按超越一切个人考虑的一般法则行动。相对应的，有人则认为，按兴趣行动就是只顾个人私利的行动。这种对兴趣的看法，是用目前变化中的权宜之计替代坚定的道德法则。

而这种错误的兴趣观念是这一对立的思想基础，我们已经批判过了（见第十章）。但是，现在考虑的是这个问题在道德方面的延伸。

关于这个问题的线索可以从以下事实中发现。争论中主张"兴趣"的人，非常倾向于引用"自身利益"这句话。他们认为，除非人们能对一个对象或观念有兴趣，否则就不会有行动的动力。如果从这个前提出发，他们的结论甚至认为，当一个人自称根据原则、义务或感动而开始做一件事情时，事实上，他所以肯这样做，只是因为做的这件事对他自己来说有利可图。这个前提是正确的，但是结论却是错误的。另一部分人回答说，既然人能够宽宏大量地忘我工作，甚至作出自我牺牲，他也能够做没有兴趣的工作。在这里，前提是正确的，但是结论是错误的。两方面的错误都是由于对兴趣和自我关系抱有错误的观念而造成的。

这两个方面都假定人的自我是一个固定而且孤立的东西。因此，在个人的行动之间，到底是不是出自个人兴趣，这两者之间存在一个严峻的两难选择。如果自我是行动以前某种固定的东西的话，那么为兴趣的行动就是企图为自己占有更多的东西——不管是名誉或是别人的赞许，或是权力胜过别人，或是金钱，或是享乐。这种愤世嫉俗贬低人性的观点所引起的坏的连锁反应，就是认为任何有高尚行为的人对我们的行动来说，都是没有任何借鉴和学习意义的。但是，如果比较中立地去看待这个问题的话，似乎比较清楚的是，一个人必须对他所做的事情感兴趣，否则他就不会去做。一个医生在一次瘟疫中不顾自己的生命危险不断为病人服务，他必然对他专业的有效行动感兴趣——他在这方面的兴趣胜过他对自己生命安全的兴趣。但是，如果说这种兴趣不过是对其他某种东西如金钱、名誉或美德兴趣的伪装，或者说这不过是达到一个隐蔽自私目的的手段，那就是歪曲了本来的事实。一旦我们承认自我并不是某种现成的东西，而是某种通过行动的选择逐步形成的东西，那么整个情况就清楚了。一个人不顾生命危险对坚持他的工作感兴趣，意味着他的自我就在那个工作中；如果最后他放弃这个工作，喜欢他个人的安全和幸福，这就意味着他喜欢那样的自我。这个错误在于把兴趣和自我分离开来，并且认为自我是目的，而对事物、行为和别人的兴趣仅仅是达到目的的手段。事实上，自我和兴趣是同一事实的两个方面，对一件事主动感到兴趣的性质和程度，可以揭示并测量所存在的自我性质。如果我们记住兴趣就是自我和对某一对象的主动认同，那么所谓的两难选择就完全不攻自破了。

而我们所说的无私，既不是对所做的事缺乏兴趣（就是像机器一样的不感兴趣），也不是忘我——就是缺乏生气和性格。如果在这个特殊理论的争论以外使用"无私"这个名词，就是指一个人感受到了兴趣的目标和对象。如果我们想引起对这个名词的兴趣，就会发现这种兴趣有两个紧密联系的特征。首先，宽宏大量的自我有意识地把它自己和活动所包含的全部关系联系起来，在它自己和认为异己或无关紧要而被排除的种种考虑之间不截然划分明确的界线。其次，宽宏大量的自我重新调整和扩充它过去关于自我的概念，可以吸收所看到的新后果。例如，当一个医生开始行医时，他也许没有想到瘟疫，他也许没有有意识地把自己和在这种情况下的服务认同起来。但是，如果他有一个正常发展或主动的自我，那么当他发现当前的职业包含这种危险时，他就会自愿把这些危险作为他活动的组成部分。一个更加宽广更加博大的自我包含各种关系，而不是否定各种关系，这种自我和一个扩大自己以接受过去没有预见到的联系的自我是一致的。

在这种重新调整的冲突中——这种冲突可以小，也可以大——"原则"和"兴趣"可能发生过渡性的冲突。我们在习惯性的活动中感到悠闲自在，这是习惯的本质。习惯的重新调整和修正，包含了一种不爽快的努力——就是一个人使自己深思熟虑地坚持某种东西。换句话说，人们有一种趋势，把自我和他们所习惯的事情视为一件事——或对这事感兴趣；如果有意外的事发生，要他们改变他们不愿意改的习惯，他们就会厌恶或激怒，置之不理。既然一个人过去完成他的职责时无需应付这种令人不愉快的情况，为什么不照过去那样做呢？如果他屈服于这种引诱，不会使他的自我思想狭隘和孤立，把自我看作自身完全的东西。任何习惯不管它过去如何有效，一旦固定，在任何时候都会带来这种引诱。在这种非常时候，按原则行动并非是按某种抽象的原则或一般的义务行动，而是按动作进程的原则行动，不是按伴随它的境遇行动。例如，医生的行为原则是看护病人，这是他的目标和医生职责的精神所在。原则并不是为活动辩护的东西，因为原则只是活动能继续进行的另一个名称。如果活动的后果证明它不受欢迎，按原则行动就是增加它的弊端。一个以按原则行动而自豪的人很可能是固执己见的，多半不能从经验中学习更好的方法。他设想某种抽象的原则来证明他的活动进程，而没有认识到他的原则还待证明。

假如学校的条件能提供良好的作业，尽管有暂时的分心和令人不愉快的障碍，如果学生能对整个作业感兴趣，即对作业的不断发展感兴趣，也能使学生坚持学习。如果这种作业没有一种具有不断发展意义的活动，那么按照学校的规定原则来办事，只不过是在字面上下功夫，或者不过是养成一种顽固的傲慢，或者不过是诉诸外部的考虑，徒然披上庄严称号的外衣。可以肯定的是，人们有的时候对所做的事暂时没有兴趣，那么他的注意力会减退，这个时候就需要强化。但是，一个人之所以能走过这段艰难路程，不是因为忠于抽象的义务，而是对于所做的事情确实有兴趣。义务就是"职责"，它就是为完成一种职能所需要的特殊行为，或者换句话说，就是做好他的本职工作。如果一个人对他的工作真感兴趣，他就能够忍受暂时的挫折，在困难面前坚持工作，不挑肥拣瘦；在面对困难和克服困难中，在面对精神涣散和克服精神涣散中寻找兴趣。

智能和性格

关于道德的讨论中，往往有一种值得注意的错误观点。一方面，有人把道德和理性等同起来。他们认为理性是一种官能，最终的道德直觉就是从理性出发的，有时，例如康德的理论，主张理性能提供唯一正确的道德动机。

另一方面，他们常常低估具体的人们通常的智慧，有时甚至有意贬低这种智慧。他们常常认为道德和平常的知识没有关系。他们认为道德知识是和意识不相干的东西，良心和意识根本就不是一回事。这种区分如果正确，对教育就有特殊意义。

如果我们把发展性格作为教育的最高目标，同时又把在学校所获得的知识和发展的理解力看作和性格完全没有关系的东西，那么学校的道德教育就是没有希望的。在这样的基础上，道德教育不可避免地成为一种教条式的教学，或者成为"关于道德"的课。所谓"关于道德"的课就是别人有关德行和义务想法的课。只有在学生以同理心关注别人的思想感情并受到激励时，这样的课才有效果。如果没有这种关注别人感情的态度，没有同理心，这种课程就不会对性格有什么影响，就犹如学生学到了一点关于亚洲山脉的知识对他性格带来的影响一样；如果只有一种奴性的关注，就会增加对别人的依赖，而把行为的责任交给有权势的人。事实上，直接的道德教学只有在少数统治多数的社会群体中才有效果。之所以有效，不是由于教学本身而是由于整个政权加强了这种教学，在这种高压的政治环境下，灌输型的教学不过是一件小事情。而在民主的社会中，企图用"关于道德"的课产生类似的结果，简直就是不可能的事情。

另外还有一种极端的说法，就是认为知识就是德行，这是苏格拉底和柏拉图学说所推崇的。这种学说认为人不会故意做坏事，他之所以做坏事是由于对善的无知。这个学说通常会受到抨击，理由是人更多的是知善而为恶；需要的不是知识，而养成习惯或实践，以及动机。事实上，亚里士多德立刻抨击了柏拉图学说，亚里士多德认为德性就好似艺术。以医学为例，有丰富行医经验的医生比一个有理论知识而没有关于疾病和治疗实际经验的人好得多。但是，真正的问题在于，什么才是真正的知识。亚里士多德反对柏拉图，但是却忽略了柏拉图学说的要旨。柏拉图认为，一个人如果没有经过多年的实际锻炼和艰苦训练，是不可能懂得善的理论意义的。他认为，关于善的知识，不是可以从书本或从别人那里获得的，而是通过长期的教育获得的。这种知识是成熟的生活经验的结果。不论柏拉图所处的地位如何，很容易看出知识这个名词用来指两种很不相同的东西，一种是亲切的和有生命力的真知灼见——在经验中获得和经过经验的信念，一种是第二手的、基本上是使用称号的认识，人们一般相信如此——一种没有生命力的遥远知识。后面这种知识并不保证行为，它不深刻地影响性格，这是毋庸置疑的。但是，如果知识是通过尝试和检验而获得的，像我们通过尝试和检验而确信糖是甜的而黄连是苦的一样，那么情况就完全不同了。任何时候，一个人坐在椅子上而不坐在火炉上，下雨时就带伞，生病时就请教医生——简言之，无论做任何其他日常生活，都证明某种知识在行为上有直接结果。我们有一切理由假定同样关于善的知识有类似的表现。事实上，所谓"善"，除非包括上面所说的这种情境中所体验到的满足，否则就是一个空洞的名词。从别人那里听来和学习来的知识也许能使人产生某种行动，以赢得他们对某些活动所给予的认可，或至少给别人得到一种和他们意见一致的印象，但是这种知识不能培养个人的主动性和使他忠于别人的信念。

我们不必争论知识这个名词到底它的正确含义是什么。为了教育上的目的，我们只要注意一个名词所包含的各种不同特征，认识到通过经验的种种要求而直接获得的知识对行为产生的重大影响就足够了。如果一个学生仅从和学校课程有关的书本学习知识，而且是为了在被点名背诵的时候能做应付用，那么这种知识唯一能产生的影响，就是在别人要求时，重述别人的话。这种"知识"对校外生活不能产生很大的影响，这一点也不奇怪。但是，我们只能轻视这种知识，而不能以此为借口把知识和行为分离开来。关于只和孤立专业有关的知识，情况也是一样，这种知识能改变行动，但是只限于狭窄的范围之内。事实上，学校中的道德教育问题就是获得知识的问题——这种知识与冲动和习惯的系统有关。我们要想把任何已知的事实加以应用，就取决于它与生活中产生的种种联系。一个撬开保险箱的盗贼，他的炸药知识可能和一个化学家的炸药知识在字面上是相同的，但是事实上，这种知识和化学家所掌握的知识实质上却并不相同，因为这种知识和不同的目标和习惯联系了起来，因此就具有了不同的含义。

我们前面讨论了教材相关的问题，之所以从具有直接目标的直接活动开始，进而讨论在地理和历史中扩大教材的意义，然后再讨论科学组织的知识，就是以保持知识和活动之间的重要联系思想为基础的。在一个有目标，而且需要和别人合作的作业中学到和应用的知识，就是道德知识，不管人们说不说它是道德知识。因为这种知识能养成人们的社会兴趣，并且授予必需的智慧，使这种兴趣在实践中能起到作用。正是因为课程中的各门学科代表社会生活中的各种标准要素，所以它们就是启迪社会价值的工具。如果把学校里学习的科目仅仅看作学校的科目，掌握这些知识就只有非常狭隘的专门的价值了。而在认识这些科目社会意义的条件下掌握这些知识，就会增加它们道德方面的兴趣和发展道德卓识。此外，在我们探讨学习方法的章节里，我们讨论的关于心智的种种特征，本质上都是道德的特性。虚心、专心、诚恳、见识广阔、彻底、承担所接受思想的后果和责任，这些都是道德特性。如果把道德特性和在外表上服从有权威规定等同起来的话，那么这种习惯可能会使我们忽略这些理智态度的伦理价值。但是，就是这种习惯往往使道德化为死板的和机械的惯例。因此，虽然这种态度会产生道德结果，但是这种结果在道德上是不令人满意的——特别是在非常依赖个人倾向的民主社会里，在道德上更是会产生不良的后果。

社会和道德

对于所有前面我们所阐明的教育概念中要避免的对立和隔离的观点，我们都进行了批判，而形成这种对立和隔离的原因，都在于它们把道德看得太狭隘了。一方面，它们给道德一种感情用事的伪善倾向，不顾实行社会所需要事情的有效能力；另一方面，它们又过分强调习惯和传统，把道德限制在一些明确规定的行为上。其实上，道德涉及着非常广泛的关系，就犹如我们和别人的关系一样。虽然我们做事的时候也许没有想到我们行为的社会意义，但是所谓的道德，潜在地包括了我们一切的行为。因为，按习惯的原理，每个行为都使人的倾向有所改变，每个行为都引起某种爱好和愿望。这种强化了的习惯不可能知道何时能直接影响我们和别人的交往。我们某些性格的特征和我们的社会关系有明显联系，强调上来说，它们就是"道德"——例如诚实、正直、贞操、温和等等。但是，这不过是说，这些特征和其他态度比较起来是核心的特质，它们带动了其他态度。这些特征之所以是强调意义上的道德，并不是因为它们是孤立的和排他的，而是因为它们和其他我们还没有明确认识的无数态度有很密切的联系，这些态度也许还没有名称给它们进行清晰的定位。把它们孤立起来，称它们为德行，就犹如把骨骼当作有生命的身体一样。骨骼当然非常重要，但是，骨骼的重要性正是在于它们支撑起了身体的其他器官，使这些器官能从事统一、有效的活动。我们特别称为德行的性格特征也是这样。道德和整个性格有关，而整个性格又与人的全部具体特性和表现相等。一个人有德行并不意味着培养了少数可以指名的和排他的特性，所谓德行，就是说一个人能够通过在人生的一切职务中和别人交往，使自己充分适当地成为他所能形成的人。

从根本上说，行为的道德特性和社会特性本质上是相同的。所以说，衡量学校行政、课程和教学方法的价值标准就是它们与社会连接和被社会正面影响的程度。这么说也不过是明显地在重复我们在前几章所说的关于教育社会功能的含义。对学校工作造成巨大威胁的，是一种完全和社会脱节的社会精神培养模式，这是进行有效的道德训练的大敌。因为只有具备一定的条件，这种精神才能主动出现。

首先，学校本身必须是一种社会生活，具有社会生活的全部含义。社会的观念和社会的兴趣只有在一个真正的社会环境中才能发展。在这种社会环境里，人们彼此平等相处，建立共同的经验。任何人都是社会环境中成长起来的，他们在环境中与人交往，学会了语言文字，他就能在相对孤立的情况下，获得有关事物的知识。但是，要了解语言符号的意义，却完全是另一回事。要了解它的意义，就必须通过和别人共同工作和游戏，在实际的活动中，才能明白活动的意义。

非常希望学校能继续不断地建造各种与活动相关的教育，而所依据的事实就是这种活动能提供社会环境和氛围。我们的学校不再是脱离生活专为学习功课的场所，而是一个雏形的社会群体，在这个群体里，学习和生长是现在共同参与活动的副产品。运动场、商店、工厂、实验室，不但能指导青年的自然主动趋势，并且包含交往、交流和合作——所有这一切都扩大了对各种联系的认识。

其次，把校内学习与校外学习连接起来。这两者之间应该能产生自由的相互影响。只有当其中一方的社会兴趣和另一方的兴趣有无数接触点时，才能达到这个地步。我们可以设想一下，如果有一种学校具有伙伴的精神和共同的活动，但是，学校的社会生活却不能代表学校以外的生活，那么这种学校的生活如像寺院的生活一样。在这种学校里，可以培养学生对社会的兴趣和了解，但是学生转移到校外后，就不会产生这种精神了，因为这种学习不能由校内转移到校外。那种校外居民和校内师生存在的隔阂，以及学校中的学究式退隐生活，就是这种情况，因为这样一来，一个人对过去的生活比对他自己的生活还要习惯。自称为文化修养的教育尤其面临这种危险，理想化的过去使精神得到庇护和慰藉，当面对现今的事务时，则觉得是肮脏的，不值得注意。但是，一般说来，学校之所以和社会隔离，主要原因在于缺乏社会环境，有了社会环境，学习就是一种需要，也是一种回馈和报酬了。学校既与社会隔离，学校里的知识就不能应用于生活，因此这样的学校教育，也不会对品德的培养有什么益处。

教育上合乎需要的一切目的和价值，它们自身就是合乎道德的。之所以还有人不懂得这个道理，是因为他们都具有狭隘的和说教式的道德观。纪律、自然发展、文化修养、社会效率，这些都是道德的特性——都是教育工作所要促进的一个社会优秀成员的标志。有句古话说得好，一个人光做好人还不够，他还必须做一个有用的好人。所谓做一个有用的好人，就是他能生活得像一个社会成员，在和别人的共同生活中，他对社会的贡献和他所得到的好处能保持平衡。

作为一个人，一个具有欲望、情绪和思想的人，在社会里他所接受的不是外部的占有物，而是有意识生活的扩大和加深——是对各种意义的认识更加认真，更加训练有素，更加扩大。他在物质上接受的东西，最多不过是发展有意识生活的机会和手段。如果没有有意识的行为，人们的行为就只不过是事物空间位置的转移，好像用棍子搅动水和沙一样。纪律、文化修养、社会效率、个人优雅、性格改善都不过是有意识地发展个人能力中的几个方面。教育不只是这种生活的手段，教育就是这种生活。维持这种教育的能力，就是道德的精髓。因为有意识的生活本身就是继续不断的。

摘　要

学校中道德教育最重要的问题是关于知识和行为的关系。因为，除非在正式的课程中所增长的学识足以影响性格，否则就是把道德目的看作教育上最终统一的目标，也是没有什么用处的。

如果知识的方法和题材与道德的发展没有密切的、有机的联系，那么，学校的教育就不得不求助于特定的修身课和特定的训练方式：知识没有和寻常的行为动机和人生观融为一体，而道德就变成道德说教——成为各自独立的德行组合。

有两种理论把学习和活动分开了，因此也把学习和道德的分离。一种理论把内在的心理倾向和动机——有意识的个人因素——与纯粹物质的外在行为割裂开来；另一种理论把为兴趣而采取的行动与为原则而采取的行动对立起来。这两种分割，有一种教育计划可以克服。在这种教育计划中，学习是伴随继续不断的活动或作业而来的，这些活动或作业都是具有社会的目的，并能利用典型社会环境和与周围的联系来达到这个目的。因为，在这种条件下，学校本身成为社会生活的一个形式，一个雏形的社会，并且与校外其他各种形式的共同经验彼此密切地相互影响。一切能发展并有效地参与社会生活能力的教育，都是道德的教育。这种教育塑造了一种性格，不但能从事社会所必需的特定行为，而且对成长所必需的继续不断的重新适应感到兴趣。对从生活的一切接触中学习感到兴趣，就是根本的道德兴趣。